序

过去十年间，汽车工业发生了翻天覆地的变化，大量资本、各项领先的技术如潮水一般涌入了这一行业。经历了流水线大批量生产、多样化的产品、精益的生产方式的汽车工业如今正在迎来又一次重大变革。汽车面临从动力能源、驾驶方式到产品形态、运行管理等全方位的改变。汽车不再是单纯的出行产品，而是智能交通、智慧城市的一个载体。

回想起 28 年前，我刚踏进清华大学时，自动驾驶还只是在构想阶段，而现在，人工智能、5G、物联网等技术的飞速发展，让自动驾驶已经离我们的生活越来越近。作为 Unity 的一员，我很荣幸能够一路见证 Unity 与同济大学的合作，共同推动自动驾驶技术落地普及。Unity 早已经在游戏行业大展拳脚，可是谁又能想到，一个在游戏行业风生水起的公司，如今也成为了自动驾驶仿真测试技术中的关键一环？我不禁感慨我们身处的时代，日新月异，技术已无边界。

自动驾驶汽车如何思考？它怎样感知周围环境，规划行车路线和控制车辆动力？这些题目都是 ADAS（高级驾驶辅助系统，Advanced Driving Assistant System）与自动驾驶技术领域的核心问题。与之相伴的，则还包括如何对这些算法进行准确地验证和确认。如果没有虚拟仿真测试技术，那么这些已经不是价值百万的问题，而是，数以亿计，这还不包括长时间道路测试导致的产品上市时间的损失。

因此，越来越多的企业希望能够通过虚拟仿真测试技术，在逼真的虚拟环境中，对车辆的感知、规划，以及车辆控制算法进行复杂场景的测试，从而提前获知车辆可能存在的问题，尤其在一些极端应用场景下的反应，比如雨雪、大雾天气、夜晚等。宋珂老师的这本书提供了一个完整参考框架，将车辆动力学、场景仿真、控制算法三者统一地结合在了一起，形成了有效的测试方法及工具链。我相信通过这本书，从事 ADAS 及自动驾驶算法开发的研究人员、技术人员将获益良多。

自动驾驶即将来临，让我们一起迎接智能交通，智慧城市！

张俊波

中国 Unity 总裁

前言

随着人工智能的加速发展和汽车雷达等传感器的快速完善，高级辅助驾驶系统（Advanced Driving Assistant System，ADAS）功能越来越强大，自动驾驶（Autonomous Driving，AD）汽车量产的日子也越来越近。很多传统车企都在投入大量的人力物力，从自动驾驶Level1逐步完善ADAS功能，最终实现自动驾驶Level5。部分互联网公司甚至直接进行Level5的自动驾驶研究。毫无疑问，未来自动驾驶汽车将大幅减少道路交通事故，缓解交通拥堵，并使地球成为更加绿色的生活场所。但是在更高级的自动驾驶汽车大规模量产推广之前，其可靠性必须要得到验证。虽然实车实路的验证是最具有说服力的方式，但是其测试周期长、成本昂贵限制了自动驾驶汽车的研发进度。所以谷歌、特斯拉、丰田等大型公司都建立了自己的虚拟测试平台，加速训练和验证自己的自动驾驶汽车，节省路试和研发的时间。

本书以通俗易懂的语言、形象的图解展示了一个基于Matlab-OpenModelica-Unity（MOMU）的多软件联合虚拟仿真平台。本书基于组成虚拟仿真平台的各软件功能，详细介绍了仿真平台各部分的搭建过程，以及相应的建模原理，将基本概念融入平台搭建过程，并精心设计了开发实例，加深读者的印象，提升读者的感性认识和认知水平。

本书共分为8章。第1章介绍了ADAS和自动驾驶技术发展背景及现状，重点分析相关测试与验证技术，提出研发虚拟测试平台的必要性。第2章提出了一种先进的多软件联合虚拟测试平台——MOMU，介绍了平台的主要组成、各部分的功能以及平台的优点。第3章以建立一个电动汽车车辆动力学模型为主线，介绍了OpenModelica车辆动力学模型的关键模块和建模流程，并解释了相关的理论基础，方便读者加深对模型的理解。第4章介绍了Unity的背景和关键场景建模技术，并以一个游戏的建模案例使读者熟悉Unity建模方法。第5章详细介绍了搭建一个自动紧急制动系统控制策略的全过程，为之后的联合仿真提供了必要的基础。第6章以自动紧急制动系统为例介绍了ADAS仿真平台的搭建，主要包含平台间的信息交流实现和结果展示。第7章介绍了Unity用于机器学习的官方插件ML-Agents，主要包含插件的安装以及Python运行环境的安装，附加的官方实例向读者直观地展示了ML-Agents的操作和相关功能，并验证了插件以及运行环境的安装正确性，同时设计了一个简单的训练示例，详细地展示了训练环境的搭建过程。第8章介绍了自动驾驶虚拟测试仿真实例完成的全过程，并对仿真结果进行了必要的数据提取与分析。

本书由同济大学宋珂、魏斌和湖南中车时代电动汽车股份有限公司朱田编写，并设计开发了书中实例。全书由宋珂组织统稿，Unity Technologie公司龚敏彦负责审阅。

ADAS

及

自动驾驶虚拟测试仿真技术

宋珂 魏斌 朱田 编著

ADAS

JI

ZIDONG

JIASHI

XUNI

CESHI

FANGZHEN

JISHU

化学工业出版社

·北京·

本书提出了一个基于 Matlab-OpenModelica-Unity（MOMU）的多软件联合虚拟仿真平台，平台可用于 ADAS和自动驾驶汽车的测试及验证。本书以通俗易懂的语言、形象的图示展示了平台的架构和各个软件的简单功能以及使用方法，并基于精心设计的开发实例，阐述了仿真平台在不同应用场景下的具体结构以及每个部分的建模原理，将基本概念融入到平台搭建过程中，加深读者的印象，提升读者的感性认识和认知水平。

本书适合具有一定 ADAS控制建模、车辆动力学建模和机器学习编程基础的读者阅读，也可作为高等院校本科生、研究生学习 ADAS和自动驾驶虚拟测试仿真技术的教程，还可作为汽车测试工程师学习参考的资料。

图书在版编目（CIP）数据

ADAS及自动驾驶虚拟测试仿真技术/宋珂，魏斌，朱田编著.—北京：化学工业出版社，2020.1（2022.8重印）

ISBN 978-7-122-35430-3

Ⅰ.①A…　Ⅱ.①宋…②魏…③朱…　Ⅲ.①汽车驾驶-自动驾驶系统-计算机仿真-虚拟现实-测试　Ⅳ.①U463.61-39

中国版本图书馆 CIP数据核字（2019）第234906号

责任编辑：辛　田　　文字编辑：冯国庆

责任校对：边　涛　　装帧设计：王晓宇

出版发行：化学工业出版社（北京市东城区青年湖南街13号　邮政编码100011）

印　　装：北京科印技术咨询服务有限公司数码印刷分部

787mm×1092mm　1/16　印张10¼　字数250千字　2022年8月北京第1版第2次印刷

购书咨询：010-64518888　　售后服务：010-64518899

网　　址：http://www.cip.com.cn

凡购买本书，如有缺损质量问题，本社销售中心负责调换。

定　　价：78.00元

在本书编写过程中得到了 Unity 公司、MathWorks 公司和非营利组织 Open Source Modelica Consortium 的支持。

本书适合具有一定 ADAS 控制建模、车辆动力学建模和机器学习编程基础的读者阅读。可作为高等院校本科生、研究生学习 ADAS 和自动驾驶虚拟测试仿真技术的参考教材，也可作为汽车测试工程师学习参考的资料。

本书中所有内容都经过 Unity、Open Source Modelica Consortium 和 MathWorks 公司相关专家的审阅，且本书实例经过笔者亲自测试验证。由于水平有限，书中难免出现疏漏或者不当之处，诚望读者批评和指正。

编著者

目录

第1章 ADAS/AD测试与验证技术

1.1 ADAS 研究现状

1.1.1 ADAS 概述

先进驾驶辅助系统（Advanced Driving Assistant System，ADAS）是用于警示或者辅助驾驶员驾驶的汽车安全系统，旨在通过增加驾驶员可利用的信息，并在必要时采取措施来保障驾驶员和车辆的安全性。

先进驾驶员辅助系统用于支持驾驶员的主要驾驶任务。该系统会通知和警告驾驶员，提供驾驶员操作反馈，通过主动稳定或操控汽车来增加舒适度并减轻驾驶员工作量。ADAS系统只协助驾驶员，而不是完全接管驾驶任务，因此驾驶员始终承担驾驶责任。ADAS具有以下特性：在主驾驶任务中协助驾驶员；在有或无警告的情况下，为侧向或纵向控制提供主动支持；检测和评估车辆环境；使用复杂的信号处理；驾驶员和系统之间的直接互动。

先进驾驶辅助系统技术体系包括自适应续航（Adaptive Cruise Control，ACC）、自动紧急制动（Autonomous Emergency Braking，AEB）、车道偏离预警（Lane Departure Warning，LDW）、前方碰撞预警（Forward Collision Warning，FCW）、车道保持辅助（Lane Keeping Assistant，LKA）、盲点探测（Blind Spot Detection，BSD）、泊车辅助（Parking Assistant System，PAS）等功能。以上这些功能对于保障车辆行驶安全、降低城市交通拥堵以及减少甚至避免严重交通事故等方面都大有裨益。

自动紧急制动系统指的是当本车的传感器检测到前方障碍物，并且有碰撞可能性时，系统自动施加制动力的一项技术。自动紧急制动系统可以帮助驾驶员避免碰撞事故，或者在碰撞事故无法避免时，尽可能地降低车辆的碰撞速度，以减轻事故的严重程度和对车上成员的碰撞伤害。相关的实验报告显示：安装了自动紧急制动系统的车辆，当车辆速度低于

50km/h 时，可以减少 38%的追尾意外事故的发生。此外，有关法国的一篇调查文献表明：在法国，因为使用了 AEB 系统，每年可以减少 63 起（1.4%）的死亡事件和 1569 起（4%）的严重交通事故。

自适应巡航控制系统是在传统的巡航控制技术基础之上发展而来的一种更为先进的自动巡航控制技术。目前 ACC 系统已经广泛应用在商业汽车、货车等车辆的辅助驾驶系统中。自适应巡航控制系统的主要功能是跟随前车的行驶，并与前车保持期望的车间距，或是以期望的速度行驶。

先进驾驶辅助技术随着其功能的不断丰富，系统的复杂性也日益提高。在车辆行驶过程中，ADAS 能够借助摄像头、毫米波雷达等感知元件，不断地分析周围环境，从而在危险发生发之前，预警乃至直接控制汽车。例如，ADAS 可检测、分析前方的车辆或行人，在快要碰撞时发出警报。另外，先进辅助驾驶技术还可以通过计算机视觉、深度学习的算法来识别道路上的交通标志，实现车道保持、智能灯控等功能，这可认为是实现无人驾驶的基础。

出于减少和避免严重交通事故发生的目的，先进驾驶辅助系统正在汽车行业快速发展。2016 年，在美国交通运输部、国家高速公路交通安全管理局和高速公路安全保险协会的推动下，通用、丰田、大众等 20 家占据了美国汽车市场份额 99%以上的汽车制造商，签署协议：同意从 2022 年起，在售的乘用车会将自动紧急制动系统作为标配。此外，丰田公司更主动表示，自 2017 年起，为在美国本土销售的新车配置自动紧急制动系统。

2017 年，中国汽车技术研究中心正式对外发布了 2018 年版的我国新车评价规程的详细试验及评分方案，其中主动安全项的评分权重占到 15%，还特别增加了自动紧急制动系统的追尾和行人保护（只考虑白天）评分项目。

国内外相关政策的出台和汽车企业的动向正说明了 ADAS 技术在汽车上普及的必然性趋势。

1.1.2 ADAS 技术研究与应用现状

驾驶员辅助系统的开发始于 20 世纪 70 年代后期的防抱死制动系统（Anti-lock Breaking System，ABS）。驾驶辅助系统由以下传感器组成。

① 本体感受器——能够通过分析车辆的行为来检测和应对危险情况。

② 外部传感器——能够在早期阶段做出反应并预测可能的危险（例如超声波、雷达、激光雷达、红外线和视觉传感器）。

③ 传感器网络——多感官平台和交通传感器网络的应用。

ADAS 提供汽车周边环境的附加信息，以支持驾驶员并协助实施关键行动。驱动程序的操作与来自环境信息的同步对于 ADAS 各种应用程序的有效性能至关重要。在自适应巡航控制系统中，通常需要三个雷达传感器，两个短程雷达用于检测相邻车道中的物体，一个远程雷达用于检测路径中的物体。随着具有各种功能的驾驶员辅助系统（DAS）和主动安全车（ASV）变得流行，将多个系统安装在车辆上的情况并不少见。如果每个功能都使用自己的传感器和处理单元，则会使安装变得困难并增加车辆的成本。作为对策，已经开展了将多种功能集成到单个系统中的研究，并且期望使安装更容易，降低功耗和车辆定价。

道路边界可以为评估智能车辆中的安全车辆路径提供有用的信息。国内外许多学者和研究人员已经对道路边界检测，使用不同类型的传感器，如视觉传感器、雷达传感器和激光雷达传感器等进行了相关研究。特别地，激光雷达传感器显示出用于道路边界提取的优点，包括高分辨率和宽视场。然而，以前道路边界检测的研究都没有考虑过道路可能是结构化的还是非结构化的情况。目前的市场趋势是车道保持系统（Lane Keeping System，LKS）和自适应巡航控制的集成，称为 LKS+ACC 系统。车道检测的整体结构与使用单眼视觉的传统方法相同：基于边缘分布函数（EDF）的初始化，用于左/右和基于距离的层的子感兴趣区域（ROI），基于可操纵滤波器的特征提取和每个子 ROI 中的模型拟合。结果表明，这种简单的自适应 ROI 可以克服车道标记的遮挡和邻近车辆的干扰。他们利用逆透视映射（IPM）给出的移除的透视域来定义快速有效的似然模型。此外，马尔可夫随机场（MRF）允许处理目标运动之间的依赖关系，而且可以联合最先进的车辆跟踪方法，即使用卡尔曼滤波（KF）的独立目标跟踪和使用粒子滤波的联合跟踪。另一种基于图像的方法根据立体视觉相机系统，从跟踪的刚性 3D 点云估计位置、方向和全运动状态，包括检测到的车辆的速度、加速度和横摆率。该点云表示 3D 对象模型，并且通过分析空间和时间中的图像序列来计算，即通过立体视觉和跟踪图像特征或垂直速度估计的融合来计算。从自动初始车辆假设开始，通过扩展卡尔曼滤波器执行跟踪。该滤波器将关于刚性点云点的运动的信息与车辆的动态模型相结合。雷达信息用于改善远距离的基于图像的物体检测。所提出的系统用于预测其他交通参与者的行驶路径，目前以 25Hz（640×480 分辨率图像）运行。使用嵌入式系统解决方案也可以实现基于快速图像的方法。

车道识别是各种驾驶员辅助系统所需的重要 ADAS 组件。例如，车道偏离警告（LDW）和车道保持依赖于车道估计算法提供的信息。车道估计程序的一个重要步骤是提取可用于估计道路或车道形状的测量或检测，这些检测由白色车道标记或道路边界本身产生。多年来，使用灰度相机对车道估计进行了大量开发。基于无源摄像机的系统在某些情况下可能会降低其性能，例如亮度动态变化的环境。合作交叉口碰撞避免系统（CICAS）通过车辆的传感器检测信息，这些传感器可以组合以产生对交叉口的动态“状态图”的更好的实时信息。该信息可以由每辆车中的情报系统计算，并可以提醒驾驶员即将发生的危险。交通标志识别是仪表板上的一个显示，可以提醒驾驶员当前的速度限制。这是通过使用同样可以识别限速标志的相机系统来实现的。导航系统还通过在未标记道路上存储有关限速的信息来支持此解决方案。车道偏离警告和自适应巡航控制是使用此信息的 ADAS 应用程序的示例。自适应巡航控制应用程序可以根据计算规划的道路判断被跟踪的车辆是否暂时丢失。完成此操作后，ACC 可以保持车辆的速度和适当的跟随距离。该系统可以通过简单的启停控制跟随前方车流，这在交通拥堵中尤其有用。盲点检测（BSD）可以在驾驶员试图超车时提供帮助。传感器监控车辆后方和旁边的道路区域，如果驾驶员在没有足够空间的情况下试图超车时发出警告。

该系统特别适用于多车道高速公路以及城市交通中的繁忙交通。后部交叉交通警报（RCTA）可以避免在停车位倒车时发生意外。该解决方案基于两个短距离雷达传感器，可监测 120°角。当 ADAS 检测到即将发生的碰撞时，它将通过声音警告驾驶员，并且 LED 指示灯将在内部后视镜中点亮。当警报响起时，ADAS 也可以自动制动车辆。该系统可用于可靠地计算交叉车辆的碰撞轨迹和速度以及距离有多远，允许通过这种新的警告功能来改进 ADAS。紧急制动辅助系统（EBA）通过检测关键交通情况确保最佳制动。当 EBA 检测到即将发生的碰撞时，制动系统处于紧急待机状态。接下来，警告驾驶员并开始轻微地预刹车以节省宝贵的停车距离。EBA 的城市版本可以防止许多低速下的前后碰撞，它特别适合在城市交通中使用。智能前照灯控制（IHC）可提供最佳夜视效果。前照灯设置为通过连续改变灯的高光束和近光灯来提供最佳照明。另一个重要参数是数据采集和处理速率。据推测，以 90km/h 的速度行驶，空间分辨率检测不大于 1m。因此，雷达传感器、视觉传感器或红外摄像机必须每秒至少读取和处理 25 帧。除了上述许多新的应用之外，还在不断开发和优化以增强乘客和行人或过路动物的安全性，并且还提供更舒适和经济的驾驶体验。ADAS 传感器种类和探知范围如图 1.1 及表 1.1 所示。

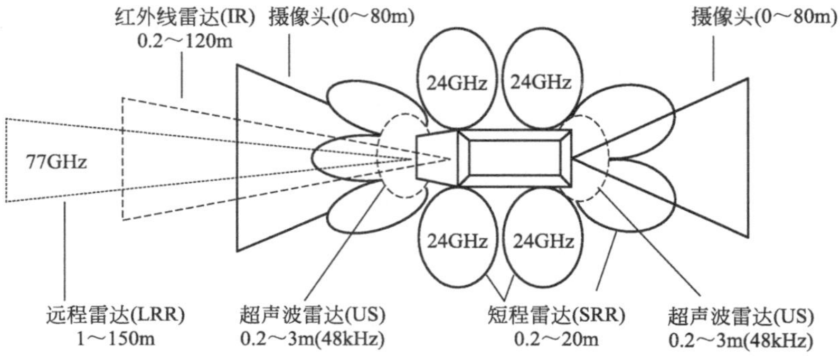

图 1.1　ADAS 传感器种类示意

表 1.1　ADAS 传感器探知范围

项目	摄像头(前置)	红外线(IR)	短程雷达(SRR)	远程雷达(LRR)
视角/(°)	50	40	80	20
最大距离/m	80	120	20	150

1.2　自动驾驶研究现状

1.2.1　发展自动驾驶汽车的必要性

近几十年来，我国大力发展汽车工业，希望推动经济发展的同时，可以让每个人都拥有自己的车。我国的汽车保有量持续增加，到 2017 年底达到了 3.10 亿辆（公安部数据）。随着汽车的广泛推广，也造成了车祸、污染和交通堵塞等问题。很早就有人提出，自动驾驶的车辆可以减少上面提到的问题，并且产生数万亿美元的收入。在高额经济效益的刺激下，汽车制造业和科技公司开始研发自动驾驶汽车。接下来本小节将从汽车事故原因和自动驾驶的优点两个方面分析自动驾驶的必要性。

汽车的基本功能是能在四维空间里从 A 点移动到 B 点，并且不发生碰撞或功能失效等问题。发展到现在，汽车的安全性和可靠性都得到了很大的发展，安全带、安全气囊和一系列被动安全碰撞机构，基本可以在 50km/h 的碰撞下保护驾驶员和乘客的安全（C-NCAP 2017）。另外，随着汽车的推广，越来越多的人拥有自己的汽车，这使得驾驶员的驾驶素质参差不齐，虽然经过了一定的驾驶训练和考试，但是交通状况是多变的，有很大的不确定性，很难及时地做出正确选择。不管是因为反应时间过长还是判断失误导致做出错误的决定，都有可能导致车祸的发生。

一些研究表明，人为失误是大多数撞车事故的主要原因。印第安纳大学的一项研究估计，人的因素，如超速、注意力不集中和注意力分散，在所有撞车事故中占 92.6%。在较新的研究中，这个比例介于 90%～95.4%之间。美国机动车碰撞起因调查（NMVCCS）认定肇事驾驶员占交通事故起因的 94%（±2.2%），车辆和环境相关原因约占 2%。引起车祸的不同因素及所占比例如图 1.2 所示。调查报告还分析了驾驶员撞车的特殊原因，研究发现，在 41%的撞车事故中，识别错误、分心或监督不足是起因所在。此外最常见的错误是决策错误，占 33%，如驾驶车辆太快来不及反应和错误判断距离或速度。图 1.3 描述了驾驶员错误种类及所占比例。

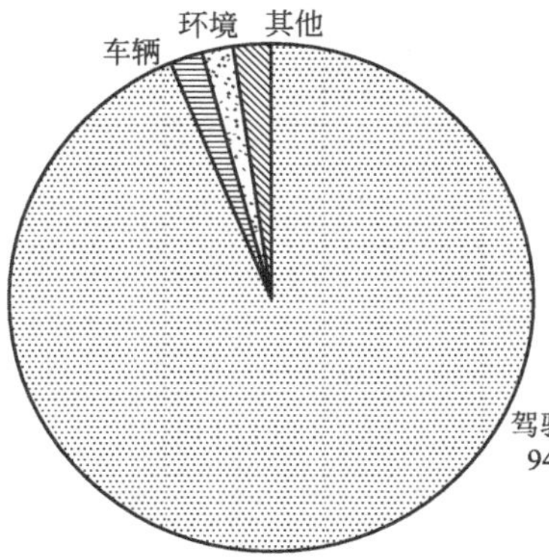

图 1.2　引起车祸的不同因素及所占比例

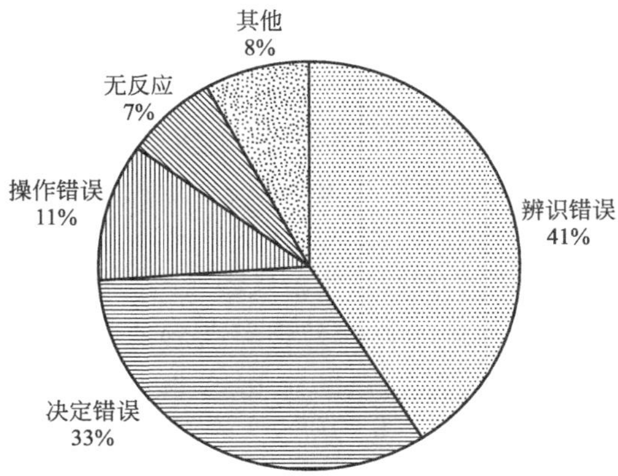

图 1.3　驾驶员错误种类及所占比例

驾驶员相关因素包括识别、决策和操作方面的问题。车辆因素包括轮胎、刹车、转向、悬挂、变速器和发动机等问题。环境因素包括低附着道路、眩光、雾、雨、雪等。识别错误包括驾驶员的注意力不集中、注意力分散和监督不足。决策失误包括不适当的速度、对他人行为的错误假设、非法操纵或对他人速度的错误判断。操作误差包括过补偿和较差的方向控制，非执行错误包括入睡等。

这些人为错误转化为巨大的经济和生活质量损失。根据国家统计局的数据，近十年来每年的交通事故直接损失（车辆维修和交通设施维修）在 9 亿～12 亿元人民币之间（图 1.4），每年有约 60000 人死于交通事故（图 1.5），而且我国只认定因交通事故 7 天内死亡时，死因才定义为交通事故致死，所以每年死于交通事故的人只会更多。而自动驾驶的引入，将会极大地减少人为错误引起的交通事故，保护人民生命财产安全。

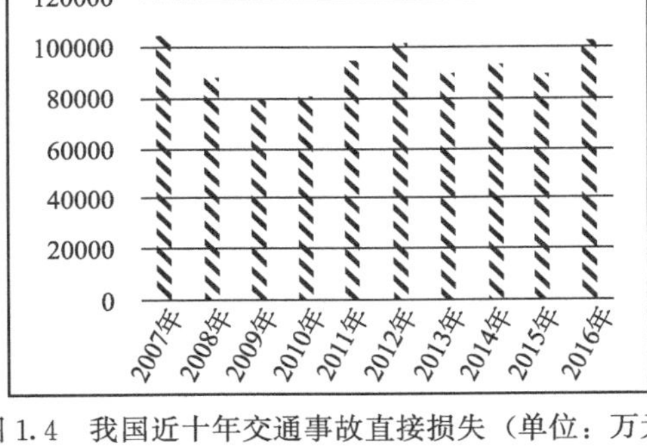

图 1.4　我国近十年交通事故直接损失（单位：万元）

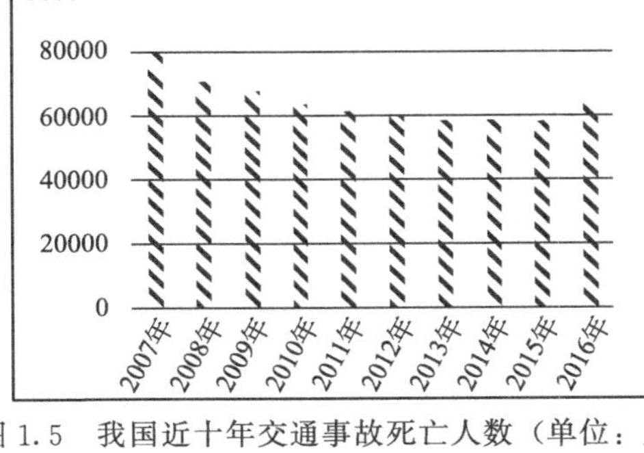

图 1.5　我国近十年交通事故死亡人数（单位：人）

由于大多数车祸是由人的识别或决策错误引起的，所以需要驾驶辅助系统来帮助驾驶员应对紧急状况，缩短控制车辆的反应时间和提高车辆运行的稳定性。ABS 等驾驶辅助系统引入以来，尽管国内的汽车保有量在每年上升，但是交通事故发生数从2002年的549166起到2015年的129155起，其数值每年持续下降（国家统计局）。

特斯拉在其汽车上使用了Autopilot，事故率下降了39%。根据美国公路安全系统保险协会的数据，自动刹车技术的应用平均减少了40%的追尾事故，前碰撞警告频率降低了23%。足够的数据证明，辅助驾驶技术的应用，可以明显提升汽车行驶的安全性，保障人身安全。

自动驾驶汽车的潜在优势包括降低机动性和基础设施成本，提高安全性，提高机动性，提高客户满意度并减少犯罪率，特别是交通碰撞的显著减少，减少造成的伤害和相关费用，包括减少保险需求。为儿童、老年人、残疾人提供增强的机动性；缓解长途驾驶的疲劳；降低油耗；大大减少对停车位的需求；减少犯罪；促进运输服务的商业模式，尤其是共享经济。

自主汽车的研究可追溯到20世纪30年代。早期的解决方法主要集中在建造智能道路和无智能交互的车辆（Dumb Car）上。一个比较经典的例子是在公路上安装磁铁，引导车辆前进方向。但是建造和维护这些道路的成本较高，使这个想法没有实现。随着计算机计算能力的增强和传感器数据处理新技术的发展，研究人员开始提高车辆的智能性。ALVINN（Autonomous Land Vehicle in A Neural Network）是这项研究中的一项开创性工作。在1980年CMU Navlab的研究人员进行的研究中，汽车使用了一个神经网络来处理道路图像，然后得到汽车方向盘转向角。ALVINN可以在车道内行驶，但是无法处理其他驾驶情况，例如在十字路口行驶。其他的早期工作包括设计停车系统、防撞系统、路径规划、交通标志识别和能够避开障碍物的越野道路驾驶机器人。2004年，国防高级研究计划局（DARPA）提出了一个挑战，要求研究团队设计一种可以穿越沙漠中的轨道的车辆。当时的想法是开发一种能够进行基本转向和避障的系统。但是没有团队可以完成整个DARPA的挑战。为了研究在城市环境中自动驾驶车辆的表现，2007年DARPA宣布了城市挑战。城市环境包含了佐治亚空军基地的城市道路，并要求遵守相关条例。参赛者中有六个队成功地完成了整个道路测试，获胜者是卡内基梅隆大学的机器人“老板”。

1.2.2 国外自动驾驶汽车研究现状

在DARPA挑战之后，研究范围开始从学术转向商业。谷歌（Google）凭借其谷歌汽车成为领先的研发公司。谷歌汽车项目专注于通过创建和维护现有道路环境的高清3D地图来使用预先制作的数字数据。谷歌汽车也通过使用照相机、激光和雷达来探测行人、汽车、交通标志和其他物体。2017年11月，Waymo宣布已经开始在驾驶员位置没有安全驾驶员的情况下测试无人驾驶汽车，但是汽车中仍然有一名安全员。2018年2月，Waymo宣布其测试车辆自主行驶超过500万英里（1mile=1609.344m，下同）。同年较早时候，奥迪称其最新的A8采用“奥迪AI”，速度可达60km/h。驾驶员不必进行实时操作，例如经常抓住方向盘。奥迪A8号称是第一辆达到3级自动驾驶的量产车，奥迪成为首家使用激光扫描仪、照相机和超声波传感器装车的制造商。

自动驾驶汽车的发展催生了一系列公司和商业合作关系，致力于使这一技术商业化。2016年8月，在新加坡建立的NuTonomy，成为“自主出租车”运营的第一家公司。同一个月，优步（Uber）开始在匹兹堡市中心使用自动驾驶汽车。优步还与沃尔沃汽车合作开发了一款可以自动驾驶的汽车。特斯拉Model S已经具有自动车道保持、车道变换和巡航控制功能。虽然目前自动驾驶车辆的实现程度不高，但许多公司已经制订了未来自动驾驶汽车的发展计划。福特汽车公司计划大规模生产无人驾驶汽车，并计划在2021年以打车服务的形式投入商业运营。丰田的目标是生产一款能在2020年东京奥运会上自动驾驶的汽车。日产与麻省理工学院、斯坦福大学、牛津大学、卡耐基-梅隆大学和东京大学合作，计划在2020年拥有可以商业量产的自主驾驶车辆。宝马、英特尔和Mobileye NV计划在2021年前共同开发生产自动驾驶车辆。另一个主要的打车软件LYFT与通用汽车公司合作，致力于实现自己运营车辆的自动化。当谷歌通过使用菲亚特-克莱斯勒生产的一款小型货车来完成其在自动驾驶汽车上的工作时，百度在北京进行了一次自动驾驶汽车的测试。苹果公司也会推出一款自动售货车。2017年，大型企业已经开始通过收购小型公司和初创企业获得自动驾驶的专业人才。其中比较引人注意的例子包括英特尔以153亿美元收购Mobileye和福特投资10亿美元入股ARGO AI加速自己自动驾驶汽车的研发进度。

1.2.3 国内自动驾驶汽车研究现状

目前，我国自动驾驶技术和应用与国外相比虽然还有一定的差距，但也取得了阶段性成果。自1993年国防科技大学研制出第一辆自动驾驶汽车以来，多种实验车型不断涌现，在多个技术领域取得了突破。

一方面国家大力支持自动驾驶的研究。国家自然科学基金委自2009年以来已经连续举办五届“智能车未来挑战赛（IVFC）”，包括清华大学、国防科技大学、上海交通大学等众多国内智能汽车研究领域的相关单位参加，为智能汽车以及自动驾驶技术的交流和发展起到了良好的促进作用。国家“863计划”也开展了关于智能车载系统关键技术、智能路测系统关键技术的研究。

另一方面，国内的高校推进相关技术的研究，包括清华大学、国防科技大学、上海交通大学、西安交通大学、北京理工大学、吉林大学、同济大学、武汉大学、中国科学院等在内的多所高校和科研院所均开展了自动驾驶研究。2011年，国防科技大学无人车“红旗HQ3”从长沙行驶至武汉；2012年，解放军军事交通学院的无人车完成了京津高速公路无人驾驶实验；上海交通大学自2005年成立智能车实验室，在欧盟框架计划国际合作项目的资助下开展区域交通中的Cybercars无人驾驶车研究，先后开发了四辆CyberC3无人驾驶电动车和一辆CyberTiggo无人驾驶汽车；2013年，中国科学院合肥物质科学研究所完成了“自动驾驶仪”的控制系统和执行机构研制，在汽车匹配实验中顺利实现对车辆转向、制动、油门、挡位、灯光和喇叭的智能化控制。相比之下，国内汽车企业则较少开展自动驾驶的研发，技术应用也较为罕见，仅2012年比亚迪发布搭载遥控驾驶技术的F3速锐。

百度公司也于2016年9月获得了在美国加州的测试许可，11月在浙江乌镇开展普通开放道路的无人驾驶汽车试运营。其总裁兼首席运营官陆奇更是于2017年4月19日发布了“Apollo”计划，计划将公司掌握的自动驾驶技术向业界开放，将开放环境感知、路径规划、车辆控制、车载操作系统等功能的代码或能力，并且提供完整的开发测试工具，目的是进一步降低无人车的研发门槛，促进技术的快速普及。腾讯于2016年下半年成立自动驾驶实验室，依托360°环视、高精度地图、点云信息处理以及融合定位等方面技术积累，聚焦自动驾驶核心技术研发。阿里、乐视等也纷纷与上汽等车企合作开发互联网汽车。

1.3 ADAS和自动驾驶仿真测试技术

国内对先进驾驶辅助系统的理论分析工作的开展已有十多年，但早期的仿真研究主要通过 Matlab 软件来检验各控制算法的控制效果。近几年，引入 Carsim、PreScan 等软件，结合其中的车辆动力学模型和 Simulink 中的 ADAS 控制算法，可对各个典型的工况进行联合仿真，验证算法的控制效果。随着计算机技术的不断进步，更多计算机领域的平台和软件被引入先进驾驶辅助系统的研究和仿真中。2006 年，时培成、汪太平在 ADAMS/Car 中建立整车多体动力学模型，在 Matlab/Simulink 环境中建立自适应巡航控制系统模型，然后将该模型导入 ADAMS 中，以实现带有控制的车辆-机电一体化联合仿真。他们在各种工况下对 ACC 系统控制过程中车辆动态特性进行了仿真。2012 年，李朋、魏民详等采用 Carsim 和 Simulink 建立车辆纵向动力学模型，然后基于最优控制和 PID 控制，设计了具有上、下两层结构的自适应巡航控制系统，并对典型的 ACC 工况进行联合仿真。2013 年，刘颖提出了使用 PreScan 模拟真实驾驶环境复现危险工况，获得驾驶数据并评价先进驾驶辅助系统的研究办法：虚拟驾驶环境中的车辆驾驶员使用外接方向盘和踏板输入；其他危险车辆的行驶状况都与车辆驾驶员的运动情况相关联。同时，在 PreScan 生成的 Simulink 模型中编辑危险车辆的控制，人机界面和数据输出等模块。最后，通过分析主观问卷和输出的驾驶数据评价驾驶员对 ADAS 的接受度及其有效性。

2017 年，孙煜、何德峰等基于 Eclipse 平台，用 JAVA 语言搭建具有动态效果的车辆巡航控制仿真平台。该平台可以模拟多种典型驾驶工况，直观有效地展现车辆自适应巡航控制算法的结果。最后，在该仿真平台上设计最优 PD 控制算法和智能驱动驾驶（IDM）控制算法验证车辆自适应巡航控制结果。结果表明，该 Eclipse 仿真平台能够有效地模拟多种驾驶工况，且能够直观有效地验证多种车辆自适应巡航控制算法的结果。

2017 年，胡远志等运用仿真平台 PreScan 软件，建立了前车静止和前车减速的两种工况，本车从 10km/h 到 80km/h 的车速接近目标车，在 Simulink 中运行模型，提出自动制动结束时的本车与前车的距离来表示 AEB 系统避撞结束时的车距，验证对比了 5 种 AEB 碰撞算法的碰撞效果与有效性。

ADAS 通常由多个领域紧密耦合而成，上述的问题意味着亟需高效率的 ADAS 开发设计和评估方法，包括车辆动力学和道路环境的闭环仿真是必不可少的。但是，在考虑系统参数和体系结构变化的同时，现有的传统工具不能很好模拟 ADAS。而与现实世界中的真实测试相比，模拟仿真测试具有覆盖范围大、测试周期短等优势。

毫无疑问，未来自动驾驶汽车将大幅减少道路交通事故，减少交通拥堵并使地球成为更加绿色的生活场所。但是在自动驾驶汽车大规模量产推广之前，其可靠性必须得到验证。虽然实车实路的验证是最具有说服力的方式，但问题是需要多少千米的驾驶才能证明其可靠性比人类驾驶好。

研究表明，自动驾驶汽车需要约 2 亿 7500 万英里，才能以 95%的置信区间表明，它们的失败率最多为每 1 亿英里 1.09 死亡，相当于 2013 年美国汽车行驶中人类死亡率。自动驾驶汽车要比人类表现更好，所需训练的里程数可能需要达到数十亿英里。

如果 100 辆 AVS 每天行驶 24h，一年 365 天，平均每小时行驶 25mile，则需要 10 年以上的时间才能达到 2 亿 7500 万英里。

幸运的是，诸如虚拟测试，数学分析和加速测试等替代方案可能会加速测试过程，减轻推出自动驾驶汽车的一些负担。例如，谷歌的车辆每天驾驶模拟行驶 300 万英里，或者相当于每小时绕圈赤道 5 次。

谷歌自动驾驶汽车开发团队承认，虽然实际的道路测试至关重要，但虚拟仿真同样重要。谷歌每次改进或优化整合其道路车辆的关键功能时，都会首先使用数千种变体在虚拟环境中测试修改。为了实现这一目标，谷歌已经为整个加利福尼亚州道路系统建立了一个“矩阵式”数字模拟场景，在该道路系统中测试其自动驾驶汽车（图 1.6）。

图 1.6　谷歌十字路口虚拟测试

在加利福尼亚的虚拟道路上，谷歌并不“孤单”。福特研究与创新中心 Palo Alto 是该地区最大的汽车制造商研究中心之一，拥有 100 多名工程师和科学家。福特在这里进行虚拟测试，研究自主车辆和行人之间的互动，复制真实世界的情况，以更好地理解和发展对可能的道路及交通状况的反应。

NVIDIA 在 2018 年 GPU 技术大会（GTC）上宣布采用虚拟现实技术测试自动驾驶汽车（图 1.7）。基于云的系统 DRIVE Constellation Simulation System 是 NVIDIA 的强大 AI 车载电脑（DRIVE Pegasus）和虚拟仿真软件（DRIVE Sim Software）的集成，能够根据数十亿英里的行驶里程准确测试和验证自动驾驶汽车。NVIDIA 的这个新系统将考虑不同的驾驶条件，大大提高测试能力。该系统利用两台不同的服务器来创建照片级真实感模拟，并能够生成数十亿英里的自动驾驶测试。这个系统于 2018 年第三季度上市。它将允许像谷歌和优步这样的 NVIDIA 客户在进行真实世界测试之前改进其自动驾驶

图 1.7　NVIDIA 虚拟测试视野

车辆系统。

日本丰田也已经建立了自己的虚拟测试平台，测试平台是富士山旁的一个巨大的球形移动模拟器。模拟器将“驾驶员”放在现实的街道场景中，在一个大约两个足球场大小的场地内移动。这种测试将使人们有可能看到人们在真实的碰撞情景中的反应。

针对 ADAS 和自动驾驶的特点和测试问题，为提高测试效率，尽早发现问题，本书利用虚拟现实和实时仿真技术，基于 Matlab/Simulink、OpenModelica 和 Unity 建立车辆实时仿真平台，并基于平台进行案例测试，验证平台的可行性。

第2章 虚拟测试平台MOMU架构

2.1 现有虚拟测试平台

随着 ADAS 技术的日益成熟，在中高级轿车中已经逐步实现产品化。此时，除了 ADAS 新功能和算法的研究之外，如何通过测试来保证 ADAS 功能的可靠性，尽早发现产品问题，提高测试效率，逐步成为 ADAS 的研究重点之一。与常规的电子控制系统相比，ADAS 具有其自身的特点。

① 一般是由人-车-路构成的闭环系统，三者缺一不可。

② 与自车以及其他道路使用者的安全性直接相关。

③ 通常需要多个车载控制系统协同工作，是一种分布式控制系统。

由于 ADAS 的上述特点，使得常规的车载控制系统测试技术并不能完全适用，具体体现在如下几方面。

① 驾驶员是 ADAS 闭环系统中的重要环节之一，其主观感觉受周围交通环境的影响很大，常规的台架测试方法无法提供真实交通环境给驾驶员造成的主观感受。

② 实际的道路试验虽然能够提供真实的交通环境，但是，一方面，ADAS 与安全性直接相关，试验过程危险性非常大；另一方面，实际的道路交通环境存在很大的不确定性，无法保证试验过程的可重复性。

③ ADAS 系统复杂，实际的道路试验工作量巨大，难以满足当前日益缩短的汽车产品开发周期的要求。

为在完成样车改制前实现 ADAS 的测试，以及早发现产品问题，21 世纪初国内外学者开始研究应用虚拟现实和实时仿真技术进行 ADAS 的功能测试。有的学者利用虚拟现实技术建立了三维的虚拟交通环境和智能车模型，分别对驾驶员的避撞和驾驶行为进行了研究。上述系统未包含汽车动力学特性的实时仿真系统，不能实现驾驶员在环的虚拟测试。也有学者在建立虚拟现实场景基础上，进一步建立了整车的动力学模型和实时仿真系统，通过虚拟现实和实时仿真系统的集成，实现了驾驶员在环的虚拟测试，并分别应用于ACC和车队列的控制算法开发及测试。但是，其建立的车辆动力学模型比较简单，不能实现ECU（Engine Control Unit）、TCU（Transmission Control Unit）等车载控制器的硬件在环仿真，所以无法对ADAS与现有车载控制器之间协同控制的效果和正确性进行测试及验证。此外，在虚拟场景和测试工况的设计方面仅挑选了典型工作条件，尚未形成系统性的设计方法。

上述研究是ADAS虚拟测试技术的有益尝试，也为虚拟现实和实时仿真技术在ADAS测试中的应用奠定了一定基础，但要实用化仍有很多问题亟待解决。随着技术的进步，ADAS的虚拟测试技术也取得了较大的进步，出现几种虚拟测试平台，以下主要对几个典型的案例进行分析。

2.1.1 基于PreScan的AEB纵向碰撞算法仿真平台

在2013年，刘颖提出了使用PreScan模拟真实驾驶环境复现危险工况，获得驾驶数据并评价先进驾驶辅助系统的研究办法：虚拟驾驶环境中的驾驶员车辆使用外接方向盘和踏板输入。在此基础上，胡远志等于2017年运用该仿真思路，使用PreScan和Simulink软件联合仿真，建立了前车静止和前车减速的两种工况，本车从10km/h到80km/h的车速接近目标车，利用自动制动结束时的本车与前车的距离来表示AEB系统避撞结束时的车距，验证对比了5种AEB碰撞算法的碰撞效果与有效性，其仿真的架构如图2.1所示。首先，搭建由显示器、主机、方向盘、前挡风玻璃和座椅组成的ADAS仿真驾驶平台，而后在PreScan软件中建立自动紧急制动（AEB）仿真测试场景，一条长625m的直线道路，包含上述两种测试工况。使用PreScan自带的2D simple车辆动力性模型，并设定两个“独立传感器”，可探测车辆前方障碍物距离。在Simulink中建立所需测试的AEB算法模型。之后，将PreScan的车辆模型和测试工况以模型耦合的方式导入到Simulink中，从而开展AEB纵向碰撞算法仿真测试。

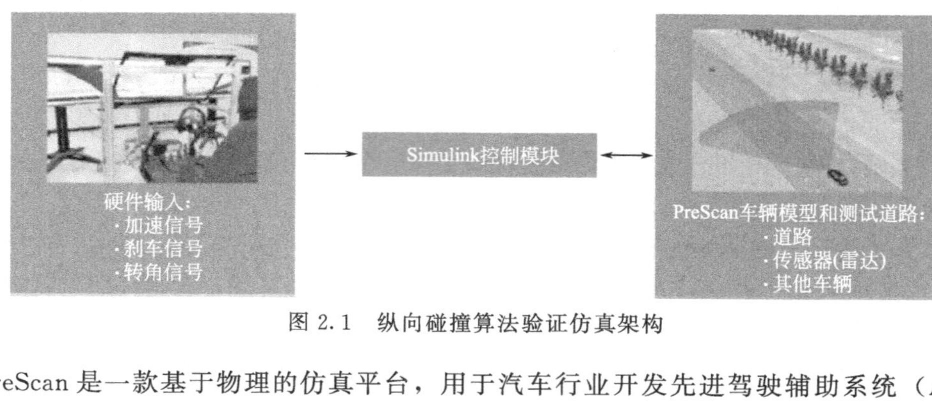

图2.1　纵向碰撞算法验证仿真架构

PreScan是一款基于物理的仿真平台，用于汽车行业开发先进驾驶辅助系统（ADAS），该系统基于雷达、激光/激光雷达、摄像头和GPS等传感器技术。PreScan还可用于设计和评估车辆到车辆（V2V）和车辆到基础设施（V2I）通信应用以及自动驾驶应用。PreScan可以从基于模型的控制器设计（MIL）用于软件在环（SIL）和硬件在环（HIL）系统的实时测试。

2.1.2 基于Eclipse的车轮自适应巡航控制仿真平台

2017年，浙江工业大学的孙煜等使用Eclipse开发了一个JAVA语言的仿真平台。JAVA语言因跨平台和其拥有丰富的图形应用接口的特性，能够直观形象地显示车辆的运行状态，并用图表实时显示车辆速度、车辆间距、车辆燃料消耗等。通过对前车的启动、加速、减速、匀速等行驶工况模拟典型的开车环境，有效地检测车辆自适应巡航控制算法的效果。

首先，他们使用JAVA语言编写了道路类、车辆类及绿化带类。而两辆车列的相对移动则是以对面车道车辆的反向移动来衬托的。通过实时刷新并重新加载车辆变化的位置来实现车辆的移动。然后，在主程序中通过代码构建几辆车，并通过调用程序中绘图的画笔把车辆图片显示在主界面中。通过构建一个新的程序，重写其中的“run（）”方法来实现图片的移动，从而使仿真车辆移动和场景变化。运行本仿真平台之后，通过记录其运行数据，绘制控制效果曲图。其整个界面架构内部的层次结构如图2.2所示。

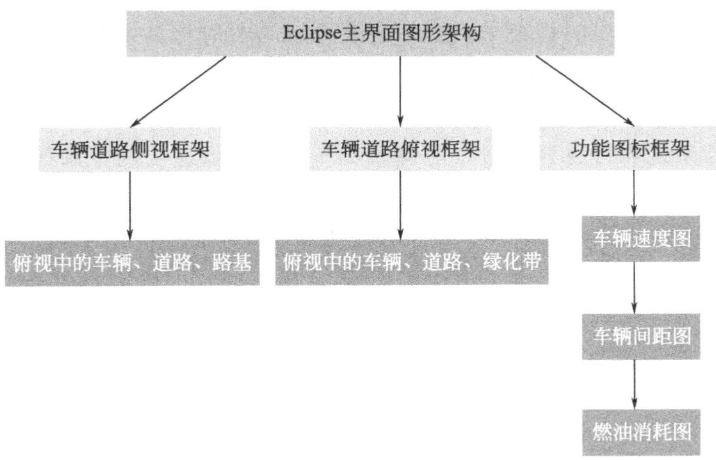

图2.2 Eclipse界面架构内部的层次结构

该车辆的图形仿真平台是基于Eclipse平台开发的JAVA界面应用程序。Eclipse是个开放源代码的、基于JAVA的、可扩展的开发平台，它是由一组松散绑定而又相互连接的代码块以插件的形式结合所形成的。Eclipse支持多种应用开发工具的构建并使得各种工具能够无缝集合；能够独立地开发处理HTML、JAVA、C++、EJB、JSP等内容的插件；并且可以运行在多种操作系统下，包括Windows、Linux等主流平台。

2.1.3 基于NIPXI的车道偏离警告仿真平台

高锋等在建立平均值发动机模型、变速器模型、整车动力学和运动模型基础上，应用NIPXI实时仿真平台，实现被控车辆车载控制器在环的实时仿真模拟。针对车道偏离警告系统，综合采用等价类、边界值和分类树方法，在分析系统功能和性能的影响因素基础上，设计了道路的三维虚拟场景和测试工况，实现了ADAS驾驶员在环和控制器在环的虚拟测试。测试系统如图2.3所示，整体上包括虚拟现实系统、实时仿真和控制系统。

虚拟现实系统主要由一台图形工作站、视景系统和音响系统组成。根据实时仿真系统计

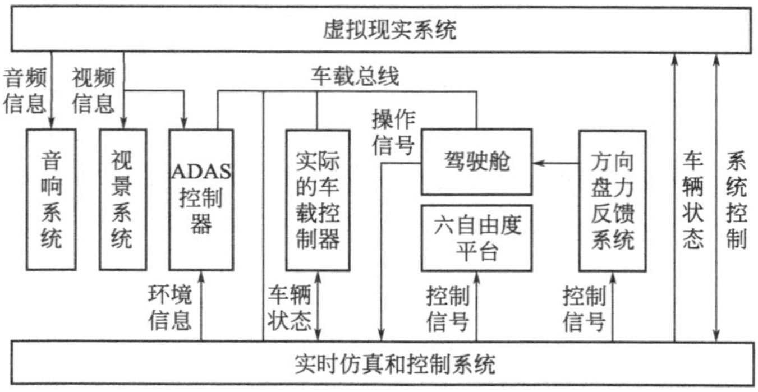

图 2.3 基于 NIPXI 的 ADAS 虚拟测试系统

算出的车辆状态信息，实时调整虚拟现实中车辆和交通环境的状态、相对位置等，从而为驾驶员模拟尽可能真实的声音和视景效果。系统通过调用基于 OpenGL 的 C++接口函数实现三维场景的动画过程，并由 3 块 55in（1in=2.54cm）液晶显示屏拼接显示车辆前方的道路场景。为满足数据传输和实时性要求，虚拟现实系统与实时仿真系统之间通过以太网进行数据通信。

实时仿真系统包括硬件和软件两部分。硬件基于成熟的 NIPXI 实时仿真平台，能够模拟实际车辆的电源系统和传感器信号，能够采集车载控制器输出的控制信号。软件包括：车辆实时仿真模型、NI Veristand 软件和 NI Labview 开发环境。NI Veristand 用于导入基于 Matlab/Simulink 开发的车辆实时仿真模型，配置 NIPXI 实时仿真平台。NI Labview 用于设计测试过程中虚拟仪器的人机交互界面，控制仿真过程，记录、修改和分析试验数据等。车辆实时模型包括被控车辆和交通环境中其他车辆，其中被控车辆的建模是关键。对于其他车辆，考虑其与自车的相对运动关系是重点，而车辆内部的详细工作状态则对 ADAS 的工作基本无影响，所以为提高模型的实时性，直接将驾驶员模型的输出作为车辆的运动状态。

2.1.4 现有仿真测试平台的优缺点分析

前述的三个仿真平台，都利用了计算机模拟的方式，分别完成了对 AEB、ACC 和 LDW 控制算法的仿真测试，不仅缩短了测试的时间周期，也降低了测试的成本投入。基于 PreScan 的 AEB 算法测试平台，引入了硬件在环的测试技术，并且结合 PreScan 软件的功能，建立了车辆动力学模型、测试道路环境和两种测试工况。而后，PreScan 的模块导入 Simulink 中，对在 Simulink 中所建立的算法进行仿真测试。该平台不仅引入了驾驶员的控制输入，也能在 PreScan 的丰富的测试环境中进行实车测试，因而较为严谨和可信。但 PreScan 软件是商业化软件，因而测试成本较高。

基于 Eclipse 的 ACC 控制仿真平台利用 JAVA 平台的跨平台特性，接入相关插件，并编写相关的类和方法，完成了 ACC 系统的仿真测试。Eclipse 是开源的开发平台，因此其开发的成本较小。但该平台并没有建立完善的车辆动力学模型，而是将测试车辆抽象为一个点（一幅画）的运动，通过简单的物理模型计算得到其速度、车距和耗油量。虽然该平台能从一定程度上反映出所检测的 ACC 的算法的效果，但因其车辆模型的与实际车辆模型的差距较大，无法对实际的车辆行驶过程进行模拟，因而该平台不够完善和严谨。

基于 NIPXI 的实时仿真平台拥有较为完整的架构和功能，但是三维虚拟现实场景的设计和实时动画工具需要针对 ADAS 进行专门开发，工作量较大。三维动画软件虽然设计渲染效果较好，逼真度高，但是计算量大，实时动画不流畅。而已有的一些用于车辆动力学虚拟测试的三维动画工具虽然实时性好，但是能实现的场景较为简单，逼真度不够，而且能够虚拟场景中受控的物理数量有限，不能满足复杂的 ADAS 虚拟测试需求。

上述仿真平台都能一定程度上完成测试的任务，但是各有优缺点，而且都不能用来训练和测试自动驾驶汽车。为了克服缺憾，考虑到同时降低 ADAS 测试仿真的成本，并且能够在测试时完整地模拟车辆的行驶状况，本书提出了基于多软件的 ADAS 的虚拟测试平台。

2.2 Matlab-OpenModelica-Unity（MOMU）虚拟测试平台

本节搭建了一个汽车的联合虚拟仿真平台，该平台由 Unity 提供虚拟测试的环境，通过 Simulink 编写车辆的控制模型，由 OpenModelica 提供车辆动力学模型，各个软件之间的信息交互使用了实时通信协议 UDP。

该平台有较好的适用性，可以替换车辆的模型和控制策略等，只要匹配相应的 Unity 场景和接口数据即可。而且该平台不仅可以进行 ADAS 相应功能的可视化测试，还能进行自动驾驶汽车的训练。Unity 官方定制的与 python 的接口环境（ML-Agents），定义了许多机器学习训练要使用的函数和神经网络，可以用来训练虚拟环境汇中的 Agent，通过搭建的平台，将车辆模型引入虚拟训练环境，实现自定义车辆的自动驾驶训练。平台的基本结构如图 2.4 所示。

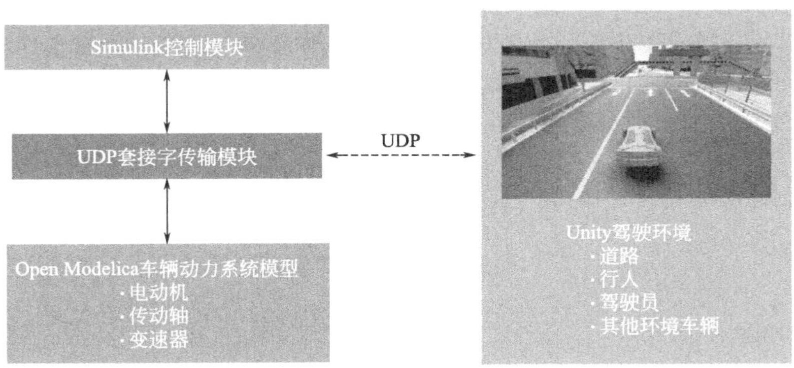

图 2.4　联合虚拟仿真平台

（1）OpenModelica

Modelica 语言是为了解决多领域物理系统的统一建模与协同仿真，在归纳和统一先前多种建模语言的基础上，于 1997 年被提出的一种基于方程的陈述式建模语言。基于统一建模语言的方法对来自不同领域的系统构件采用统一方式进行描述，彻底实现了不同领域模型之间的无缝集成和数据交换。Modelica 语言采用数学方程描述不同领域子系统的物理规律和现象，根据物理系统的拓扑结构基于语言内在的组件连接机制实现模型构成和多领域集成，通过求解微分代数方程系统实现仿真运行。该语言可以为任何能够用微分方程或代数方程描述的问题实现建模和仿真，并且具备模型重用性高、建模简单方便、无须符号处理等许多优点。Modelica 语言的建模思想在很大程度上顺应了知识的可积累、可重用、可重构的指导原则。

基于物理系统数学表示的内在一致性，Modelica 语言支持同一个模型容纳来自不同领域的模型组件，从而具备多领域统一建模能力。Modelica 语言将任意领域元件的行为统一采用数学方程描述，将元件与外界的通信接口统一定义为连接器。

基于 Modelica 语言的建模方式主要有两种：自顶向下的建模方式和自底向上的建模方式。其中，前者适用于复杂的多领域耦合系统的建模，而后者多用于中、小系统的建模。因此，对动力系统的多领域仿真模型采用自顶向下的方式。对自顶向下的建模方式而言，关键的是建立系统模型的框架；而搭建系统框架的关键是将该系统拆分成不同领域的子系统，然后依据子系统属于的领域分别定义各个子系统的接口形式。基于 Modelica 语言的支持多领域系统建模与仿真的比较成熟的商用建模仿真工具有 Dymola、OpenModelica 等。其中，OpenModelica 是基于 Modelica 建模语言的免费开源环境，用于建模、仿真、优化和分析复杂的动态系统。该软件由非营利性、非政府组织 Open Source Modelica Consortium 积极开发，并且有许多开源的资料。Dymola 现在广泛应用于对汽车、航空航天、机器人、加工及其他应用领域内使用的集成复杂系统进行建模和仿真。本次研究，受限于所需的动力系统库属于 Dymola 的商业库，故而选择了 OpenModelica 作为动力系统的建模软件。

OpenModelica 可以用于学术和工业应用。在发电厂优化、汽车和水处理等领域使用 OpenModelica 以及专有软件。

OMEdit 是 OpenModelica 中的一个应用工具，是一个开源的图形用户界面，用于在文本和图形模式下建模，编辑和模拟 Modelica 模型。OMEdit 通过交互式 API 接口与 OMC 进行通信，请求模型信息并基于 Modelica 注释创建模型或者连接图。

本平台中 OpenModelica 因其丰富的车辆动力学模块和广泛的应用被选作车辆模型的搭建软件，制作了一个较为简单的纯电动车辆模型，可以接收外部的控制命令并实时输出车辆运行的结果。车辆动力学模型如图 2.5 所示。

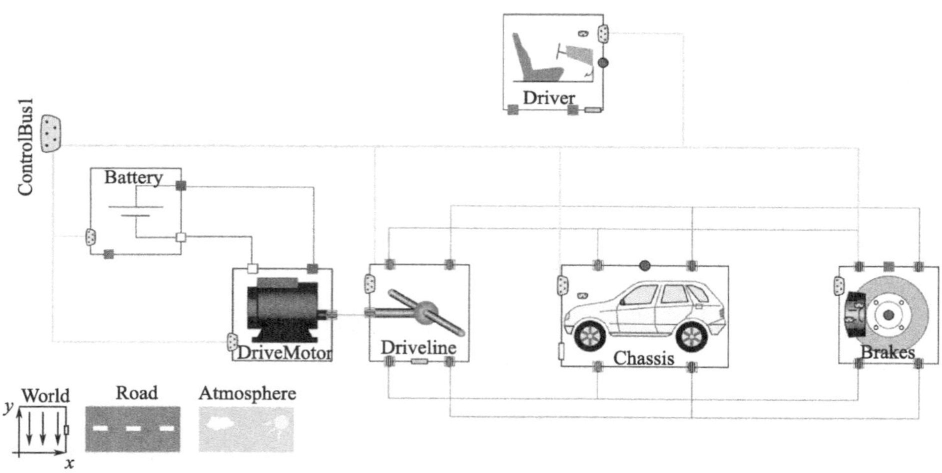

图 2.5 车辆动力学模型

（2）Simulink

由 MathWorks 开发的 Simulink 是一个用于建模、模拟和分析多领域动力系统的图形化编程环境。它的主要接口是一个图形块图表工具和一组可定制的块库。它提供了与 Matlab

环境的其他部分的紧密集成，并且可以驱动 Matlab 或从其中脚本化。Simulink 广泛应用于多域模拟和基于模型的设计的自动控制及数字信号处理。

本平台中 Simulink 因其广泛的适用性和强大的计算绘图功能被选作车辆控制模型的建模软件。

(3) Unity

Unity 是由 Unity Technologies 开发的一个让玩家轻松创建诸如三维视频游戏、建筑可视化、实时三维动画等类型互动内容的多平台的综合型游戏开发工具，是一个全面整合的专业游戏引擎。可以搭建较为真实的虚拟环境，而且开源性较好，有大量的内部功能可以使用，而且可以进行底层的设计来满足自己的需求。

Unity 面向个人用户是免费开源的，并且有一个完善的社区。正是因为游戏引擎的开源和使用者众多，所以在 Unity 社区中，时时刻刻都有新的想法出现，或新的游戏解决方案出现。完善的社区平台集中了全球开发者的力量，汇集了 Unity 游戏开发的想法和解决方案，是非常有效率的开发平台。Unity 庞大的资源库的建立更极大地加快了游戏开发的进程，开发者可以从商店中下载其所需要的环境、代码、人物模型等。复用性高而开源的资源，省去了开发者从头开始构建模型的工作，为游戏的开发节省了很多时间。当然，若是开发者对画面和人物的要求有自己的追求，也可以在模型的构建中自由地投入时间和精力。这样开放的资源，对出于仿真目的使用 Unity 的研究者们，提供了极大便利。

Unity 是一个带有 GUI 界面的视频游戏开发的 3D 游戏引擎。其功能包括 C# 和 JavaScript 中的 3D 建模、3D 物理引擎、动画和脚本。这些功能可用于对闭环 ADAS 仿真所需的道路和其他车辆进行建模。使用 Unity 代替 ADAS 仿真的商业工具，例如 PreScan、CarMaker 等，用于道路环境建模和传感器建模。选择 Unity 游戏引擎主要是为了利用其能够在 ADAS 评估测试使来自世界各地的用户参与进来的能力。这个概念被称为“游戏化和大众参与的虚拟测试”。而且 Unity 官方推出的新的工具箱 Machine Learning Toolkit（ML-Agent）可以实现 Python 运行环境和 Unity Editor 的信息交互，对场景中的物体进行强化训练和模拟训练，并且工具箱中有大量基础功能函数可以直接调用，加速训练程序的编写过程，为训练自动驾驶汽车提供了必要的运行环境。

一般来说，为了评估驾驶员输入、行人、其他车辆行为、道路环境等 ADAS/AD 实施，需要考虑许多情况。通过使用由人类和虚拟用户组成的游戏环境，ADAS 软件可以比传统静态测试场景更广泛地进行测试。虽然有其他 3D 游戏引擎可用，但 Unity 因其庞大的资源库、多平台支持和大型社区支持而被选中。许多资源可通过 Unity 资源商店获得，从而加快了开发速度，并且在其他工具中无法使用。例如，道路编辑，车辆物理和汽车交通模拟器可作为 Unity 的即用型资源。此外，ADAS 存在于受用户意见显著影响的汽车中。为了提高对系统的理解和评估，决定将其与 Unity3D 游戏引擎集成，以便对仿真进行游戏化，并为用户在环测试和反馈提供可能性。此外，作为开发者，编写需要的脚本，而后附加到 Unity 模型中。在仿真中，使用 Unity 搭建简单的城市模型，利用资源库中的模型丰富仿真中的环境要素，使得仿真更贴近于现实的场景。在范德比大学的 Scott Eisele 和丰田美国技术中心的 Masahiro Yamaura 等使用多个软件对自适应巡航系统仿真的实例中，他们就在 Unity 中搭建了简单的道路模型，进行仿真测试，并且使用了 C# 的脚本接入 UDP 传输功能，实现了仿真过程中的数据传输（图 2.6）。

图 2.6　Unity 中的城市俯瞰图

2.3　适用于 ADAS 的 MOMU 平台数据流

如图 2.7 所示，浅色箭头标志的是使用了 UDP 端口数据传输过程，深色箭头标志的是软件内部的数据传装输。带 Unity 标志的模块代表的是在其中建立的车辆、环境和传感器模型。带 Simulink 标志的模块代表的是在其中建立的车辆逆动力纵向动力学模型和主动避撞系统控制器，其中，后者由上位控制器和下位控制器两部分构成。带 OpenModelica 标志的模块代表的是在其中建立的车辆动力学模型。

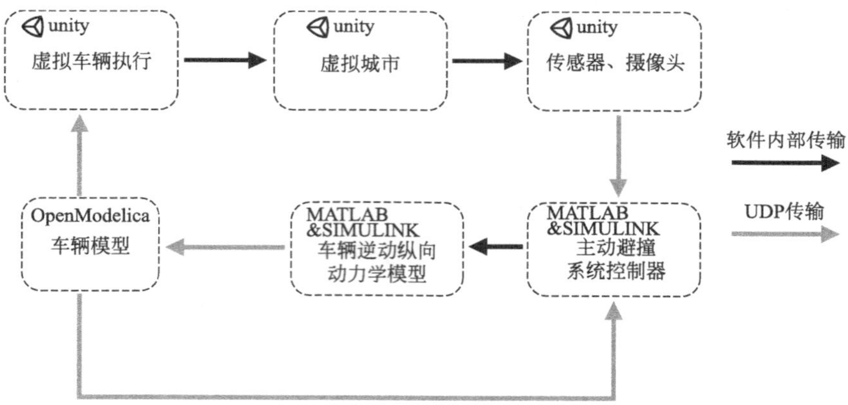

图 2.7　AEB 系统仿真过程的流程图

首先，由 Unity 将环境中的前车到本车的实际距离发送至 Simulink。而后，Simulink 的控制模块通过计算得到期望的驱动力矩和制动力矩。通过 UDP 端口将期望的驱动力矩和制动力矩发送至 OpenModelica 中，经过其中动力系统的计算，得到实际的整车速度和加速度、前后车轮的滑移率，经由 UDP 端口返回给 Simulink。同时，OpenModelica 将整车速度，同样通过 UDP 端口，同步发送到 Unity 中，控制实车的运行。如此循环，便能得到各个工况的仿真情况。以自动紧急制动典型工况仿真为例，其具体的数据传输见表 2.1。

表 2.1 自动紧急制动仿真中的数据传输

数据传输方向	Unity→Simulink	Simulink→ OpenModelica	OpenModelica→ Simulink	OpenModelica→ Unity
传输数据	前车距离	期望驱动力矩 期望制动力矩	本车速度 本车加速度 前轮加速度 前轮滑移率 后轮滑移率	本车速度

2.4 适用于自动驾驶的 MOMU 平台数据流

本书提出的虚拟协同仿真平台 MOMU 不仅可以测试和验证 ADAS，还可以训练和测试自动驾驶车辆。与案例 AEB 相同，车辆动态模型建立在 OpenModelica 和虚拟城市中，在 Unity 中构建。但是，控制命令不是来自 Simulink，而是来自 Python 控制网络。ML-Agents 使得 Unity 中的代理可以使用 Python 程序进行训练。

虚拟联合仿真平台中自主车辆强化学习的信息流程如图 2.8 和表 2.2 所示。在 Unity 中，自我车辆的前视图可以通过摄像头获取，并被发送到由 Python 编写的图像识别程序。程序可以从图像中提取环境信息，如车道线的位置，前方障碍物的分类和距离等。利用从图像中提取的信息，TensorFlow 中内置的控制模型可以进行控制方向盘角度和驱动扭矩等指令。通过 UDP 模型，控制命令将被发送到车辆动态模型。OpenModelica 可以模拟 Vehicle 的响应，结果将发送到 Unity 中的车辆模型。然后在虚拟城市中，自我车辆将作为 OpenModelica 的结果运行。但是，预先设定的约束将判断自我车辆的性能，反馈将被发送到 TensorFlow 中的控制模型以优化控制模型。控制模型是基于特定车辆动态模型训练的，因此不适用于其他车辆。为了清楚地显示训练过程中的实时状态，引入 TensorBoard 来观察和测量每次训练的质量，这为下一次参数调整提供了必要的基础。

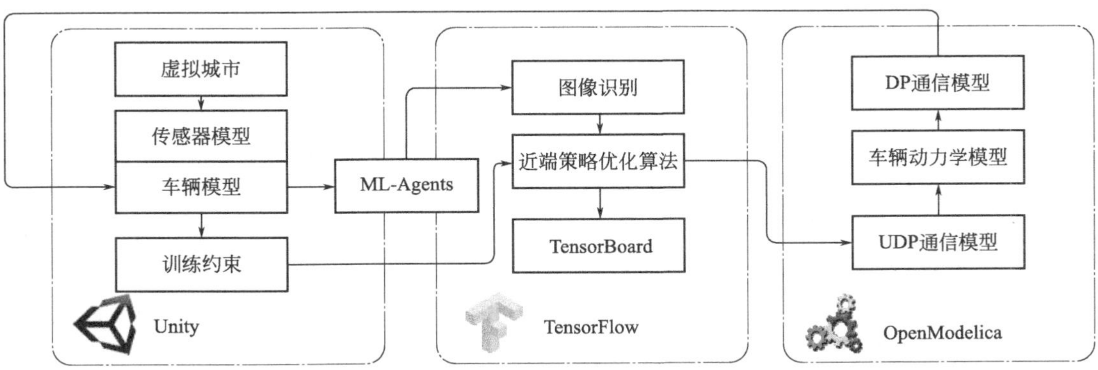

图 2.8 自动驾驶仿真中的流程图

表 2.2 自动驾驶仿真中的数据传输

传输方向	数据
Unity→OpenModelica	方向盘转角，环境信息
OpenModelica→Unity	速度，车轮转角

第3章 基于OpenModelica的车辆动力学模型

3.1 车辆动力学建模方法研究现状

20 世纪 90 年代后，电动汽车逐渐成为世界性的研发热点，各个国家都制订了自己的电动汽车发展战略和计划。著名的有美国的 Freedom CAR 计划和 PNGV 计划，日本的 JHFC 示范计划和低公害汽车开发普及行动计划等，欧盟的电动汽车城市运输计划和 FP5、FP6 等计划，都促进了电动汽车技术的发展。我国也很重视电动汽车的研究，将其列为重点项目，制订了发展规划，电动汽车的研发工作在“八五”“九五”“十五”期间均被正式列入科技攻关项目。

早在 20 世纪 70 年代，欧美发达国家已研发出多种电动汽车仿真软件，现在应用比较广泛的有 Advisor、Cruise、PAST 和 HEVC 等。Advisor 基于模块化的 Matlab/Simulink 语言编写而成，采用后向仿真为主、前向仿真为辅的混合仿真方法，并且可与其他多种软件进行联合仿真，可以对电动汽车进行动力性、经济性、排放等仿真计算分析；Cruise 拥有强大的部件模型库，可独立进行前向和后向仿真分析，内置了车辆动力性参数以及动力总成匹配优化功能，可进行动力性、经济性等整车评价，可满足车辆开发各个阶段的要求；PAST 基于 Matlab/Simulink 开发，采用前向仿真计算方法，可以方便地集成高级动态模型，具有实时仿真的功能，提供了丰富的部件模型库；HEVC 由 Lawrence Livermore 国家实验室开发，其中设计了燃料电池、飞轮等的模型，但它只能对 EV 进行仿真，结构固定和柔性比较差。在国内一些大学和研究机构的努力下，香港大学电动汽车研究中心基于 Matlab 开发出了 EVSIM；吉林大学与一汽汽车合作研究出 CHEV2002；北京理工大学基于 VC 和 Matlab 开发出了 EVSIML；武汉理工大学开发了仿真研究平台 HEVSIM 等。以上的软件程序均是在 Matlab 平台环境下开发运行的，存在着仿真精度低的问题，仿真结果难以体现实际运行情况，一般用于初期的系统预估。

在汽车性能建模与仿真方面，合肥工业大学与奇瑞汽车集团有限公司应用PAST与Advisor针对奇瑞混合动力轿车重点对控制策略模型进行了分析，最后定义了车辆仿真数据，给出了轿车在多种情况下的仿真结果，分析轿车重量等参数对车辆性能的影响；南京理工大学以纯电动汽车的各重要组成部分如牵引电动机、车载蓄电池为研究对象，建立了各组成部分的数学模型，计算了动力性能指标和经济性能指标，并开发了一款纯电动汽车仿真分析软件；山东大学针对纯电动汽车续驶量程短、加速性能不佳的问题，研究了蓄电池超级电容新型双能量源纯电动汽车的能量管理优化控制问题，并提出了基于粒子群算法的控制策略，在很大程度上提高了车辆的性能；中南林业科技大学建立了以锂电池组为动力源，交流异步变频电机为动力的纯电动汽车的动力系统及整车模型，在Matlab/Simulink平台上对该模型的车辆动力特性进行了仿真分析，结果表明该模型设计合理可行。

国内研究机构在针对汽车部件的建模仿真方面也有大量研究工作，如电机的建模与仿真，动力耦合装置的仿真研究，变速器的建模与仿真等；Rah man等利用理论分析和仿真技术，基于车辆性能参数考虑电机转速范围、效率、电池组能量需求、最大充放电电流及车辆传动系统参数，进行动力驱动系统关键部件的选型；山东大学采用二次多项式构建了磷酸铁锂动力电池组放电效率模型，对电池组容量效率、开路电压等特性参数进行了测试；江苏大学建立了装有EPS的整车转向动力学模型，设计了一种新的组合型助力特性，能较好地协调不同车速时的转向轻便性和路感要求；Nobrant建立了汽车传动系统的Modelica组件并与发动机模型联合进行仿真。

3.2 Modelica在车辆动力学建模中的应用

集机械、电子、液压、控制等多个学科领域知识的复杂耦合系统是现代产品的一大特点，传统的建模与仿真方法大多是针对系统中的某一领域而进行的。因此各种各样的建模和仿真软件多针对某一领域而设计，而对于自其他领域内系统的描述能力相当有限。多领域系统耦合、多学科融合已成为现代产品设计的发展趋势，这些变化也都体现到计算机仿真分析的研究当中来。

1978年世界上首个面向对象物理建模语言由瑞典的Elmqvist设计，被命名为Dymola (Dynamic Modeling Laboratory)。随着工程技术与计算机技术的快速发展，涌现许多优秀的面向对象物理建模语言。各种建模语言都有自己的特点，但是彼此之间却互不兼容。为解决各种语言之间的兼容性，欧洲的一些仿真专家借鉴当时先进的面向对象程序语言Java的部分语法要素，并综合当时多种建模语言的特点，于1997年设计了全新的统一领域建模语言Modelica。而Modelica建模语言也就成为了物理建模的一种标准建模语言。

国外已经开发了大量的Modelica专业领域模型库，这些模型库被广泛地应用于汽车、航空、航天、交通等领域。例如，瑞典的Friteson教授，对工业机器人进行了多物理系统的实时仿真研究。利用建立的机器人的多领域模型，进行优化设计，与硬件联合仿真研究。瑞典的皇家工程学院和Chalmers技术大学已将Modelica应用到混合电动汽车的仿真分析研究中。德国宇航中心（DLR）也对燃料电池动力传动系统进行了多领域的建模与仿真研究。在2006年的Modelica大会上，法国的Dassault公司更是宣布其基于Modelica的系统会作为CATIA系统发展的核心。

基于 Modelica 语言，国内多家企业已成功将其应用于集机、电、液等多领域学科交叉的产品中，并通过实验验证，优化了产品性能。比如国内同元软控信息技术有限公司开发了基于 Modelica 语言的 MWorks 仿真平台，针对大型客机液压起落架系统研制开发与试验验证的需求，建立了液压起落架子库及系统模型，搭建了液压起落架半物理仿真验证平台，使用 Mworks 进行控制、液压、机械等多领域统一建模仿真与耦合分析，实现了液压起落架系统的半物理仿真。为了在机械、电气和控制等多个领域对异步电机进行整体设计优化和性能分析，东方电机有限公司运用多领域统一建模语言 Modelica，基于 Mworks 多领域建模与仿真平台，建立了异步电机的元件模型库及整机模型，并进行仿真分析，通过实验结果的对比验证了该模型的有效性。华中科技大学采用 Modelica 统一建模语言，建立了 ABS 电磁阀的气动、机械、电路、磁场的多领域模型，通过实验测试与计算机仿真对比，确定了模型的准确性，为电磁阀的设计和 ABS 控制气压制动系统性能分析提供了依据。丁华等在建立飞机液压能源系统元件数学模型的基础上，利用语言对飞机液压能源系统进行仿真计算，仿真结果表明，该模型符合实际系统管路压力和流量脉动特性，在模型中能够获得时域范围的系统内任意一点的流量压力脉动情况。邹湘军、金双、陈燕等基于建模语言建立了模拟机械手的专业模型库，并经过仿真试验验证模型库的有效性和正确性。吴义忠等在分析了多领域物理系统仿真优化特点的基础上，研究了基于模型的编译信息实现多实例、多目标启发式仿真优化建模，并以某型号战机简易模型的控制参数优化为实例验证了以上方法的有效性。

Modelica 从原理上使用统一的建模机制，通过框图拖拽式的建模、面向对象、面向方程等建模方法表达组件的本构方程。而通过基于广义基尔霍夫网络的连接机制支持多领域组件之间的连接，来表述组件间的连接关系。此外 Modelica 提供了一个强大而开源的标准模型库，包含了机械、电子、控制、电磁、流体等相关领域内的基本组件。除了使用标准库中的组件外，还存在大量的免费组件模型库和商业组件模型库可以使用。近些年，不管是 Modelica 语言规范，还是 Modelica 标准模型库，都有了很大的发展。Modelica 为解决复杂工程系统仿真中多领域耦合的问题开辟了新的道路，工程应用也越来越广泛。

3.3 多领域统一建模语言 Modelica

Modelica 是一种对人工系统或自然系统进行数学模型表达的建模语言，并能够对系统的动态性能进行仿真计算。同时，Modelica 也是一种面向对象、基于方程的程序设计语言，它主要有以下几个方面的特性：Modelica 中使用方程来直接表达物理的行为；Modelica 具有多领域建模的能力，能将不同领域内的组件连接为一个整体，组装成为系统模型；Modelica 是一种面向对象和面向组件的系统建模语言；Modelica 适用于对复杂物理系统层次结构的描述。

3.3.1 Modelica 建模的基本步骤

使用 Modelica 语言建模通常需要使用支持 Modelica 建模语言的软件仿真平台。尽管支持工具各不相同，但使用 Modelica 语言建模仿真的基本步骤是相似的，其主要的建模仿真流程可以参考图 3.1。

从图 3.1 中可以看到，首先是通过编译器对模型文件进行编辑，编辑的操作主要分为两种方式：一种为纯文本编辑的方式，是通过编写代码来完成模型文件的编辑；另一种是在编

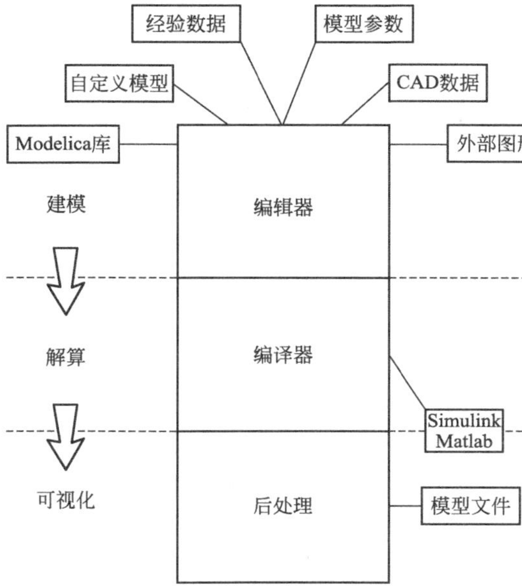

图 3.1　基于 Modelica 语言的建模仿真流程

辑器中通过鼠标拖拽模型图标的方式来完成模型文件的编写。外部数据如经验数据、模型参数、CAD 数据等相关信息也可以通过编辑器输入模型文件中，用来构建模型。当完成模型文档的编辑后，需要将模型文件交给编译器处理。编译器主要分为两个阶段：第一个阶段是将 Modelica 的源代码文件转换为 C 代码，这一过程为编译；第二阶段是使用具体的数值算法求解得到的 C 代码模型，这一过程为求解。完成求解后，模型的主要计算部分已经完成，剩余的部分是对仿真数据的后处理，主要是对数据进行可视化，提取有效的模型信息。还可以将解算得到的数据提交给 Matlab 等数据处理软件，来完成数据的可视化等后处理操作。通常支持 Modelica 语言的软件平台都具有以上三个主要的部分。编辑器、编译器、后处理等是支持 Modelica 软件平台所必须具备的三个部分。

Modelica 作为一种多领域系统建模语言，提供了完整的面向对象语言特性的支持。通过类和对象概念来表示各种模型、组件、变量及变量类型；通过继承、变型、重声明等机制来提高模型代码的重用率；通过使用不同层次结构的概念对系统的物理结构和代码结构进行描述和组织。

(1) Modelica 类

类是 Modelica 语言的基本结构元素，是构成 Modelica 模型的基本单元。类可以包含三种类型：变量、方程和成员。变量表示类的属性，通常代表某个物理量。方程指定类的行为，表达变量之间的数值约束关系。方程的求解方向在方程声明时是未指定的，方程与来自其他类的方程的交互方式决定了整个仿真模型的求解过程。类也可以作为其他类的成员。类的成员可以直接定义，也可以通过继承从基类中获得。

Modelica 类概念是一般类和特定类的统称。特定类具有特殊用途，在语法规范上有一定的限制。使用特定类是为了使 Modelica 模型代码便于阅读和维护。一般类由关键字 class 修饰，特定类由特定的关键字修饰，如 model、connector、record、block 和 type 等。特定类只不过是一般类概念的特殊化形式，在模型中特定类关键字可以被一般类关键字 class 替代，而不会改变模型的行为。特定类关键字 model、connector、record、block 和 type 也可以在适当条件下替代一般类关键字 class，只要两者在语义上等价。

(2) 组件连接机制

Modelica 语言提供了功能强大的软件组件模型，其具有与硬件组件系统同等的灵活性和重用性。Modelica 的软件组件模型主要包含三个概念：组件、连接机制和组件构架。组件通过连接机制进行交互连接。组件构架实现组件和连接，确保由连接维持的约束和通信工作稳定可靠。

在 Modelica 语言中，组件的接口称作连接器，建立在组件连接器上的耦合关系称作连接。如果连接表达的是因果耦合关系，则称其为因果连接。如果连接表达的是非因果耦合关系，则称其为非因果连接。

模型类必须有明确的接口，即连接器，用于实现组件与外界的通信。模型类应该定义为与环境无关，此举是组件可重用的关键所在。这意味着在类定义中只能包含方程，只使用局部变量与连接器变量，并要求组件与外界的通信必须通过组件连接器。组件可以由其他相互连接的组件构成，也就是层次建模。

Modelica 连接器是连接器类的实例。连接器类的主要用途就是定义组件接口的属性与结构。连接器类中定义的变量可划分为两种类型：流变量和势变量。流变量是一种“通过”型变量，如电流、力、力矩等，由关键字 flow 限定。势变量是一种“跨越”型变量，如电压、位移、角度等。下面给出的一个连接器类 Pin 定义的是电路元件的接口，它包含两个变量，电压 U 为势变量，电流 I 为流变量。

```
connector Pin
Real U;
flow Real I;
end Pin;
```

Modelica 连接必须建立在相同类型的两个连接器之上，表达组件之间的耦合关系。这种耦合关系在语义上通过方程实现。故 Modelica 连接在模型编译时会转化为方程。具体来说，流变量之间的耦合关系由“和零”形式的方程表示，即连接交汇点的流变量之和为零。势变量之间的耦合关系由“等值”形式的方程表示，即连接交汇点的势变量值相等。连接方程反映了实际物理连接点上的功率平衡、动量平衡或质量平衡。假设存在连接 connect(P_1，P_2)，其中，P_1 和 P_2 为连接类 Pin 的两个实例，该连接等价于以下两个方程。

$$P_1U=P_2U$$

$$P_1I+P_2I=0$$

3.3.2 基于 Modelica 语言的建模

(1) 面向对象建模

在数学建模中引入面向对象思想的主要目的是为了简化复杂性。Modelica 语言将面向对象看作为用于处理复杂大系统描述的一种模型组织概念，强调陈述式描述和模型的重用。Modelica 语言以类为中心组织和封装数据，支持采用分层机制、组件连接机制和继承机制构建 Modelica 模型。Modelica 模型实质上是一种陈述式的数学描述，这种陈述式的面向对象方式相比于一般的面向对象程序设计语言而言更加抽象，因为它可以省略许多实现细节，比如不需要编写代码实现组件之间的数据传输。图 3.2 所示的简单电路的 Modelica 模型详细描述如下。

```
model Circuit
SineVoltage VS(V=220);Resistor R1(R=10);
Resistor R2(R=100);Capacitor C1(C=0.01);
Inductor L1(L=0.1);Ground G1;
equation
connect(R1.p,VS.p);connect(R2.p,VS.p);
connect(R1.n,C1.p);connect(R2.n,L1.p);
connect(VS.n,G1.p);connect(L1.n,G1.p);
connect(C1.n,G1.p);
end Circuit;
```

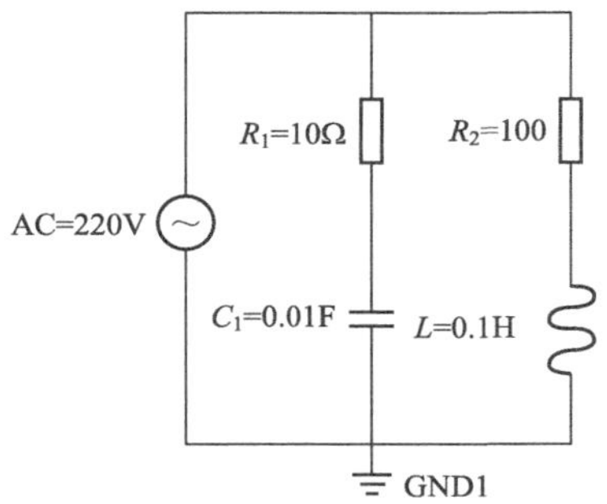

图 3.2　简单电路的 Modelica 组件连接图模型

上述电路模型很好地体现了 Modelica 语言的面向对象建模思想的三种模型组织方式。其中，分层机制体现为将系统层模型和组件层模型分开描述。系统模型 Circuit 中的连接语句，如 connect（R1.p，VS.p），体现了模型组织的组件连接机制。组件类 Resistor、Capacitor 和 Inductor 均是从同一个基类 Two Pin 派生而来的，这体现了模型组织的继承机制。总而言之，通过采用分层、组件连接和继承这三种机制，可以构建出任意复杂的仿真模型。

(2) 非因果建模

Modelica 语言采用数学方程而不是赋值语句定义类的行为。方程具有陈述式非因果特性，也就是声明方程时没有限定方程的求解方向，因而方程具有比赋值语句更大的灵活性和更强的功能。方程可以依据数据环境的需要用于求解不同的变量。这一特性大大提升了 Modelica 模型的重用性。方程的求解方向最终由仿真求解器根据方程系统的数据流环境自动确定。这意味着用户不必在建模时将以自然形式表述的方程转化为因果赋值形式，这极大地减轻了建模工作量，尤其是对复杂系统建模，同时也可以避免因公式的转化和推导而引起的错误，使得模型更加“健壮”。

对于 Modelica 语言来说，构建非因果模型是一件很容易的事情。只要采用方程描述物理元件的基本规律或现象，并将组件之间的交互关系表示为非因果连接即可。

(3) 陈述式物理建模

陈述式程序设计思想是受到数学思想的启发而产生的。数学思想主张陈述或声明拥有什么，而不是像采用过程式语言所必须的那样，给出一个详细的过程式算法描述怎样实现既定目标。

Modelica 语言采纳了陈述式设计思想，其软件组件模型支持根据实际系统的物理拓扑结构组织构建仿真模型，即陈述式物理建模。物理元件对应模型的一个组件，物理元件之间真实的物理连接对应于组件连接图中模型组件之间的逻辑连接。采用这种方式构建的物理系统的 Modelica 模型有着与实际系统类似的层次结构。此外 Modelica 模型的组件连接图还可以粗略地表示实际物理系统的结构布局。

(4) 多领域统一建模

基于物理系统数学表示的内在一致性，Modelica 语言支持同一个模型容纳来自不同领域的模型组件，从而具备多领域统一建模能力。Modelica 语言将任意领域元件的行为统一采用数学方程描述，将元件与外界的通信接口统一定义为连接器。

同一领域内的组件之间的通信借助建立在相同类型的领域连接器之间的连接实现，如图 3.2 中电阻 R_1 与电感 L 之间的连接。不同领域的组件之间的交互通过特定的领域连接转换器实现。如图 3.3 所示的交流电动机是一个简单的多领域耦合系统，它包含电子元件和机械元件。下面给出的模型定义描述的是一个电能/机械能转化器。

```
model EMF
parameter Real k=1;
Voltage v;
Current i;
AngularVelocity w;
Pin p,n;
Flange flange_b;
equation
    v=p.v-n.v;
    0=p.i+n.i;
    i=p.i;
    w=der(flange_b.phi);
    k·w=v;
    flange_b.tau=-k·i;
end EMF;
```

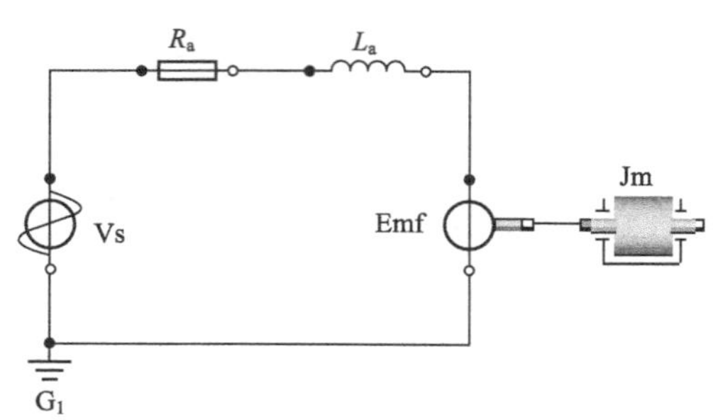

图 3.3　交流电动机模型

模型 EMF 的主要功能是将电能转化为机械能。组件 Emf 就是上述转化类 EMF 的一个实例。它具有两个电子元件接口 p 和 n，可以用于与电子元件通信；此外，它还具有一个机械元件接口 flange _ b，用于与机械元件通信。通过这三个接口就可以实现机械元件与电子元件之间的通信。

诸如 EMF 这样的基于两个不同领域的势变量与流变量设计的领域间转化器模型可以看作是连接不同领域组件的桥梁，通过定义这样的桥梁可以实现多领域物理系统组件的互连。

（5）连续离散混合建模

物理系统的动态特性可以是连续时变的，也可以是离散时变的，即系统状态只在某些离散时间点上发生变化。动态连续建模的关键是基于能量守恒、动量守恒、质量守恒等基本物理定律描述系统行为，而离散事件建模的关键是怎样表达与事件相关的行为。

Modelica 语言提供如下两种结构体用于表达混合模型。

① if 结构，包含条件表达式和条件方程，用于描述不连续条件模型。

② when 结构，用于表示只在某些离散时刻有效的方程。

工程建模的目的是仿真求解，基于 Modelica 的编译主要是将 Modelica 文本代码转换为 C 代码，然后使用 C 代码进行具体的仿真求解，其编译和仿真流程如图 3.4 所示。首先是编译器将 Modelica 的源程序编译为混合方程系统；然后由分析器将平坦化的方程系统转化为有序方程的序列；接着就是通过优化器对该有序方程序列进行优化，从而得到优化的方程序列；代码转化器会将有序方程序列的代码转化为 C 代码，最后由 C 语言编译器将代码编译为可执行的仿真代码，从而完成仿真运算。

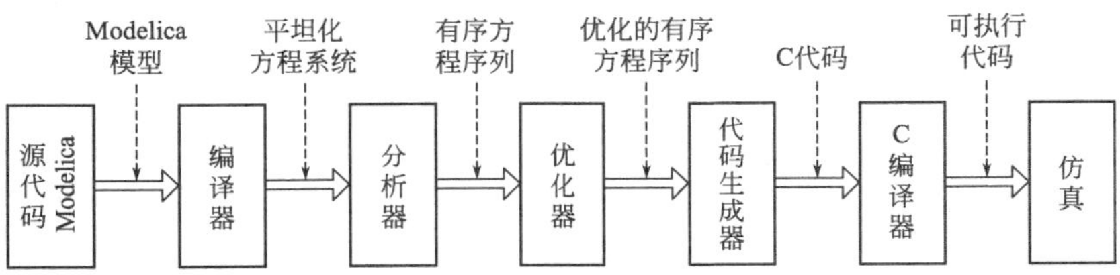

图 3.4　Modelica 编译和仿真流程

3.3.3 标准模型库和仿真工具

Modelica 标准模型库（Modelica Standard Library）是一个标准化的预定义 Modelica 包，由 Modelica 协会开发和修改。它提供了不同领域内的常数、类型、连接器类、抽象类和组件类等类型。它们是以子库的形式包含在 Modelica 标准库中。Modelica 标准库可以被任何人免费使用，并且还提供了该库的源代码。它包含了 1340 个模型和块，1000 个函数，主要子库可参见表 3.1。

表 3.1　Modelica 标准库的主要子库

库名	描述
Modelica. Electrical. Analog	模拟的电子电器组件，如电阻、电容、电感等组件
Modelica. Electrical. Digital	数字电子组件基于 VHDL，使用的是九值逻辑。主要包含了延时、门电路等组件
Modelica. Electrical. Machines	电机库，没有控制系统，如同步与非同步的直流电机
Modelica. Electrical. MultiPhase	多相电组件便于多相电路建模
Modelica. Electrical. QuasiSationary	高效率的组建库，用于纯正弦电流和电压的电路中，瞬态被忽略

续表

库名	描述
Modelica. Electrical. Spice3	半导体模型，如 MOS、BJT 等组件
Modelica. Magnetic. FluxTubes	集总式的电磁网络模型库
Modelica. Magnetic. FundamentalWave	用于多相电机中的电磁基波建模
Modelica. Mechanics. Rotational	一维的旋转机械系统，如传动系统、行星齿轮
Modelica. Mechanics. Translational	一维的移动机械系统，如质量、弹簧等
Modelica. Mechanics. MultiBody	三维机械系统建模，主要是由铰、体、力和传感器等组成
Modelica. Blocks	连续和离散的输入、输出框图，包含了传递函数、线性状态空间、非线性数学等
Modelica. ComplexBlocks	使用复数信号的连续输入、输出的框图，包含复数信号的代数块和源块
Modelica. ComplexMath	复数操作函数，例如 sin、cos 等。能够使用复数向量作为参数

目前，基于 Modelica 语言的支持多领域系统建模与仿真的软件有以下几个。

(1) Dymola

Dymola 是第一个支持 Modelica 语言的建模仿真工具，由瑞典 Dynasim AB 公司设计开发，后来被法国 Dassault Systemes 公司收购。Dymola 提供了 Modelica 语言的文本建模方式和图标拖放式的图形建模方式。Dymola 具有强大的符号处理能力并集成了多个数值求解包，使其成为能够高效求解大规模数据的多领域物理系统。

(2) Simulation X

Simulation X 全面兼容基于 Modelica 语言的多领域系统仿真软件，由德国 ITI 公司开发。Simulation X 在车辆工程领域具有大量的基础模型库，除此之外，它在控制、机械、液压、气动、电、磁、热等领域也有大量模型库。

(3) OpenModelica

OpenModelica 是瑞典 PELAB 实验室开发的一款软件，其开放的源代码对 Modelica 的发展起到了积极的促进作用，目前该项目还在完善中。OpenModelica 系统的目标是建立一个基于 Modelica 语言的交互式计算机环境，并实现支持语言特性的功能，包括代码的执行问题和 Modelica 语言的扩展，如结构分析、模型诊断、系统辨识等方面。

(4) MWorks

MWorks 是由华中科技大学 CAD 中心开发的一款多领域建模与仿真平台软件，它是集可视化建模、编译求解、后处理和多目标优化等的完整功能的 Modelica 仿真平台。该软件可以广泛地满足控制、机械、电子、液压、热力学、电磁、能源、航空、航天、车辆等领域的产品分析与知识积累需求。

(5) Maple Sim

Maple Sim 是一款基于 Maple 和 Modelica 的多领域建模仿真软件，由加拿大 Maplesoft 公司开发。支持 Modelica 模型导入和导出，支持 FMI2.0，用于多领域复杂系统建模和仿真。Maple Sim 通过高效的符号技术微分方程求解器能自动生成系统的参数化的模型，从而实现模型的高性能仿真。

3.4 电动汽车动力系统的建模机制

电动汽车的动力来源于电机驱动系统，它以动力电池组作为汽车的能量源，涉及机械、电子、微机控制等诸多领域。在车辆性能方面，该机械系统具有加减速快和转矩响应快的特点。它可以实现再生制动和能量回收，能在较大程度上提高车辆安全性和可靠性。从电气组成的角度上看，电动汽车主要分为机械子系统、电气子系统和信息子系统等，从实现功能的角度看，又分为电气控制系统、传动系统、电源和整车控制系统。

多领域统一建模语言 Modelica 具有不同领域之间的建模能力，像电动汽车这样涉及多个领域子系统模型的系统，应用多领域统一建模可以实现无缝集成。本书采用 Modelica 的建模方法，根据物理模型的拓扑关系构建模型，从而避开传递函数和状态方程的数学技巧。

电动汽车一般主要由电源系统、驱动系统和辅助系统 3 部分组成。

(1) 驱动系统

驱动系统主要包括电动机、控制器、转换器、传动装置和车轮等，并将存储在电池中的电能转换为车辆的动能。直流电机和交流电机会应用于电动汽车的设计中，其中直流电机结构简洁、控制简单，启动转矩大，并且也具有整体的动力传动系统的特点；而交流电机具有重量轻、易调速、效率高等特点，但也有着更高的制造成本。因此，这两种电机各有优缺点，在实际的应用中人们会根据实际的工况要求和设计需求进行选择。车辆的性能指标将直接受控制系统的影响，因为车辆速度、加速度和能量转换率等性能将由控制系统控制，而具体的控制策略将根据车辆运行状况进行选择。

(2) 电源系统

电源系统主要包括电池和电池管理系统等组件，用于储存能量和向电机提供电力，并监控电池的使用以及控制能源的正确使用。镍铅电池、铅酸电池、锂离子电池和镍氢电池是纯电动汽车中常用的电池类型。电池管理系统主要用于电池的实时监测，检查电池的充电、放电以及温度状况。

(3) 辅助系统

辅助系统主要包括动力转向系统、空调和辅助动力源。除辅助电源外，辅助系统中的其余部件将根据不同的车辆型号而改变。辅助动力源主要由辅助电源和功率转换器构成，其主要作用是向动力转向系统等其他辅助设备提供能量。

电动汽车动力系统是整个汽车的核心部分，动力系统的性能决定了整个汽车的各项重要性能。动力系统的布局形式往往也决定着整车的质量和各项参数的匹配，其布置形式常见的一般有四种，如图 3.5～图 3.8 所示。

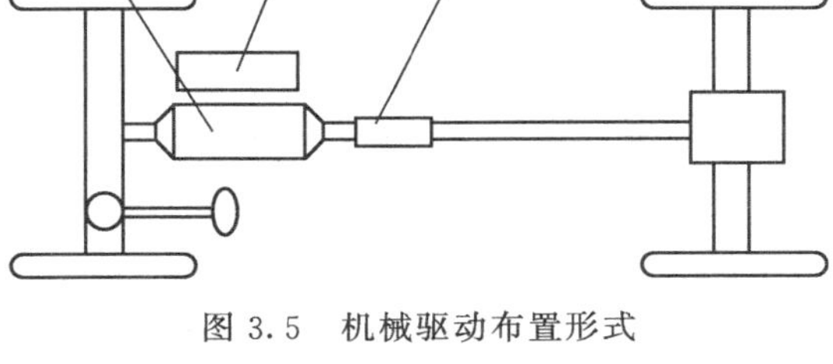

图 3.5 机械驱动布置形式

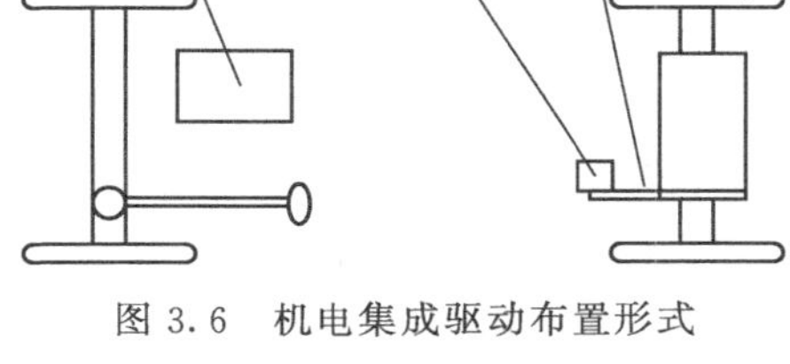

图 3.6 机电集成驱动布置形式

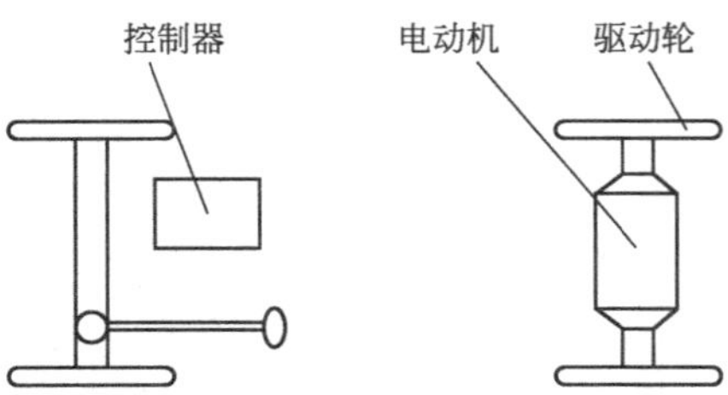

图 3.7　机电一体化布置形式

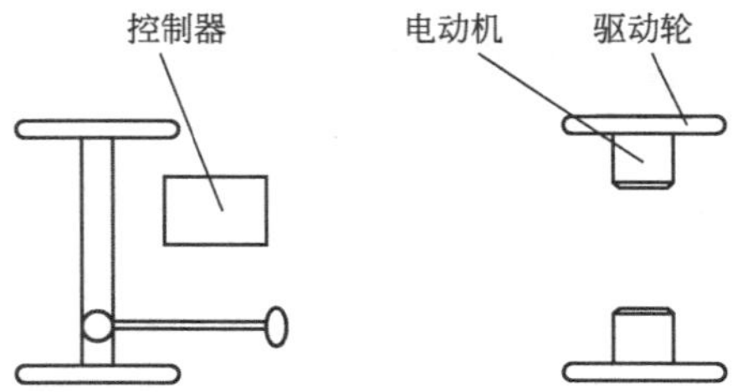

图 3.8　轮毂电动机驱动布置形式

① 机械驱动布置形式。这种形式与传统燃油汽车的驱动布置方式相同，带有变速器和离合器，只是电动机和电池代替了原有的发动机和油箱。这种布置能大幅地提高电动汽车的转矩，从而增加电动汽车在低速时的后备功率。

② 机电集成驱动布置形式。该布局主要是取消了离合器和变速箱，但可以继续使用内燃机汽车上的动力传动装置，只需要在原来发动机的位置加装电动机和逆变器。为了保证汽车在启动、爬坡、加速时的动力性，该布局方式对于电动机的要求比较高。

③ 机电一体化布置形式。该布置形式是将电动机装到驱动轴上，电动机直接控制驱动轴来实现变速和差速转换。这种形式对于电动机有着较高的要求，不仅需要大的启动转矩和后备功率，同时必须具有较高的控制精度来保证汽车行驶的平顺性和安全性。

④ 轮毂电动机驱动布置形式。该布置形式与上一种布置形式比较接近，是将电动机直接安装在驱动轮上，由电动机直接驱动车轮。这种布置形式会大大增大整个底盘的空间，为安装电池以及其他一些部件做准备。相比于其他三种布置形式，这种布置形式对于电动机的要求是最高的。

目前，我国电动汽车的动力驱动系统大多是由传统的燃油汽车改装而来的，因此大多采用的就是机械驱动布置形式。这种改装除了将传统汽车的油箱和发动机替换为电池和电动机外，还要对电动机、电池、变速器、减速器等进行参数匹配，以此来保证车辆的安全和稳定性。

根据电动汽车动力系统的结构，将电动汽车的动力系统按照功能分为机械模块、电气模块、控制模块和其他部件模块。其中机械模块包括底盘、悬架和传动组件；电气模块包含电动机、电池等组件；控制模块主要包括控制器模块；其他部件包含轮胎、路面等。

利用 Modelica 的标准库可以容易地搭建出电动汽车的动力系统模型，然后根据动力系统各模块的结构特点建立其底层模型并进行封装。通过拖拽和连接相关部件模型就可以建立完整的电动汽车动力系统 Modelica 模型，并用于后续的仿真分析。

3.5　电动汽车动力模块建模

电动汽车是将电池储存的电能转换为车辆运行的机械能，在这个能量转换过程中的关键部件是电动机。所以电动机模型的精确度直接关系到整车模型的精度。在搭建电动机模型时先要分析它们的基本工作原理，建立相应的数学模型，然后使用 Modelica 语言建立电动机的仿真模型。

在 Modelica 标准库中用于电学建模的组件模型库为 Electrical 子库，该库主要包括了模拟电路、数字电路、多相电路等组件库。在每一个子库中所使用的接口包含了该领域内的流变量和势变量，从而来完成组件间的连接。

在 Modelica 中电学接口定义了三种标准接口，如模拟电路组件接口定义了电压变量和电流变量；数字电路组件接口定义的是电压和电流的数字信号；多相电路组件接口主要是用于三相电路模型的建模。这些不同的接口表征了组件之间的物理拓扑关系和组件之间的能量交换关系，每一个接口与另一个接口之间的连接符合广义基尔霍夫定律。

电池是电动汽车唯一的能源储存部件，这就对电池有很高的要求。近十年来国内电池行业飞速发展，取得了一系列的成果，但仍然存在一些问题，其中以电动汽车动力性能和续航时间成为众多问题中的关键，这些关键地方归根结底还在于动力电池系统。

等效电路模型是基于基尔霍夫定律充分考虑电池的工作特性推导出来的准确性极高的电路模拟模型。上文已经提到在 Modelica 中有丰富的电学领域标准库，采用 Modelica 的建模完全能够实现等效电路的电池模型，并方便电池模型与其他领域内的模型耦合。本书的电池模型是基于 Thevenin 等效电路建立的。Thevenin 等效电池模型如图 3.9 所示。

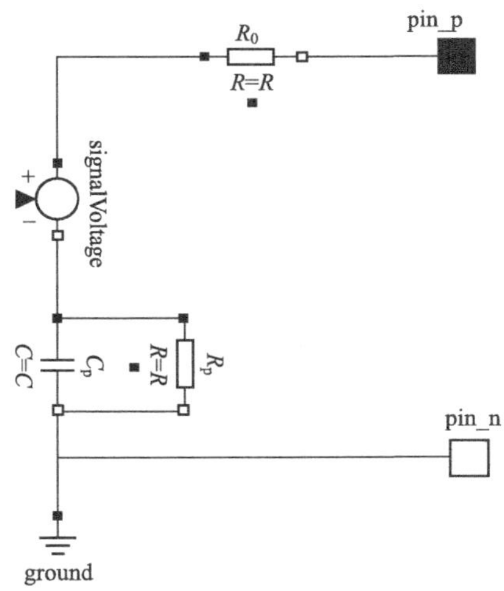

图 3.9　Thevenin 等效电池模型

由图 3.9 可知，该模型是通过一个理想电压源、电阻 R_0、电阻 R_p 与电容 C_p 的并联来描述的。其中理想电压源为开路电压，R_0 为内阻，R_p 与 C_p 描述超电势。

3.5.1　车用电动机分类及特点

目前电动汽车使用的电动机按工作原理主要分为以下几类：直流电动机、交流异步电动机、永磁式电动机以及开关磁阻电动机。

（1）直流电动机

在电动汽车发展的早期，很多电动汽车都是采用直流电动机方案。这主要是看中了直流电动机的产品成熟，控制方式容易，调速优良的特点。但直流电动机本身的短板非常突出：其自身复杂的机械结构（电刷和机械换向器等）制约了它的瞬时过载能力和电动机转速的进一步提高；而且在长时间工作的情况下，电动机的机械结构会产生损耗，提高了维护成本。此外，电动机运转时的电刷火花会使转子发热，浪费能量，散热困难，还会造成高频电磁干扰，这些因素都会影响整车性能。

（2）交流异步电动机

交流异步电动机是目前工业中应用十分广泛的一类电动机，其特点是定子和转子由硅钢片叠压而成，两端用铝盖封装，定子和转子之间没有相互接触的机械部件，结构简单，运行可靠耐用，维修方便。交流异步电动机与同功率的直流电动机相比效率更高，重量轻了约1/2。如果采用矢量控制的控制方式，可以获得与直流电动机相媲美的可控性和更宽的调速范围。由于有着效率高、比功率较大、适合于高速运转等优势，交流异步电动机是目前大功率电动汽车上应用最广的电动机。

但是交流异步电动机也有自身的缺点。在高速运转的情况下电动机的转子发热严重，工作时要保证电动机冷却；同时异步电动机的驱动、控制系统很复杂，电动机本体的成本也偏高；此外电动机运行时还需要变频器提供额外的无功功率来建立磁场。因此，与永磁式电动机和开关磁阻电动机相比，异步电动机的效率和功率密度偏低，不是能效最优化的选择。

异步电动机应用较多的地区是美国，这也被认为是和路况有关。在美国，高速公路已经具有一定的规模，除了大城市外，汽车一般以一定的高速持续行驶，所以能够让高速运转而且在高速时有较高效率的异步电动机得到广泛应用。

（3）永磁式电动机

永磁式电动机根据定子绕组的电流波形的不同可分为两种类型：一种是无刷直流电动机，它具有矩形脉冲波电流；另一种是永磁同步电动机，它具有正弦波电流。这两种电动机在结构和工作原理上大体相同，转子都是永磁体，减少了励磁所带来的损耗，定子上安装有绕组，通过交流电来产生转矩，所以冷却相对容易。由于这类电动机不需要安装电刷和机械换向结构，工作时不会产生换向火花，运行安全可靠，维修方便，能量利用率较高。

永磁式电动机的控制系统相比于交流异步电动机的控制系统来说更加简单。但是由于受到永磁材料本身的限制，在高温、振动和过流的条件下，转子的永磁体会产生退磁现象，所以在相对复杂的工作条件下，永磁式电动机容易发生损坏，故这方面还有待继续改善。而且永磁材料价格较高，因此整个电动机及其控制系统成本较高，目前只有稀土资源丰富的中国比较倾向于使用永磁电动机的电动汽车驱动方案。像日本、欧洲，要么是使用轻稀土的永磁材料做永磁电动机，要么是直接改用无须稀土材料，但对控制器设计要求更高的开关磁阻电动机。

（4）开关磁阻电动机

开关磁阻电动机作为一种新型电动机，相比其他类型的驱动电动机而言，它的结构最为简单，定子和转子均为普通硅钢片叠压而成的双凸极结构，转子上没有绕组，定子上装有简单的集中绕组，具有结构简单且坚固、可靠性高、重量轻、成本低、效率高、温升低、易于维修等诸多优点。而且它具有直流调速系统的可控性好的优良特性，同时适用于恶劣环境，非常适合作为电动汽车的驱动电动机使用。

但开关磁阻电动机有转矩波动大、需要位置检测器、系统非线性特性，磁场为跳跃性旋转，控制系统复杂，对直流电源会产生很大的脉冲电流等缺点。另外，开关磁阻电动机为双凸极结构，不可避免地存在转矩波动，噪声是开关磁阻电动机最主要的缺点。

3.5.2 电动机的工作原理及建模

现代机电产品通常涉及电子、控制、软件和机械等多个学科领域内的专业知识。多领域统一建模语言 Modelica 采用代数微分方程的形式可以对电动机组件和彼此之间的耦合关系进行统一描述，然后用于机电产品的开发之中。

(1) 能量转换原理

电动机的运行通常基于载流电路和电动机的运动磁场，它在将电能转化为机械能的过程中遵循了许多基本的物理规律。

① 安培定律，说明了载流导体产生磁场的原理。

② 法拉第电磁感应定律，确定了感应电动势和磁通量之间的关系。

③ 洛伦兹定律，明确了作用于在磁场中移动电荷上的电磁力的客观规律。

④ 基尔霍夫定律，描述了电路中电压和电流的关系及磁路中磁链和磁动势的关系。

(2) 电磁转矩的产生

电动机装置通常是具有定子　转子绕组和气隙等结构的电磁装置，其简图如图 3.10 所示。气隙是由定子绕组 A 和转子绕组 B 构成的，在 AB 间形成均匀气隙。A、B 均由铁磁材料构成，线圈 B 嵌放在转子槽中，而线圈 A 由两个线圈串联而成。为简化计算而忽略定子和转子铁芯磁路的磁阻，这样两个气隙会储存全部磁场能。

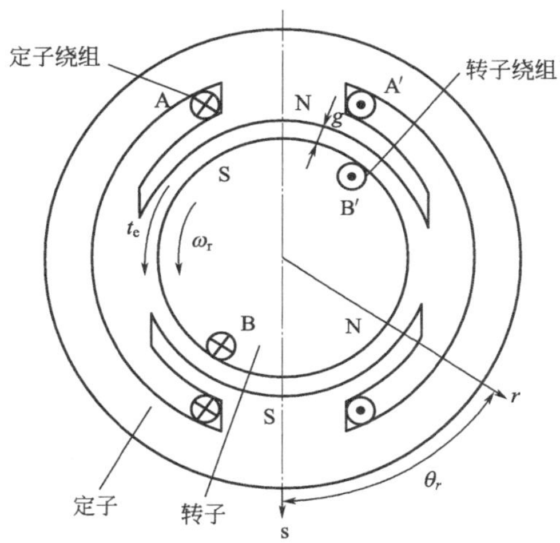

图 3.10　电动机装置简图

通常，主要有两种方式来产生电动机的电磁转矩：第一种是转子运动使气隙磁导率发生变化，从而产生的电磁转矩，称为磁阻转矩；第二种是由转子转动产生的磁场而产生的转矩，称为励磁转矩。

对于励磁转矩，当设定子转矩正方向为顺时针方向时，电磁转矩方程见式(3.1)。

$$t_e=\frac{1}{L_{mB}}(L_{mA}i_A)(L_{mB}i_B)\sin\theta_r \tag{3.1}$$

式(3.1) 表明，电磁转矩是转子磁场和定子磁场相互作用的结果，而这两个磁场的分布为正弦形式，它们轴线的相对位置对于转矩的大小和方向有着决定性的作用。

当圆柱形转子被改造为凸极式转子时，气隙就不再均匀，在这种情况下就会产生磁阻转矩。当 $\theta_r=0°$时，气隙磁导达到最大值，通常将此时的定子绕组的自感定义为直轴电感 L_d；当 $\theta_r=90°$时，气隙磁导达到最小值，通常将此时定子绕组的自感定义为交轴电感 L_q。在转子的旋转过程中，定子绕组自感 L_A 会在 L_d 和 L_q 之间变化，其关系见式(3.2)。

$$L_A(\theta_r)=L_0+\Delta L\cos2\theta_r \tag{3.2}$$

式中，$L_0=\frac{1}{2}(L_d+L_q)$；$\Delta L=\frac{1}{2}(L_d-L_q)$。

可得磁阻转矩的电磁转矩方程为式(3.3)。

$$t_e=\Delta L i_A^2 \sin 2\theta_r=\frac{1}{2}(L_d-L_q) i_A^2 \sin 2\theta_r \tag{3.3}$$

(3) 直流电动机的电磁转矩

将图 3.10 中的定子绕组 A 改造成为定子励磁绕组，转子绕组 B 改造为换向器绕组后，就可以表示为一个直流电动机的基本原理。直流电动机的电磁转矩方程为式(3.4)。

$$t_e=\varphi_f i_a \tag{3.4}$$

从机电能量转换的角度看，转子绕组在主磁极下旋转，这会不断地将电能转换为机械能，此时转子成为了能量转换的“中枢”。

(4) 直流电动机本体建模

按照以上推导的电磁转矩的数学方程，使用 Modelica 电学和机械标准库中的基本部件建立电动机模型；在此建模基础之上，参照电动机的等效电路建立电动机的 Modelica 仿真模型。本书中给出了永磁直流电动机的 Modelica 模型实例。在建模的过程中对电动机做如下假设：忽略电动机中磁路饱和和铁芯损耗的影响，忽略频率和温度对电动机电阻的影响。

永磁直流电动机的一个主要特征是由永磁体产生励磁磁场。它与恒定励磁电流的他励直流电动机之间的差别也只是励磁方式的不同。与他励式直流电动机相比，永磁直流电动机由于没有另外设置的励磁系统，因而具有结构简单、重量轻、体积小并且效率高的优点。在建立永磁直流电动机模型时可重复利用他励直流电动机的模型，只需要将他励电动机中的励磁方式改为恒定电压源等效永磁体励磁即可。图 3.11 所示为 Modelica 永磁直流电动机模型。

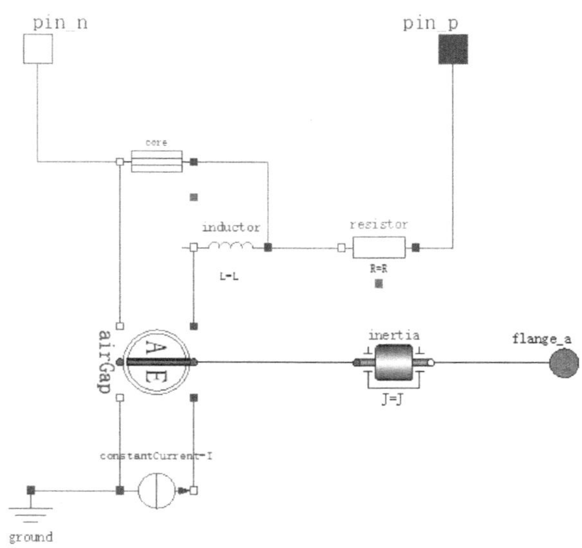

图 3.11 Modelica 永磁直流电动机模型

(5) 直流电动机控制器

永磁无刷直流电动机控制器的设计一般采用双闭环的控制，内环为速度闭环，外环为位置闭环。本书在仿真时对电动机采用的是双 PID 控制，其控制器结构如图 3.12 所示。

第一个控制器为电流控制器，第二个控制器为电压控制器，它们是具有限制函数的 PID

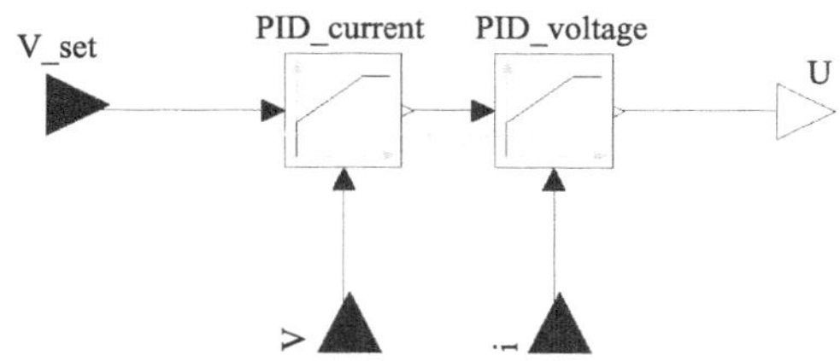

图 3.12　电动机 PID 控制器

控制模块，从而可以定义最大电流值 I_{max} 和最大电压值 U_{max}。控制器左端的输入端口为车辆的期望设定速度，电流控制器的反馈为车辆的实际速度，电压控制器的反馈为实际电流值，右端的输出端口为电压值。当车辆实际速度偏离设定的速度时，通过反馈 PID 将起到调节电流和电压的作用，从而调节车速，使得两个速度之间的偏差尽可能小。

PID 控制器由比例单元 P、积分单元 I 和微分单元 D 组成，通过 K_P、K_I 和 K_D 三个参数设定。PID 控制器主要适用于基本线性和动态特性不随时间变化的系统。本书在使用 PID 控制器时，经过多次试验最终确定了 PID 的三个参数，使得仿真结果较为理想。

3.6　电动汽车传动模块建模

汽车发动机与驱动轮之间的动力传递装置称为汽车的传动系统，在电动汽车中即为电动机与驱动轮之间的动力传递装置。它应保证汽车具有在各种行驶条件下所必需的牵引力、车速，以及保证牵引力与车速之间协调变化等功能，并使汽车具有良好的动力性和燃油经济性；此外，还应保证汽车能倒车，以及左、右驱动轮能适应差速等要求。电动汽车的传动系统包括变速器、主减速器、差速器及半轴等部分。

3.6.1　机械组件库及机械接口

在 Modelica 中用于机械领域建模的组件库是 Mechanics 库，其中又包含了三个子库，分别是一维移动库（Translational）、一维转动库（Rotational）和三维多体库（Multi Body）。三个子库分别使用的是三类不同的接口。对于一维移动接口，其定义了位移变量和力变量；一维转动接口定义的是转矩变量和转角变量；而对于三维接口定义的变量则比较多，包括力变量、力矩变量、位置变量和姿态变量，其中力变量、力矩变量和位置变量分别为三维数组，而姿态变量是一个的矩阵，用来表达构件在空间的姿态信息。

3.6.2　动力传动建模

电动汽车传动系统包括主减速器、差速器、半轴等，经过这些部件的层层传递，电动机的驱动力矩最终传到车轮，从而驱动汽车运动。为建模方便，本书选取的是单级减速器以及行星齿轮差速器。电动汽车减速器一般和差速器总成在一起，因为通过控制电动机的输出转矩曲线非常符合汽车理想的行驶动力要求，即低速大转矩、高速小转矩的要求。如果在这种情况下动力性能还不足够，可加装两级变速器，特斯拉 Roadster 曾考虑过这个方案。

（1）主减速器

主减速器是在传动系统中起降低转速、增大转矩作用的主要部件，当发动机纵置时还具有改变转矩旋转方向的作用。它是依靠齿数少的齿轮带动齿数多的齿轮来实现减速的，采用圆锥齿轮传动则可以改变转矩旋转方向。将主减速器布置在动力向驱动轮分流之前的位置，有利于减小其前面的传动部件（如离合器、变速器、传动轴等）所传递的转矩，从而减小这些部件的尺寸和重量。在 Modelica 中主减速器由如图 3.13 所示的模块表示。

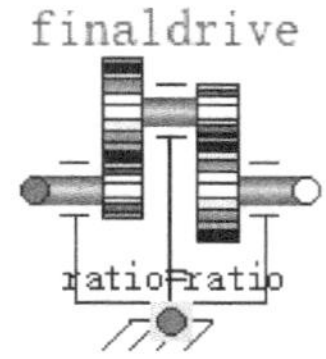

图 3.13　减速器模块

(2) 差速器

汽车差速器是能够使左、右驱动轮实现以不同转速转动的机构，它主要由左右半轴齿轮、两个行星齿轮及齿轮架组成。它的作用是当汽车转弯行驶或在不平路面上行驶时，使同轴上的左右车轮以不同转速滚动，即保证两侧驱动车轮做纯滚动运动。当汽车为四轮驱动时，为了驱动四个车轮，必须将所有的车轮连接起来。如果将四个车轮机械地连接在一起，汽车在曲线行驶的时候就不能以相同的速度旋转，为了保证汽车曲线行驶旋转速度的基本一致性，这时需要加入中间差速器用以调整前后轮的转速差。本书采用的差速器结构较为简单，为行星齿轮式，在 Modelica 中如图 3.14 所示。

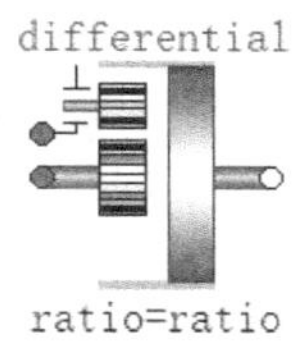

图 3.14　差速器模块

(3) 半轴

半轴是在差速器与驱动轮之间传递动力的实心轴，其内端用花键与差速器的半轴齿轮连接，而外端则用凸缘与驱动轮的轮毂相连。现代汽车常用的半轴，根据其支承型式不同，有全浮式和半浮式两种。全浮式半轴只传递转矩，不承受任何反力和弯矩，因而广泛应用于各类汽车上。全浮式半轴易于拆装，只需拧下半轴突缘上的螺栓即可抽出半轴，而车轮与桥壳照样能支持汽车，从而给汽车维护带来方便。半浮式半轴既传递扭矩又承受全部反力和弯矩。它的支承结构简单、成本低，因而被广泛用于反力弯矩较小的各类轿车上。但这种半轴支承拆取麻烦，且汽车行驶中若半轴折断，则易造成车轮飞脱的危险。在 Modelica 中用具有转动惯量的旋转部件代表半轴。

3.6.3 动力学建模

汽车在行驶过程中受到的阻力主要来自于四个方面，分别是滚动阻力、空气阻力、爬坡阻力以及加速阻力。汽车的驱动力就是要克服这些阻力的影响，它与阻力共同决定了车辆的动力学特性。通过对车辆进行受力分析，就可以建立整车的动力学数学模型，然后根据数学模型的逻辑关系在 Modelica 中建立电动汽车的动力系统模型。

汽车在行驶时的受力分析如图 3.15 所示，并且阻力与驱动力之间满足式(3.5)。

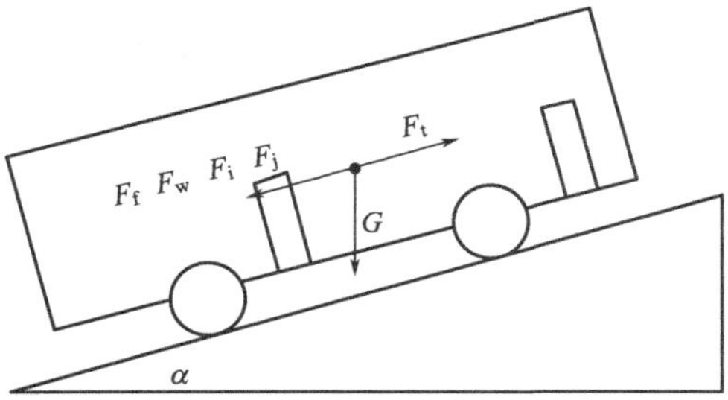

图 3.15　汽车在行驶时的受力分析

$$F_t = F_f + F_w + F_i + F_j \tag{3.5}$$

式中，F_f 为滚动阻力；F_w 为空气阻力；F_i 为加速阻力；F_j 为爬坡阻力；F_t 为驱动力。

根据汽车动力学理论，可得式(3.6)。

$$F_t = mgf\cos\alpha + \frac{C_D A}{21.15}v^2 + mg\sin\alpha + \delta m\ \frac{\mathrm{d}v}{\mathrm{d}t} = \frac{T_t}{r} \tag{3.6}$$

式中，f 为滚动阻力系数；C_D 为空气阻力系数；A 为汽车迎风面；δ 为车辆旋转质量换算系数；T_t 为驱动转矩；r 为车轮的滚动半径。

在车辆动力分析中，功率计算也是很重要的，汽车驱动轮处所需的功率可通过式(3.7)计算得到。

$$P_t = \left(mgf\cos\alpha + \frac{C_D A}{21.15}v^2 + mg\sin\alpha + \delta m\ \frac{\mathrm{d}v}{\mathrm{d}t}\right)\frac{v}{3600} \tag{3.7}$$

式(3.7) 中所需驱动功率 P_t 的单位为 kW。通过式(3.7) 可以知道，汽车的驱动功率首先克服滚动阻力和空气阻力的功率，剩余的功率可以用来使汽车加速或爬坡。这部分功率通常也称为后备功率，它可以反映汽车的动力性能。

在此基础上便可以通过 Modelica 的基本部件搭建汽车动力性模型，如图 3.16 所示。

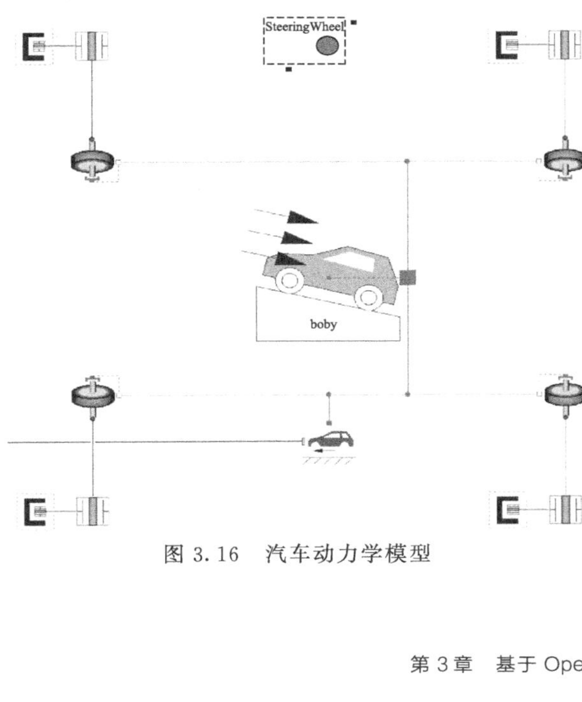

图 3.16　汽车动力学模型

如前所述，Modelica语言采用分层、继承和组件连接机制，并且以类为中心组织和封装数据构建模型。在建立电动汽车底盘模型时，将车轮模型直接封装在底盘模型中，并且在四个车轮上留下相应的接口，以便连接驱动电动机和制动系统。在Modelica中搭建的底部动力系统数学模型如图3.17所示，它是汽车动力学计算的最直接反映。

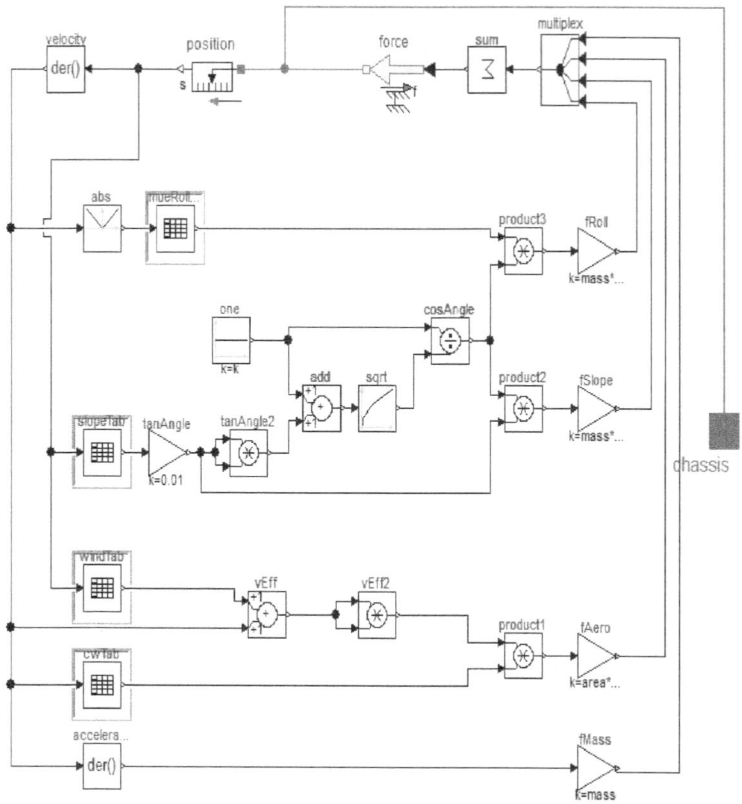

图3.17　在Modelica中搭建的底部动力系统数学模型

3.6.4　车身建模

车身是车轮驱动力和制动力施加的受力对象，是汽车整体系统仿真的基础，它是在忽略车辆横向运动的前提下，将整个车辆简化成一个固体质量块，然后根据上面推导的受力分析建立的简化模型。本书建立的是前驱车辆，其车身模型如图3.18所示。

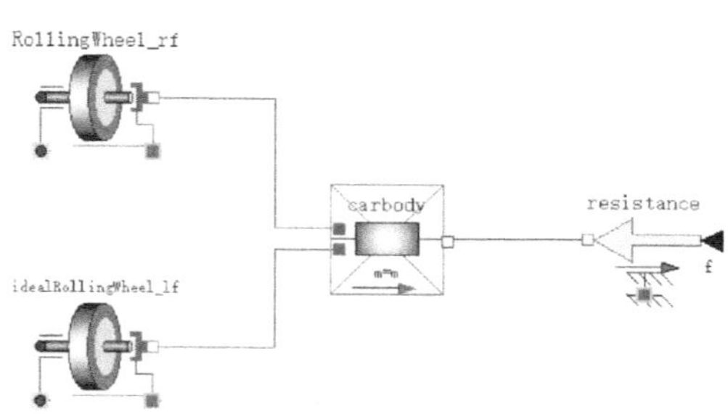

图3.18　简化车身模型

3.6.5 制动系统建模

在内燃机汽车中，最先出现的是液压制动系统，它的工作原理主要是靠制动踏板力经过液压系统的放大来实现的。在这之后，出现了液压伺服制动系统。该系统提供一套真空助力器，所以只需要驾驶员提供一个信号来源，真空助力系统就可以供应刹车所需要的力量。随着汽车行业考虑到纯电动汽车能量利用的问题，该系统采用真空系统，放弃了原来的液压系统，达到对能量最大限度的节约效果。如今随着控制电路的发展，刹车通过汽车内部的控制单元来控制，而且使用信号线来传递信号，避免电气管路的连接，从而降低了故障率。

制动器主要分为两种形式：盘式和鼓式，它们都是通过摩擦使动能转化为热能的方式进行制动的。在电动汽车中如果采用鼓式制动器，其热衰退性太大，会影响电动汽车上的再生制动装置，因此通常采用盘式制动器。

汽车制动系统涉及机械、液压、电气、控制等多个领域。多领域统一建模语言 Modelica 完全具备面向对象、基于方程和连续离散混合建模的特性。在 Modelica 所提供的开放库中包含未参数化的刹车组件模型，如图 3.19 所示。

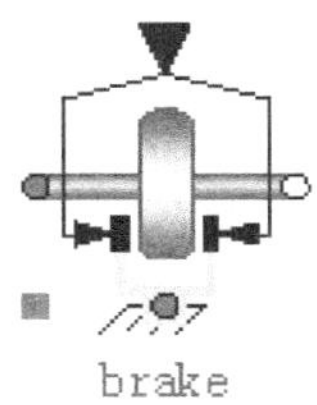

图 3.19 制动器模型

根据 Modelica 标准库提供的刹车组件可建立电动汽车中的刹车系统模型，如图 3.20 所示，在每个车轮的对应位置留下领域间的接口，为最终搭建完整的动力系统模型做好准备。

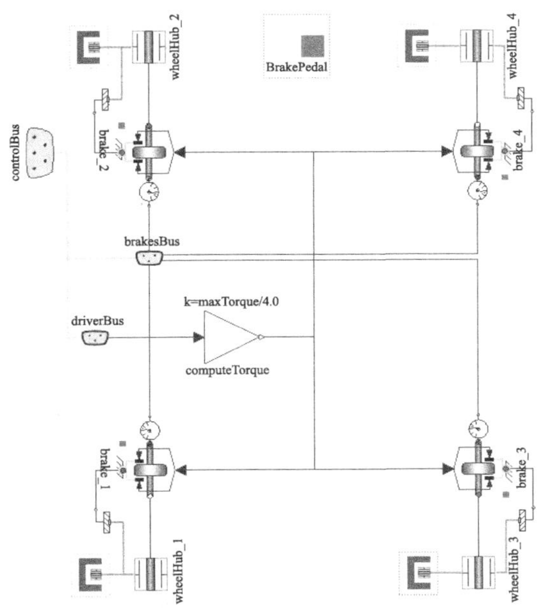

图 3.20 Modelica 制动系统模型

3.6.6 悬架建模

悬架是汽车的车架（或承载式车身）与车桥（或车轮）之间的一切传力连接装置的总称，其作用是传递作用在车轮和车架之间的力与力矩，并且缓冲由不平路面传给车架或车身的冲击力，并减少由此引起的振动，以保证汽车能平顺地行驶。由于 OpenModelica 没有成熟的商业库模型，而自行搭建悬架模型的工作量太大，故本书对悬架进行简化处理，将其等效为一个弹簧与阻尼并联的物理模型，如图 3.21 所示。

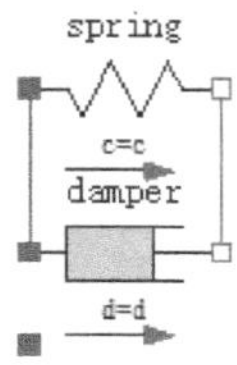

图 3.21　等效悬架模型

3.6.7 轮胎建模

轮胎是汽车与路面保持直接接触的唯一部件，是汽车系统最具有代表性的非线性部件。作为汽车与路面的支撑和传递单元，轮胎的力学特性直接影响到汽车的操纵稳定性、制动安全性和行驶平顺性等，并且其计算精度很大程度上取决于轮胎力数学模型的精度。

Pacejka 轮胎模型以“魔术公式”为构建基础，以“魔术公式”主要提出者 H. B. Pacejka 教授来命名，它是用三角函数的组合公式拟合轮胎试验数据，用一套形式相同的公式就可以完整地表达纵向力、侧向力、回正力矩、反转力矩、滚动阻力以及纵向力、侧向力联合作用的工况。“魔术公式”统一性强，需要拟合的参数都有明确的物理意义，容易确定初值。

“魔术公式”的一般表达式如下。

$$Y(x)=D\sin\{C\tan^{-1}[Bx-E(Bx-\tan^{-1}Bx)]\} \tag{3.8}$$

式中，$Y(x)$ 可以是侧向力，也可以是回正力矩或者纵向力，自变量 x 可以在不同的情况下分别表示轮胎的侧偏角或纵向滑移率，式中的系数 B、C、D 依次由轮胎的垂直载荷和外倾角来确定。

本书建立的车辆模型仅考虑纵向运动性能而忽略汽车的横向运动，因此仅需考虑汽车在纯制动情况下的滑移率与纵向力的关系。由“魔术公式”的一般形式，可以得到单制动情况下，其纵向力 F_{x_0} 与纵向滑移率 λ 和轮胎所受到的垂直载荷 F_z 之间的关系式。

$$F_{x_0}=D_x\sin\{C_x\tan^{-1}[B_x\lambda-E_x(B_x\lambda-\tan^{-1}B_x\lambda)]\} \tag{3.9}$$

式中，$C_x=1.65$；$D_x=a_1F_z^2+a_2F_z$；$B_xC_xD_x=(a_3F_z^2+a_4F_z)\mathrm{e}^{-a_5F_z}$；$B_x=B_xC_xD_x/C_xD_x$；$E_x=a_6F_z^2+a_7F_z+a_8$；$a_1\cdots a_8$ 为拟合参数。各拟合参数如表 3.2 所示。

表 3.2　轮胎各拟合参数

拟合参数	a_1	a_2	a_3	a_4	a_5	a_6	a_7	a_8
F_{x_0}	-21.3	1144	49.6	226	0.069	-0.006	0.056	0.486

基于“魔术公式”描述的轮胎模型，在 Simulink 环境中建立纯制动工况下的模型，如图 3.22 所示。

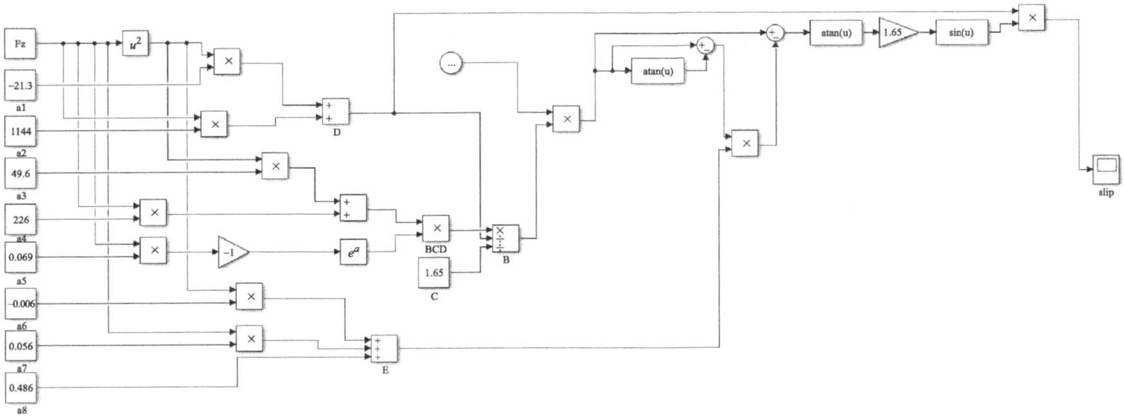

图 3.22　纯制动工况下的轮胎模型

Modelica 中的轮胎模型如图 3.23 所示。在轮胎左侧的端口输入力矩，在轮胎右侧的端口可以输出轮胎传递给车身的力。

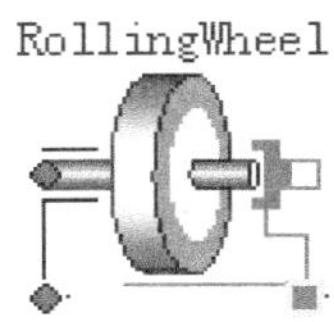

图 3.23　Modelica 中的轮胎模型

3.6.8　电动汽车整车模型

上文中分别建立了电动汽车动力系统中的电动机、动力传动、动力学、制动系统、悬架、轮胎和控制器等基本模型。当上述模型全部在系统模型框架中被实例化后，就能够得到完整的电动汽车动力系统仿真模型，如 3.24 所示。

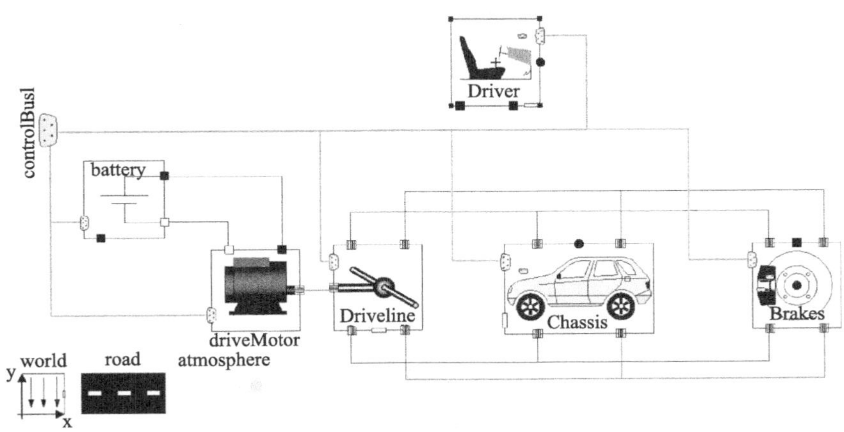

图 3.24　电动汽车整车框架模型

3.7 电动汽车仿真与计算

在完成电动汽车动力系统的 Modelica 模型建模后，要对 Modelica 模型进行编译和求解。编译求解 Modelica 模型需要具体编译器和求解器等软件的支持，本书所采用的软件平台为 OpenModelica。仿真所用的电动汽车主要参数如表 3.3 所示。

表 3.3　仿真所用的电动汽车主要参数

参数	数值
汽车整备质量/kg	1400
重力加速度/(m/s^2)	9.81
空气密度/(kg/m^3)	1.204
迎风面积/m^2	1.8
空气阻力系数	0.33
滚动阻力系数	0.2
爬坡坡度	0
轮胎半径/m	0.3
变速器传动比	8
电枢电阻/Ω	0.02
电枢电感/H	0.01
电动机力矩系数/(N·m/A)	0.3
电动机额定功率/kW	105

3.7.1 电机模型仿真

根据上文搭建的电动机模型以及电动机的基本特性，对电动机模型进行仿真与计算。本书选用的是永磁直流电动机，该电动机的主要参数：额定转速为 8000r/min，转子转动惯量为 0.15kg·m^2，定子转动惯量为 0.29kg·m^2，电枢电感为 0.01H，电枢电阻为 0.02Ω。电动机模型和仿真结果如图 3.25 和图 3.26 所示。

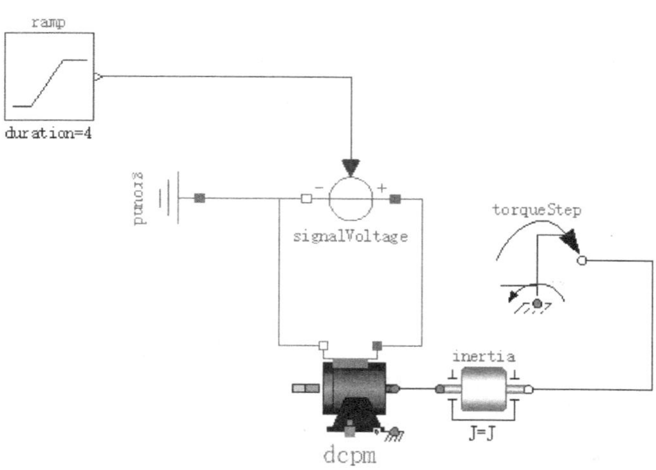

图 3.25　电动机仿真模型

在电动机两端所加载的电压为斜坡电压，所加载的负载是阶跃负载，如图 3.26 所示为直流电动机的仿真曲线。

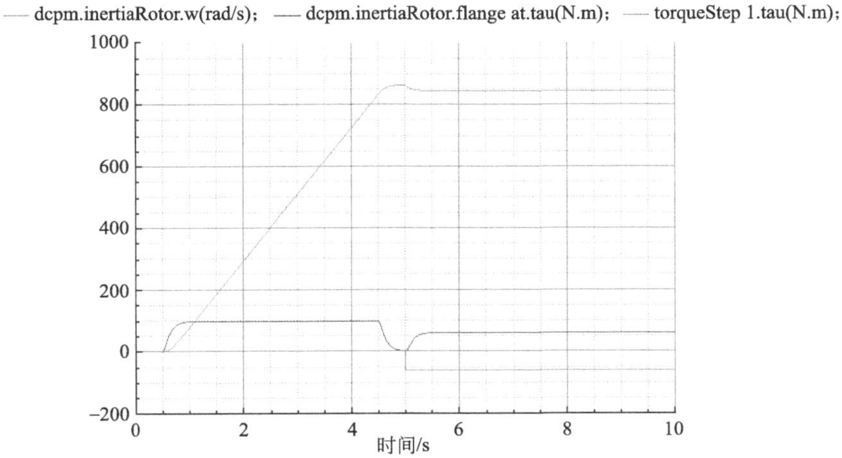

图 3.26 电动机仿真结果

从图 3.26 中可以看到，在电动机转速较低时其输出转矩可以较快地增加而趋于保持一个稳定的输出值，这符合电动机低转速、高转矩的特点。当没有施加负载转矩时，电动机保持转速稳定的同时输出转矩很小；当施加负载转矩时，电动机转矩也迅速增加，最终与负载转矩保持平衡。

通过对电动机算例模型的仿真，可以测试模型的正确性。通过测试后的模型既可以单独用来构建特定仿真模型，也可以与 Modelica 中其他相关领域内的模型来构建更复杂的多领域系统模型，例如电动汽车的仿真模型中。

3.7.2 轮胎模型仿真

本书之前已经基于“魔术公式”建立了单一制动工况下的轮胎模型。为了便于观察在单一制动情况下纵向滑移率对轮胎所受到的纵向力的影响，在垂直载荷各取 3kN、5kN、7kN 的情况下，对此工况下建立的模型分别进行仿真，其仿真结果如图 3.27 所示。

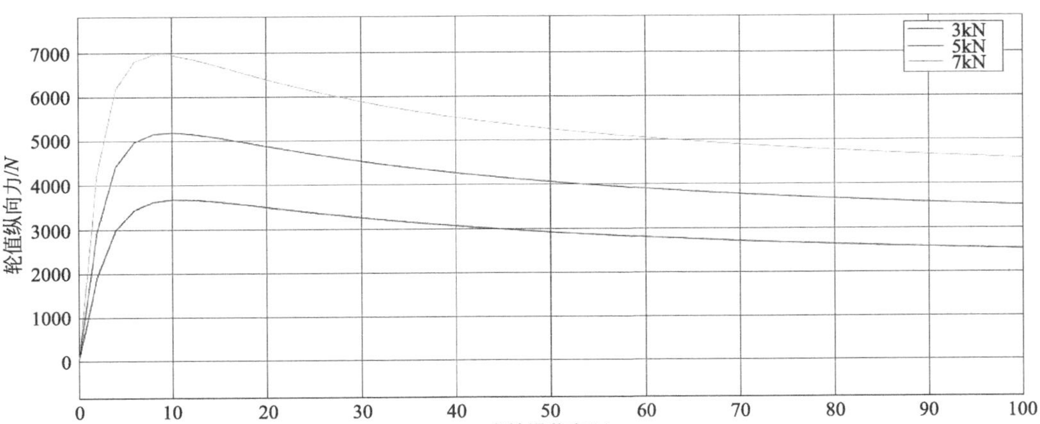

图 3.27 纯制动工况下轮胎纵向滑移率与纵向力的关系

由图 3.27 可知，在单一的制动情况下，轮胎所受到的纵向力随着其纵向滑移率的提高迅速增加，并且很快达到了一个峰值，之后便逐渐减小。图 3.27 中显示，在轮胎滑移率为 10%左右时纵向力达到了一个最大值，这表明此时的制动性能最好。

3.7.3 速度阶跃输入仿真

速度阶跃输入即为使汽车速度从 0 开始逐渐加速，经过控制器对于电动机输入电压的控制，从而调节电动机的电流和转矩，最终使汽车速度保持在设定的期望速度处。它可以表征汽车的控制器调节能力，对于汽车的定速巡航具有实际意义。以下为该工况的仿真计算。

(1) 车速为 30km/h 时

汽车速度变化图像如图 3.28 所示。

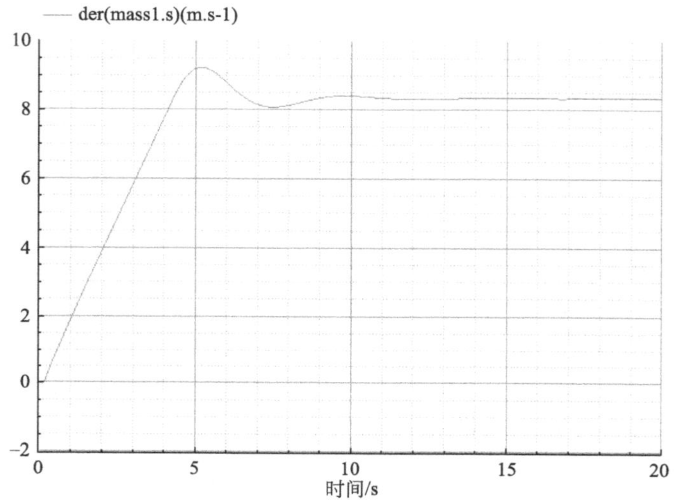

图 3.28 汽车速度变化图像

电动机电流变化图像如图 3.29 所示。

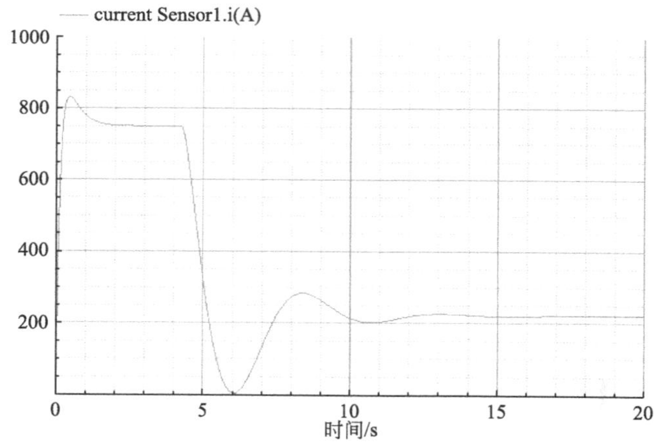

图 3.29 电动机电流变化图像

(2) 车速为 50km/h 时

汽车速度变化图像如图 3.30 所示。

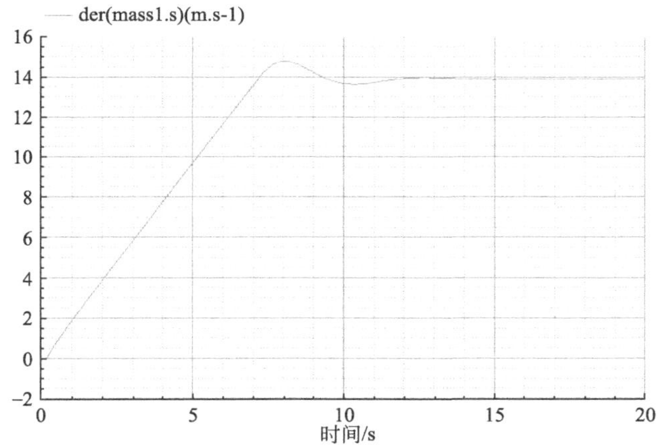

图 3.30 汽车速度变化图像

电动机电流变化图像如图 3.31 所示。

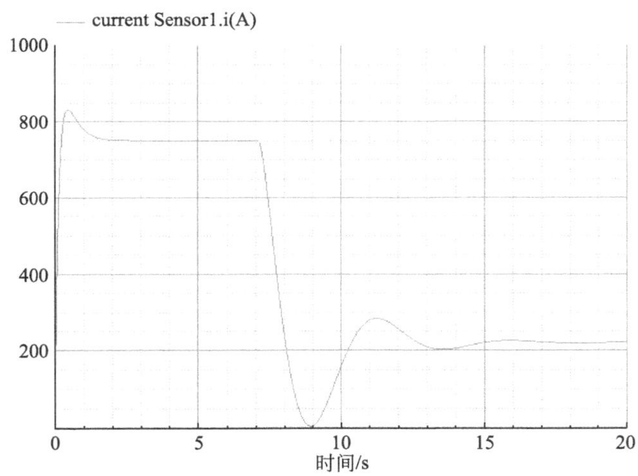

图 3.31 电动机电流变化图像

(3) 车速为 100km/h 时

汽车速度变化图像如图 3.32 所示。

电动机电流变化图像如图 3.33 所示。

经过上述仿真结果可以看到，汽车对于速度阶跃输入有较好的相应，速度变化比较平滑，不存在突变的地方，这在实际情景中有利于乘客的舒适性。此外，经过比较可以看出，随着输入的设定速度增加，汽车实际速度的上升时间也随之增加；经过调整控制器参数，可以缩短上升时间，但是速度的超调量又会有所增加，这也不利于汽车的实际行驶。因此，在实际设计中，应该综合考虑两者的影响，做出相对折中的选择。

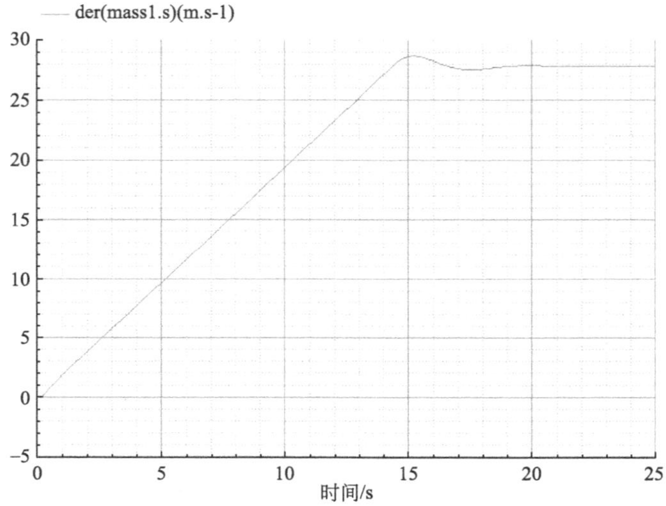

图 3.32　汽车速度变化图像

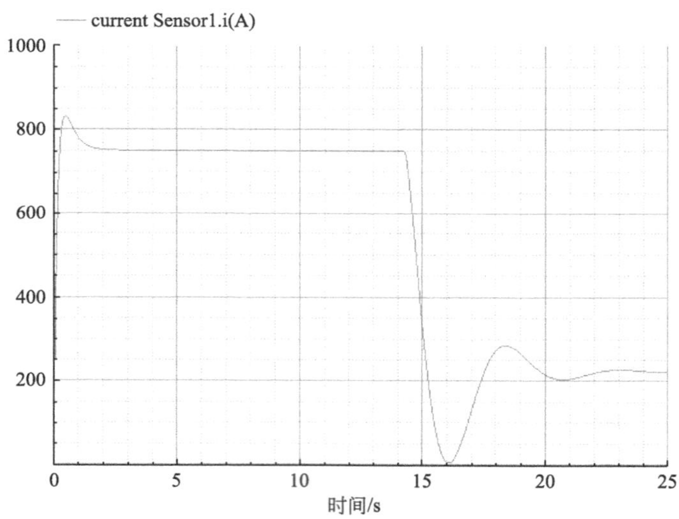

图 3.33　电动机电流变化图像

3.7.4 典型工况仿真

循环工况是一种规定车速-时间行驶规范的文件，在这个文件中包含了换挡时间、制动时间以及车辆的行驶速度和加速度等数值内容。常用的循环工况主要有如图 3.34～图 3.38 所示的几种。

本书选取具有代表性的 NEDC，即新欧洲驱动循环工况中的一部分来进行仿真。在 OpenModelica 中设置好既定的汽车速度曲线，然后输入，即可仿真得到实际的汽车速度曲线，如图 3.39 所示。

电动汽车部分 NEDC 工况电动机电流仿真曲线如图 3.40 所示。

电动汽车部分 NEDC 工况电动机功率仿真曲线如图 3.41 所示。

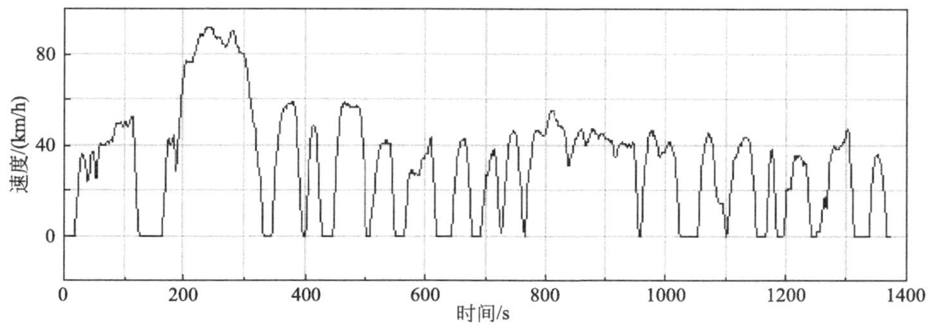

图 3.34　EPA 城市循环工况

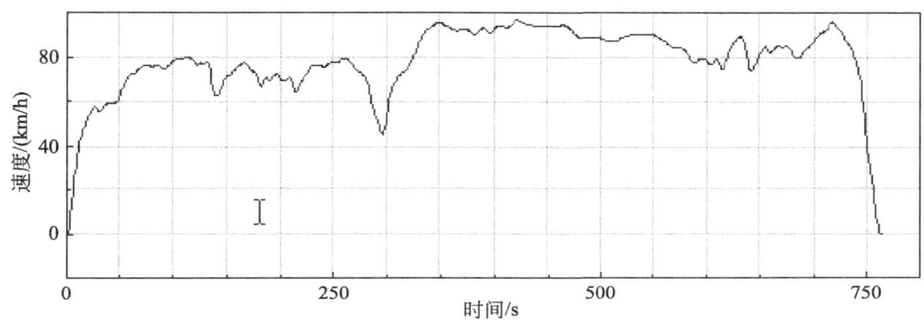

图 3.35　EPA 高速循环工况

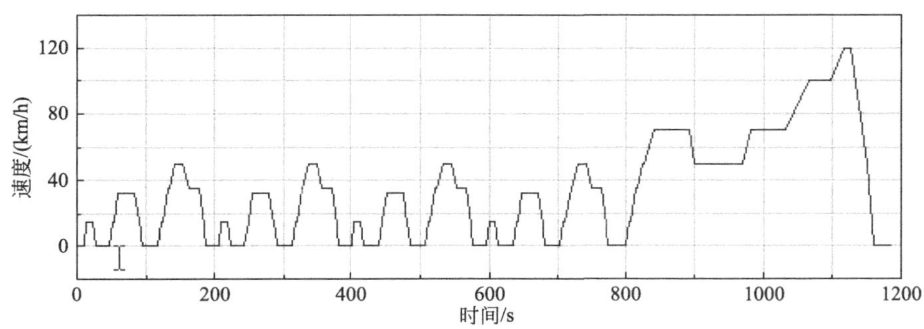

图 3.36　新欧洲驱动循环工况

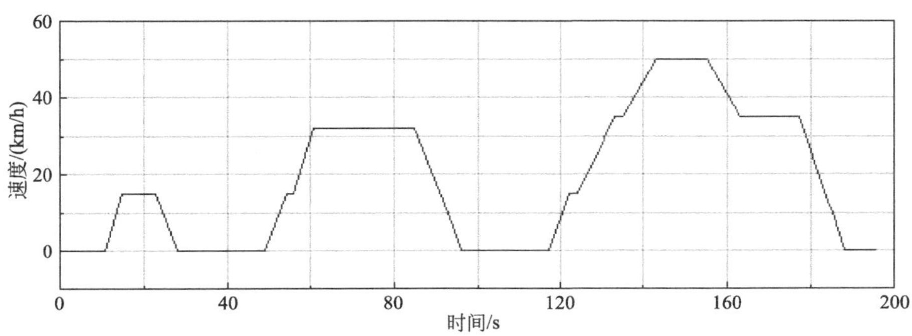

图 3.37　欧洲城市循环工况

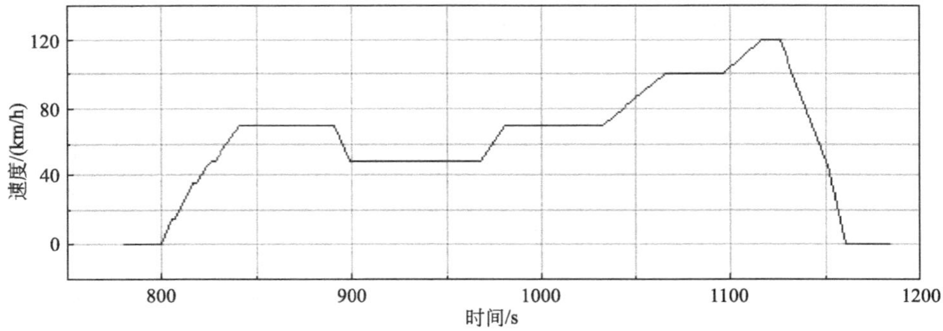

图 3.38 欧洲城市郊区循环工况

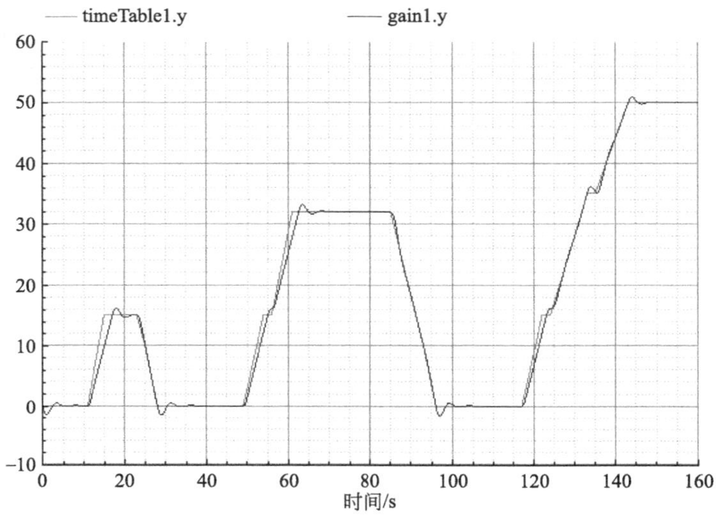

图 3.39 电动汽车部分 NEDC 工况速度仿真曲线

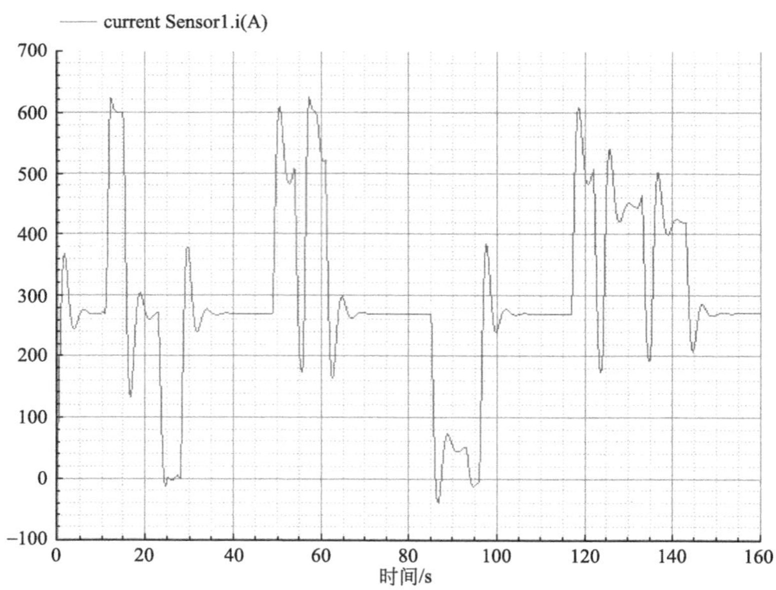

图 3.40 电动汽车部分 NEDC 工况电动机电流仿真曲线

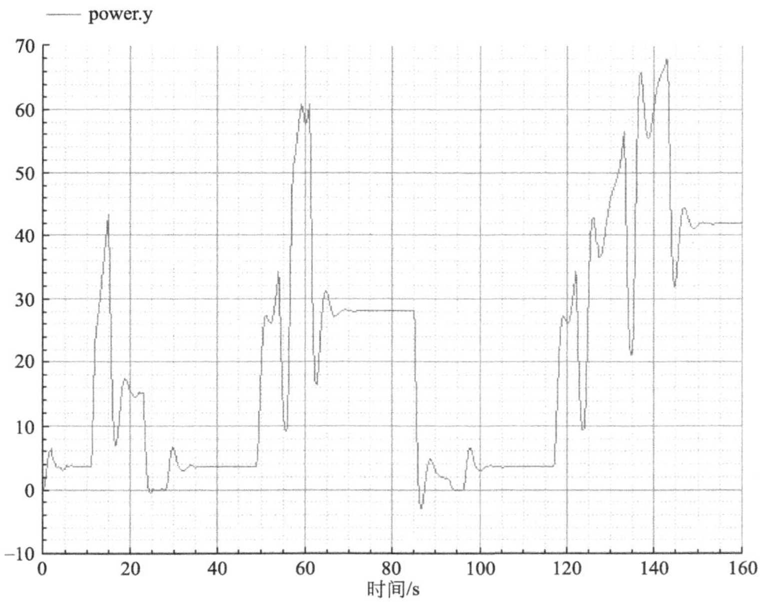

图 3.41　电动汽车部分 NEDC 工况电动机功率仿真曲线

由以上图像可以看出，在 PID 控制器的控制下，汽车实际速度可以较好地跟随设定的 NEDC 工况曲线，只是在速度有突变的地方会有较明显的超调变化，但是调整时间也比较短，基本符合预期达到的效果。除此之外，电流最大值达到 600A，功率最大值达到 68kW。在实际应用中，最大电流值有助于蓄电池型号的选择。

第4章 基于Unity的仿真环境搭建

4.1 Unity 软件介绍及安装

4.1.1 Unity 背景简介

Unity Technologies 推出的 Unity 游戏引擎是世界领先的第三方游戏制作解决方案。根据 Unity 网站的数据，它是全球 45%以上开发者的首选引擎。这是迄今为止世界上游戏开发者使用最多的游戏引擎。同一调查显示，他们最接近的竞争对手（Epic Games 推出的虚幻引擎 4）的用户数量只占 1/3，市场份额为 17%。

Unity 于 2004 年诞生，三位创始人做的游戏未能成功卖出，但是他们意识到他们为完成游戏而制造的游戏引擎可能更有价值。此后，他们成功实现了游戏开发的大众化，打破了进入这个激动人心的行业的障碍。虽然越来越多的游戏开发者进入导致了越来越拥挤的市场，使得公司难以盈利，但也使得越来越多的有趣的游戏和故事出现在大众面前。

正是因为游戏引擎的开源和众多用户的使用，Unity 已经建成了一个出色的社区，每时每刻都有新的想法出现，也有新的游戏或者解决方案出现，这已经不是 Unity 在做游戏，而是整个社区都在为 Unity 游戏开发提供想法和解决方案，无疑，这是很有效率的开发方式。而且 Assets Store 的出现更是极大地加快了游戏开发的进程，可以从商店中下载需要的环境、代码、人物模型等，而不是要自己去构建模型，而模型的构建是最耗时间的工作。甚至一些开发人员已经从游戏开发转型到在 Asset Store 销售他们的模型或脚本解决方案给社区成员，或者通过销售 Udemy 课程来提供指导。

本平台使用了 Unity（Unity Technologies，2017），而不是 ADAS 仿真的商业工具，例如 PreScan、CarMaker 等，来制作道路环境建模和传感器建模。主要原因是来自世界各地的用户都可以参与到虚拟环境的评估测试中。这个概念被称为“游戏化和大众参与的虚拟测试”。一般来说，为了评估自动驾驶车辆的实施情况，例如驾驶员输入、其他车辆行为、道路几何形状等，需要考虑许多情况。通过使用由人类和虚拟用户组成的游戏环境，相比于传统静态测试场景，自动驾驶代码可以进行更广泛地测试。

除了提供多用户平台之外，Unity 还拥有界面友好的 GUI 编辑器、3D 物理引擎、动画引擎、3D 模型导入以及 C# 或 JavaScript 脚本。这些功能可以帮助设计和模拟包含道路模型及其他动态对象（如车辆、行人、摩托车和自行车）的模型城市。虽然有其他 3D 游戏引擎可用，但 Unity 因其庞大的资源库、多平台支持和大型社区支持而被选中。许多资源包都可通过 Unity 资源商店获得，从而加快了开发速度，这是其他物理引擎不具备的优点。

4. 1. 2 Unity 下载安装

步骤 1：登录 http://unity3d. com，然后会看到如图 4.1 所示页面。

图 4. 1　Unity 软件下载界面

步骤 2：点击“Get started”进入下载页面（图 4. 2）。

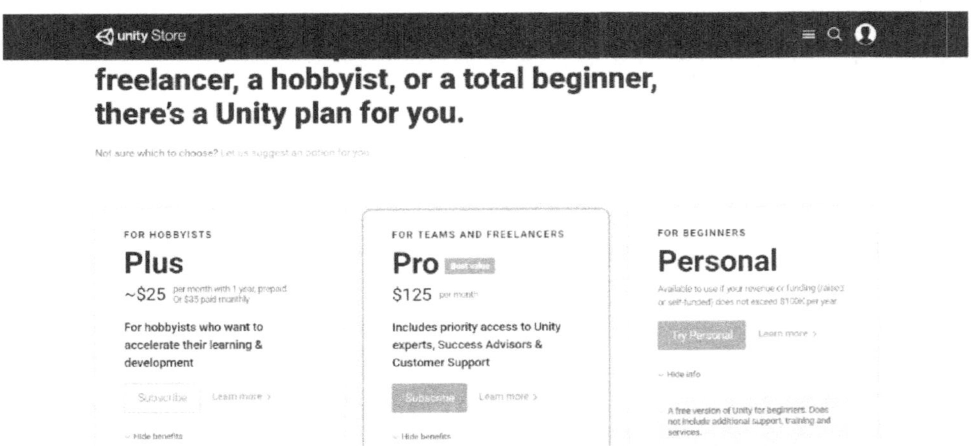

图 4. 2　版本选择

步骤 3：点击“Try Personal”，选择系统类型，如果是专业的设计人员，建议选择 Pro，相较于个人版，Pro 的功能更为强大（图 4.3）。

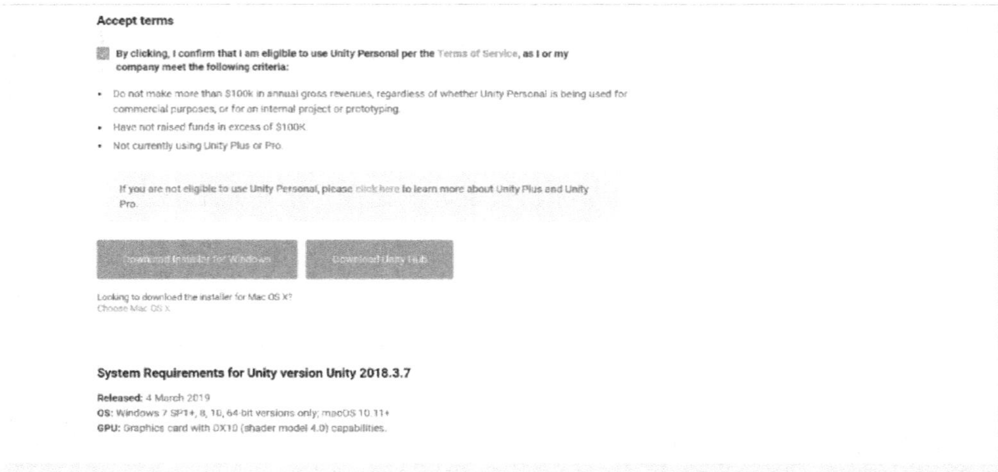

图 4.3　系统选择

步骤 4：选择好自己的系统类型，点击“Download”开始下载安装。

4.2　Unity 入门

4.2.1　开始面板

（1）场景面板（Scene）

如图 4.4 中最左侧上半部分所示，该面板为 Unity3D 的编辑面板，用于将所需要的模

图 4.4　开始面板

型、灯光以及其他物体对象放置在面板中，构建游戏所需呈现的画面。

(2) 游戏面板 (Game)

如图 4.4 中最左侧下半部分所示，该面板显示的是游戏运行时的画面，即玩家直接看到的画面，可以根据游戏面板的效果在场景面板中进行相应的调整。

(3) 层次面板 (Hierarchy)

如图 4.4 中场景面板的右侧所示，该面板用于显示放在场景面板中的所有的物体对象，可以设置父子关系或者分立关系。

(4) 项目面板 (Assets)

如图 4.4 中层次面板的右侧所示，该面板用于显示该游戏项目中的资源，如材质、模型、字体等。

(5) 检测面板 (Inspector)

如图 4.4 中最右侧所示，该面板用于呈现各个对象的固有属性，如三维坐标、旋转量、缩放大小、脚本、组件等。

4.2.2 关键功能

Unity 提供了简单的 3D 游戏物体 (GameObject) 的建造工具，建造简单的几何体和平面等，为了简化用户模型建造的过程，Unity 特别为用户提供了地形、树木、风区等 3D 模型建造的快捷方式，只要单个按键功能就可以建造简单的场景模型。当然也可以从资源商店中下载需要的模型，不过下载下来的模型不可能满足所有的功能要求，需要添加一些功能组件，以满足设计的需要。接下来以笔者搭建的车辆模型为例介绍。

如图 4.5 所示，左上角是下载下来时车辆模型的形状，没有任何的功能组件，只是一个简单的 3D 模型，要满足使用要求，就需要添加一些脚本文件作为控制器，添加刚体组件和碰撞器为车辆提供物理实体特性，如重力、质量、碰撞弹性等。图 4.5 左下角显示

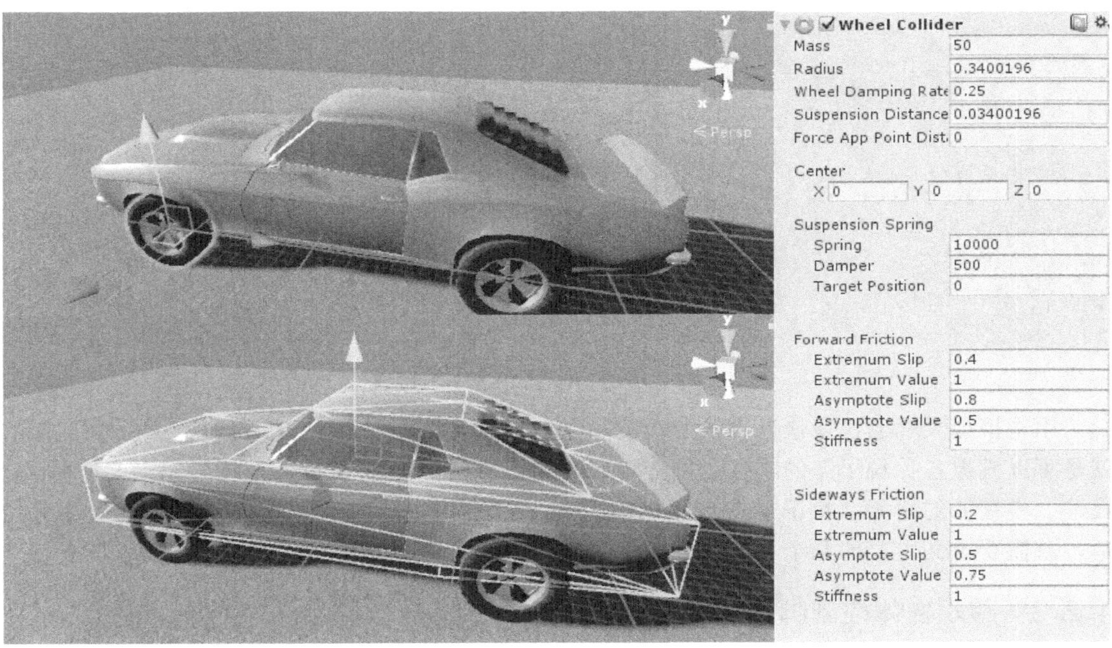

图 4.5　车辆模型

的就是车辆的 MeshCollider，虽然粗糙但是基本贴合车辆模型，作为游戏来说，精度足够了，当然不能用来做车辆碰撞试验。比较方便的是 Unity 提供了车轮的专用碰撞器，而且其制作比较精细，它提供了车轮的很多参数来尽量模拟现实车轮的性能。这就使得车辆和路面的交互较为真实，这也是游戏物理引擎应有的功能。尽管 Unity3D 引擎的模型可以做到光线的视觉级别仿真，但是其物理性能、运动学和动力学的模拟，完全不可能达到车辆模拟仿真的要求，这也是为什么在之后要引入 OpenModelica 车辆动力学模型的原因。

另一个用到的比较好的功能就是 Navigation。它允许用户建造一个烘焙表面 NavMesh，可以自定义某种类型的表面是否能够进行行走、跳跃等，如图 4.6 中的区域就是车辆可以行驶的路面，其他区域车辆不会进入。而且用户可以规定车辆行驶的路线，但是不用精细地规划路线，只要给出几个关键点，如图 4.6 中的 A 点和 B 点（图中的实线在实际的 Unity 场景中也是存在的，本书为了表达清楚，将实线加深），NavMesh Agent 会自动规划路线，一般情况下，它会把两点之间的连线作为行驶的路线，如果两点之间存在障碍物，如不可行驶路面或者其他的车辆等，NavMesh Agent 会控制车辆躲避障碍物而后达到目标点，然后进行下一次的路径规划，直到完成所有目标点。如果把所有目标点做成闭环，车辆会一直无限地循环运转下去。这就为用户搭建交通系统提供了极为便利的方法，而且所有 NavMesh Agent 的运行都存在偶然性，也就是说虽然它会依次完成每个目标点，但是每次的选择都会因为环境的变化而导致自己的路径发生变化，可以增加虚拟交通环境的复杂性和随机性，这在虚拟测试中是很重要的（图 4.7）。

图 4.6　烘焙过后的巡航城市地图

用来模拟天气系统最快速有效的功能是 Particle 组件。Unity 自带的粒子系统最直接的就是可以模拟各种粒子态的物体，例如雨、雪、烟雾等，还能模拟各种视觉特效，如爆炸、火焰、模糊的幻境等。粒子系统可以制造较为复杂的物体状态或者现象，而且操作极为简单，只需要定义主要的几个参数就可以做到较高的仿真度（图 4.8）。

4.2.3 游戏物体控制脚本编写

Unity 的许多功能都要通过它的脚本语言 C# 来体现。可以用它来处理用户输入，操作

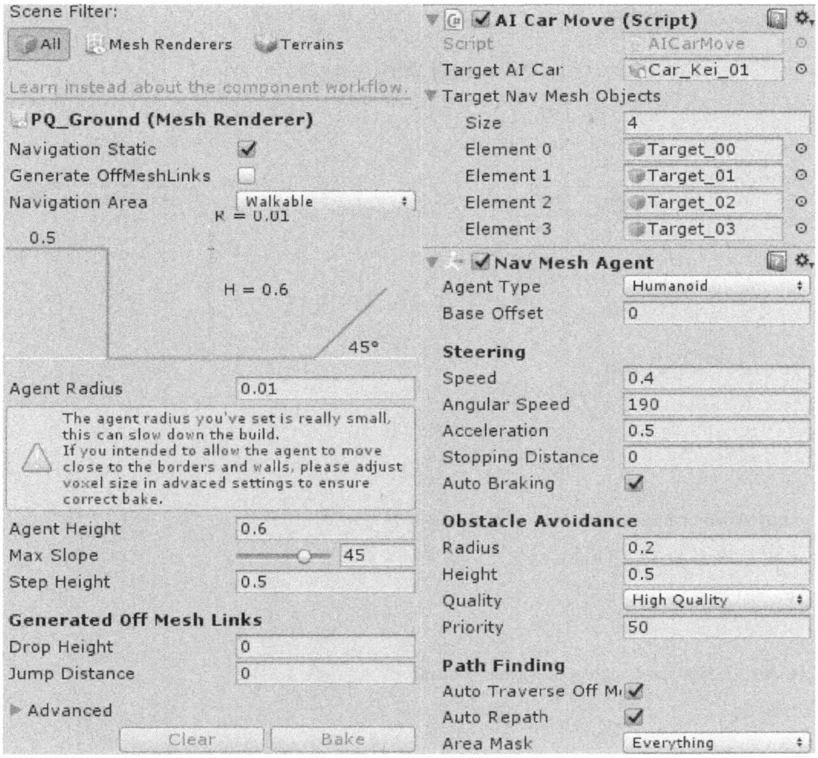

图 4.7 Navigation 的烘焙界面和车辆巡航控制

图 4.8 粒子系统示意图

场景中的对象，碰撞检测，自动生成新的 GameObject，以及在场景中发射定向光以处理游戏逻辑。Unity 提供了有良好文档的 API，使得这些任务得以完成，API 文档如图 4.9 所示。

Unity 中有内置的 MonoDevelop 语言编辑器，自动安装了 Unity 的编译运行环境，其界面简洁而且不需要另外下载编辑器，但是其编译功能不如 Visual Studio 强大，所以很多人选择使用 Visual Studio。而且 Unity 官方正在准备放弃 MonoDevelop 的支持。

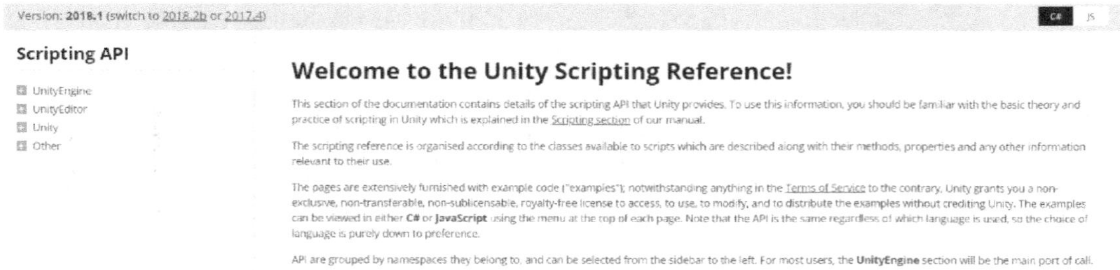

图 4.9 Unity API 文档

```
using System.Collections;
using System.Collections.Generic;
using UnityEngine;

public class NewBehaviourScript:MonoBehaviour{
    //Use this for initialization
    void Start(){
            }
        //Update is called once per frame
    void Update(){
            }
```

这是 Unity 在新脚本中生成的默认的类。它继承了 MonoBehaviour 基类，这样脚本才能够在游戏中运行，同时还有一些特殊的方法对特定事件做出响应。Unity 会在运行脚本时以特定顺序调用多个方法。最常见的几个方法如下。

Start（）：这个方法在脚本第一次启动时调用。

Update（）：当游戏正在运行，同时脚本是可用的，这个方法会在每帧刷新时调用。

本书通过大量的 C# 脚本文件，控制场景中的物体移动，设置车辆自动巡航，设置相机跟随物体，控制动画播放，生成新的游戏物体，处理光影变化等。

4.3 Roll-a-Ball 游戏创建示例

本节主要内容是搭建一个简单可玩的小游戏，介绍一些基础而且重要的场景搭建模块。小游戏的名字为“Roll-a-Ball”，玩家可以使用键盘控制一个圆球在桌面上滚动，通过接触的方式收集正方体来累积游戏积分，游戏的设计没有使用任何外部的模型、动画、声音和纹理图片，只是简单地使用了 Unity 自带的几何体，如球形、正方体和平面（图 4.10）。

4.3.1 设置游戏

首先，要新建一个工程（Project），命令路径：File-New Project，然后将看到如图 4.11 所示的界面，在里面填写 Project name，选择文件地址 Location，并选择游戏类型“3D”。然后点击 Create Project，进入场景（Scene）界面，依次点击 File-Save Scene，保存游戏场景。

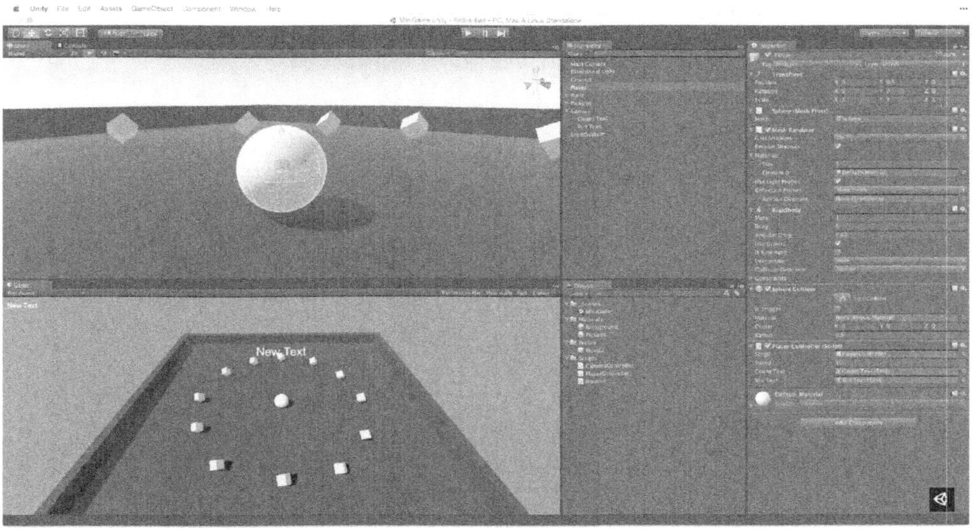

图 4.10　游戏完成效果

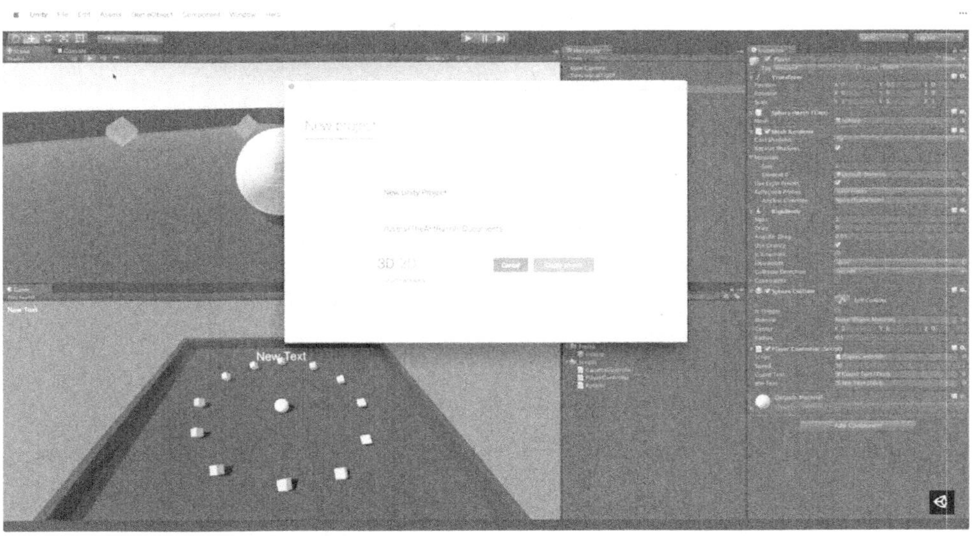

图 4.11　新游戏创建

两种方法新建 GameObject-Plane：通过点击工具栏上 GameObject-3D Object-Plane，或者点击 Hierarchy 面板下的 Create-3D Object-Plane 新建一个平面。双击游戏物体的名称 Plane，更改物体名称为 Ground，回车确定。点击界面右上角齿轮状按钮，点击 reset，重置物体的坐标位置，将新建的 Plane 物体置于世界坐标系原点。操作结果如图 4.12 所示。

按 F 键将平面物体放置到场景中间，可以看到场景中，平面物体之外存在着网格线，在本游戏中不需要这些网格的存在，所以点击 Scene 面板右上角的 Gizmos 取消 Show Grid 的选项。

接下来是调节平面物体的大小：可以点击整个面板的左上角的伸缩按钮（图 4.13），通

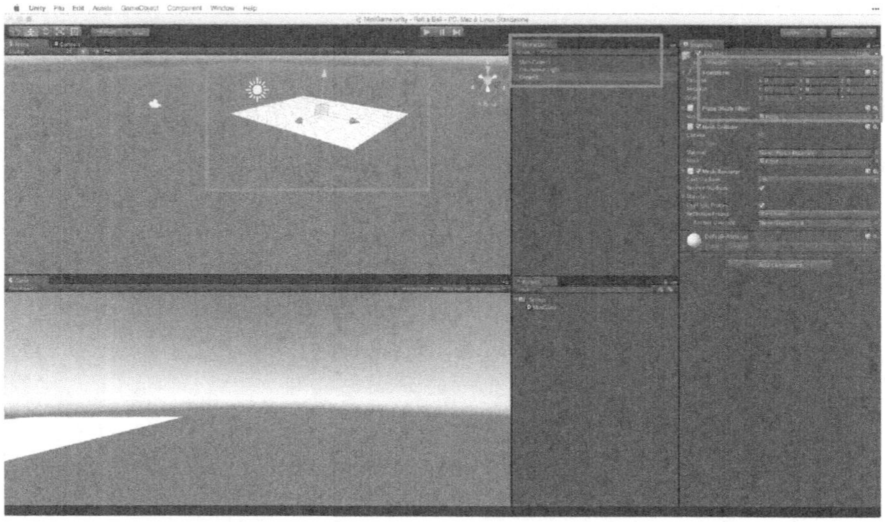

图 4.12 新建平面

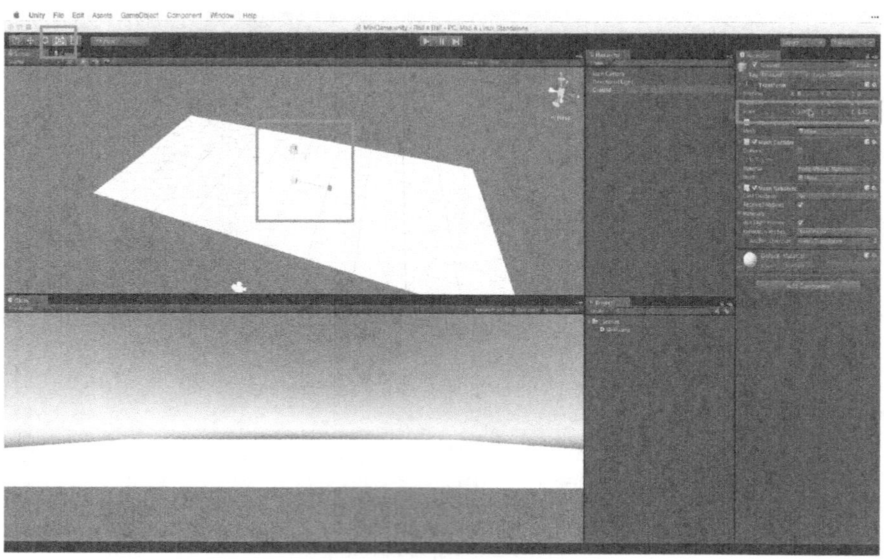

图 4.13 物体大小调节

过按住拉伸坐标轴上的方块，来改变物体某个轴向的尺度；或者点击 Inspector 面板上 Scal 选项下的 x、y 或 z，然后按住鼠标左键左右拖动，可以改变物体在某个轴向的尺寸大小，或者直接在方框内填写需要的数字。

接下来点击工具栏上的 GameObject-3D Object-Sphere 新建一个球体，命名为 Player，并重置坐标系，将球体放置在世界坐标系原点，按 F 键将球体放置于场景中心，此时球体有一半的体积是在平面之下的，调整球体 Player 的坐标，将 Position 的 y 坐标改为 0.5。因为 Unity 自动生成的物体的尺寸默认为 1∶1∶1，所以将 y 坐标改为 0.5 后，球体 Player 将刚好放在平面 Ground 的上面，而且可以明显地看到投影在 Ground 上的阴影，这是所有新建场景默认的 skybox 自带的太阳光，如图 4.14 所示。

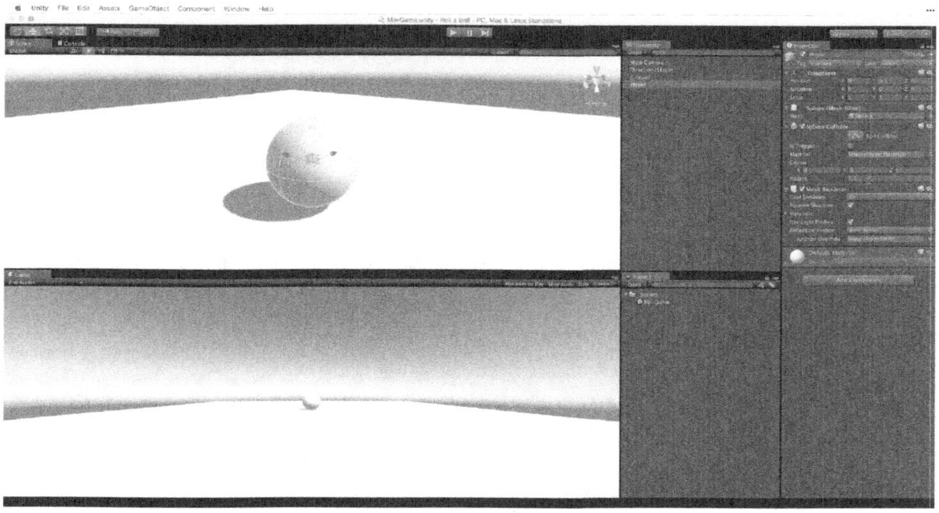

图 4.14　新建球体

添加材料：点击 Project 面板下的 Create-Folder，新建文件夹命名为 Materials，选中 Materials 文件夹，点击 Create-Material，重命名为 Background，在面板最右侧有材料的属性，点击 Albedo，为材料附加颜色，选好颜色之后，点击鼠标左键拖动 Project-Materials-Background 到场景中的 Plane 上面，这样，平面 Ground 就被赋予了材料 Background 并显现出材料的颜色和相应的性能（图 4.15）。

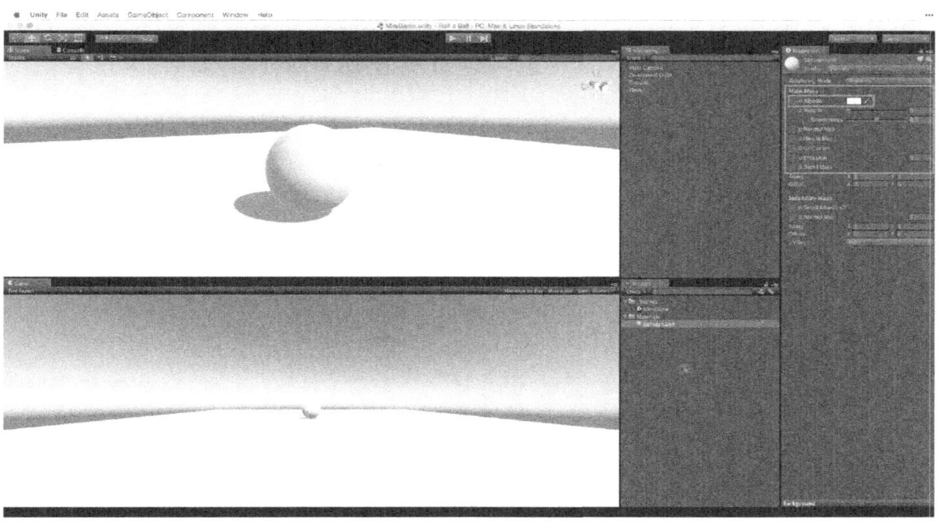

图 4.15　新建并赋予材质

4.3.2　物体移动控制

希望球体 Player 可以在平面上滚动，不能离开平面 Ground，而且遇到障碍物时可以反弹，这就需要为其添加物理性能（图 4.16）。

在 Hierarchy 中选择 Player，点击工具栏上的 Component-Physics-Rigidbody，为 Player 添加物理性能；或者在 Inspector 面板最下面点击 Add Component-Rigidbody 也可以。

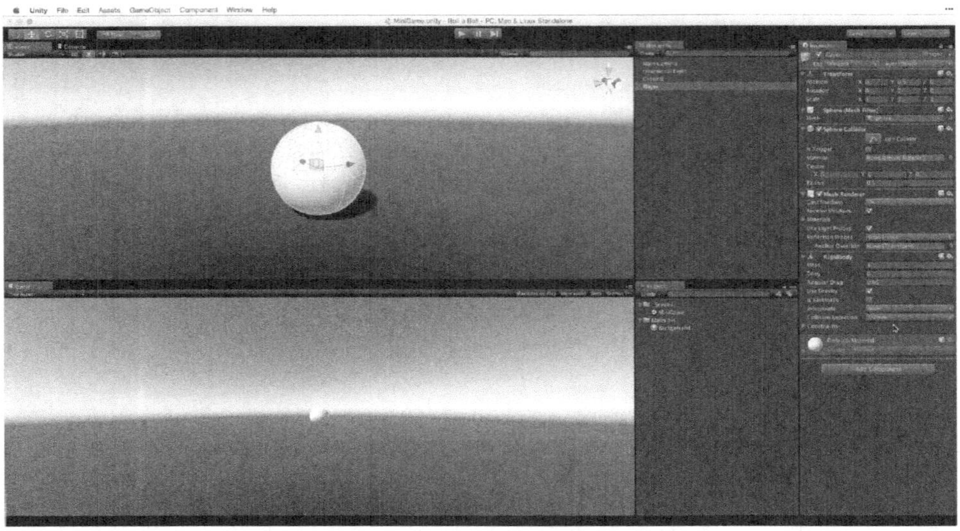

图 4.16 添加物理性能

点击 Project 面板下的 Create-Folder，新建文件夹命名为 Scripts。点击工具栏上的 Assets-Create-C# Script 新建脚本文件。更为直接有效的方法是点击 Hierarchy 下的 Player，在 Inspector 最下端点击 Add Component-New Script，命名为 PlayerController，这样生成的脚本文件是直接附在 Player 上的，无须再将脚本文件拖动到对应物体上。双击脚本文件，打开进行编辑，界面如图 4.17 所示，也可以选择使用 Visual Studio 作为自己的默认编辑器。

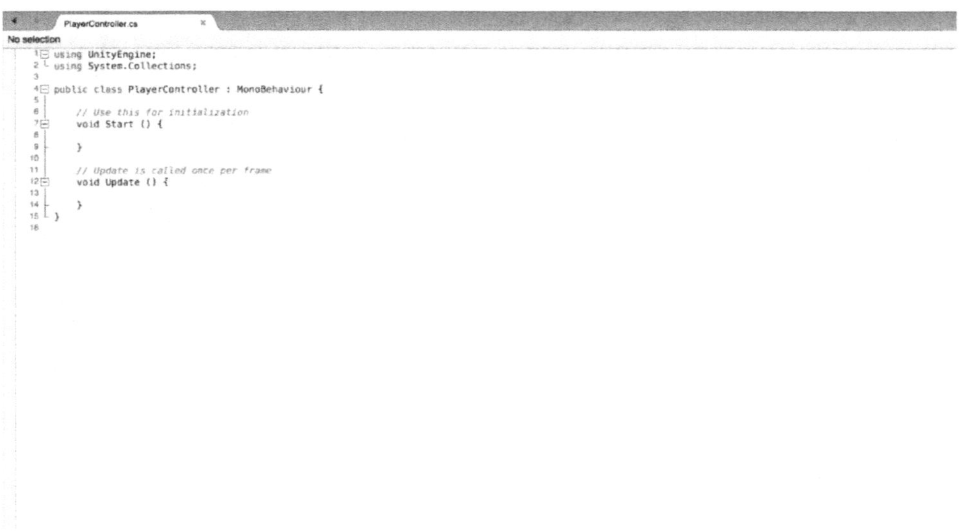

图 4.17 脚本编辑器

如果在编写代码的时候遇到不熟悉的功能，MAC 可以使用 CMD+ ‘，Windows 系统可以使用 CTRL+ ‘，调用 Unity Scripting API，辅助代码编写，如图 4.18 所示。

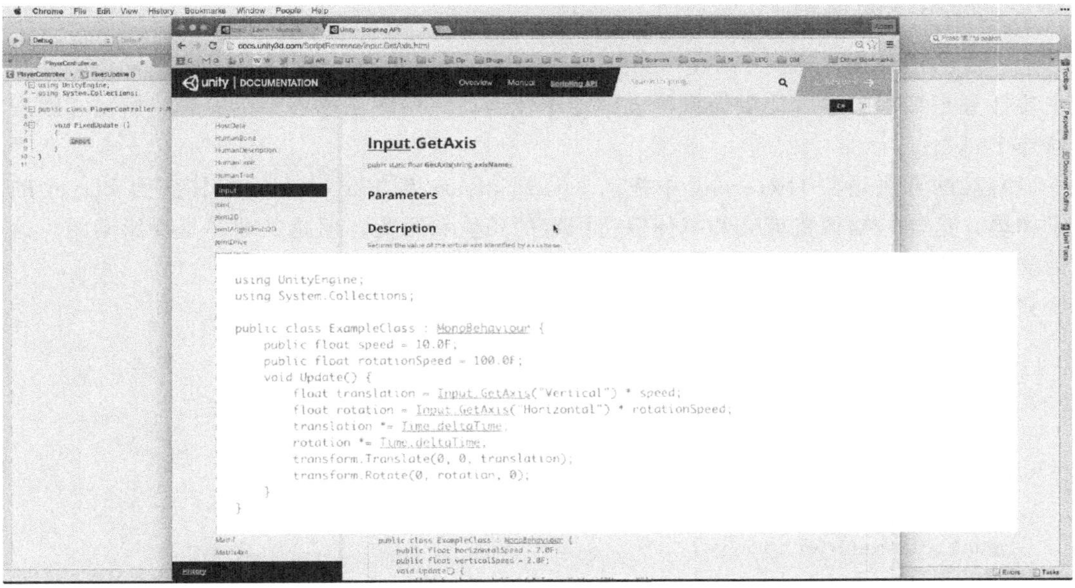

图 4.18　帮助文件的使用

为了实现游戏玩家可以通过键盘控制球体 Player 在场景中运动，编写如下的代码。

```
using UnityEngine;
using System.Collections;

public class PlayerController:MonoBehaviour{

    public float speed;                          //会显示在 Inspector 面板中,可以外部输入
    private Rigidbody rb;
    void Start()                                 //场景启动时调用
    {
        rb=GetComponent< Rigidbody> ();          //获取活动物体
    }

    void FixedUpdate()                           //固定场景刷新次数调用
    {
        float moveHorizontal=Input.GetAxis("Horizontal");     //获取键盘输入
        float moveVertical=Input.GetAxis("Vertical");         //获取键盘输入
        Vector3 movement=new Vector3(moveHorizontal,0.0f,moveVertical);   //受力方向
        rb.AddForce(movement*  speed);           //施加力的方向与大小
    }
}
```

然后点击保存，回到 Unity 编辑界面，点击面板中上部的开始按钮，就可以通过键盘控制球体 Player 在平面上滚动。

4.3.3 视角跟随设置

上一步的结果是，球体 Player 可以在平面上滚动，但是，视野是固定不动的，步骤 3 的主要任务是编写脚本，让摄像机可以跟随球体运动，始终在球心保持固定的角度和距离观察球体 Player。

最直接的方法是在 Hierarchy 中拖动 Main Camera 到 Player 上，将其变为 Player 的附属子物体，这样，摄像机就会和球体保持固定的角度和距离，但是，球体是要滚动的，这样的话摄像机也会随之翻滚，不满足要求。

只能新建脚本对摄像机进行控制。

```
using UnityEngine;
using System.Collections;

public class CameraController:MonoBehaviour{

    public GameObject player;
    private Vector3 offset;

    void Start()
    {
        offset=transform.position-player.transform.position;//启动前摄像机和 Player 之间的位移
    }

    void LateUpdate()//每帧运行,但是保证之前的内容都运行完毕
    {
        transform.position=player.transform.position+offset;//摄像机新的位置
    }
}
```

通过脚本控制，可以使球体在运动过程中保持在视野的中心，而且摄像机不会随之翻滚。

接下来，通过添加 cube，为球体运动限制范围，结果如图 4.19 所示。

4.3.4 添加可收集物体

新建一个可以自动旋转的立方体 pick up，代码如下。

```
using UnityEngine;
using System.Collections;

public class Rotator:MonoBehaviour{
```

```
    void Update()
    {
        transform.Rotate(new Vector3(15,30,45)* Time.deltaTime);
    }
}
```

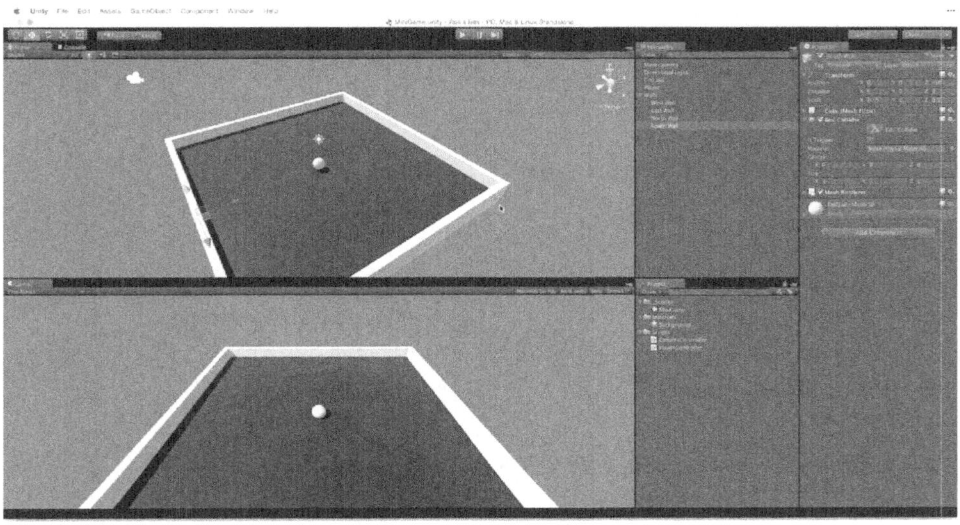

图 4.19　效果展示

新建 Prefab，点击 Project 面板下的 Create-Folder，命名为 Prefabs，将 Hierarchy 中新建的 pick up 拖到 Prefabs 文件夹中，这样这个物体 pick up 和其所拥有的各种组件、属性都可以被直接复制引用。复制 pick up，随意地将其分布在平面上，如图 4.20 所示。

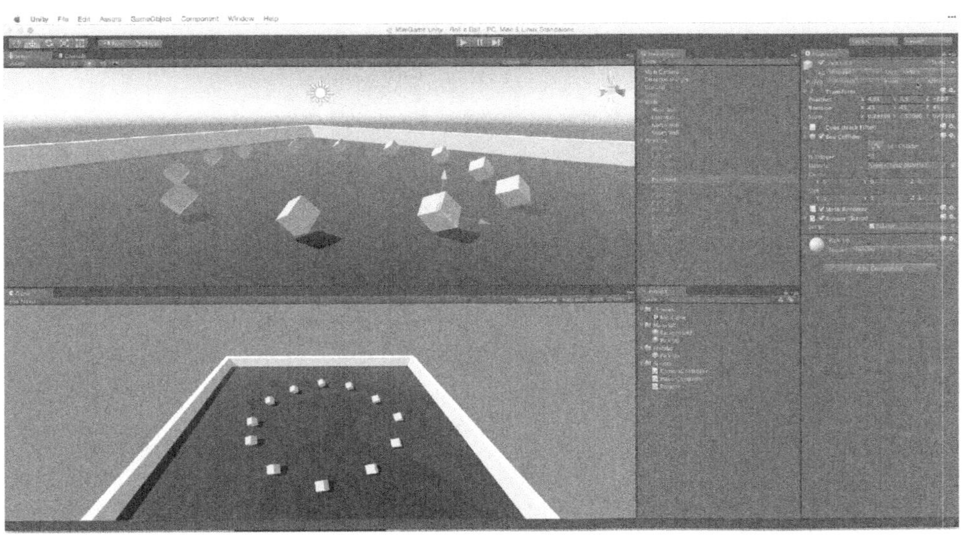

图 4.20　添加可收集的物体

为物体添加碰撞动作，编写代码，在与黄色立方体发生碰撞时去活 pick up，代码 PlayerController 如下。

```
using UnityEngine;
using System.Collections;

public class PlayerController:MonoBehaviour{

    public float speed;
    private Rigidbody rb;

    void Start()
    {
        rb=GetComponent<Rigidbody>();
    }

    void FixedUpdate ()
    {
        float moveHorizontal=Input.GetAxis("Horizontal");
        float moveVertical=Input.GetAxis("Vertical");

        Vector3 movement=new Vector3(moveHorizontal,0.0f,moveVertical);

        rb.AddForce(movement* speed);
    }

    void OnTriggerEnter(Collider other)//碰撞发生时函数激活
    {
        if(other.gameObject.CompareTag("Pick Up"))//判断被碰撞的物体的标签是否是
Pick up
        {
            other.gameObject.SetActive(false);//物体去活
        }
    }
}
```

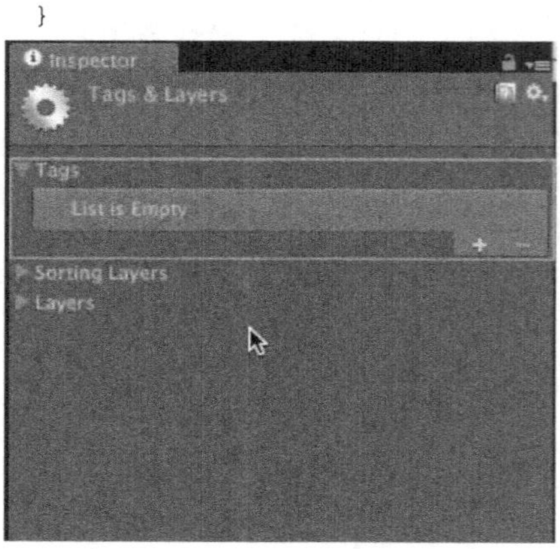

图 4.21　新建标签

因为代码中使用到了标签功能，所以要为 pick up 添加标签，在 Inspector 界面，点击 Tag-Add Tag，结果如图 4.21 所示，然后点击“+”，添加新的标签 pick Up，保证与代码中的标签一致。在 Hierarchy 中选中 pick up，点击 Tag，选择新添加的 pick Up，因为 pick up 是自定义的 Prefab，所以只要为其中一个添加标签，其他的会自动添加相同的标签。

因为代码中使用了 OnTriggerEnter ()，需要激活 pick up 的 Is Trigger，如图 4.22 所示，否则在发

生碰撞时，立方体不会去活，而是继续存在，并阻挡球体的前进。

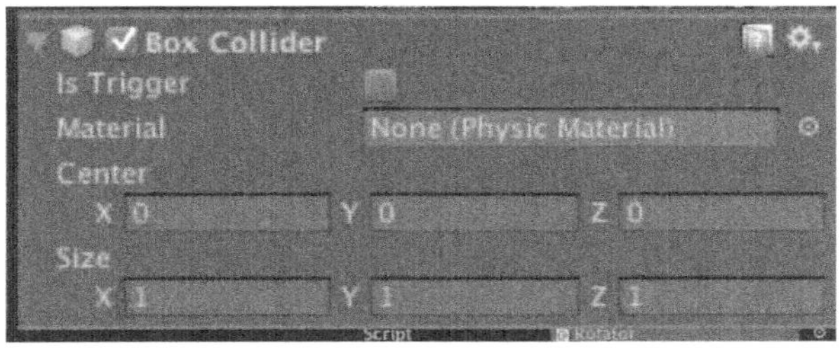

图 4.22　触发器激活

4.3.5　新建 UI 显示计数

Hierarchy 中，点击 Create-UI-Text，新建文本显示界面，命名为 CounterText。此时文本显示在游戏场景中央，为了将它移动到左上角，点击图 4.23 中的图标，选择左上角。用同样的方法新建 WinText。

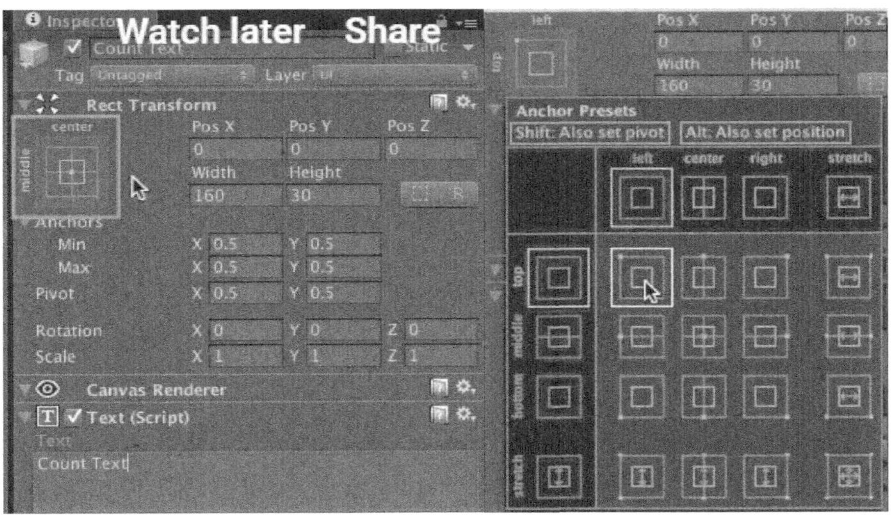

图 4.23　新建 UI 并确定位置

编写代码，显示计数，代码如下。

```
using UnityEngine;
using UnityEngine.UI;
using System.Collections;

public class PlayerController:MonoBehaviour{

    public float speed;
    public Text countText;
    public Text winText;
```

```
    private Rigidbody rb;
    private int count;

    void Start()
    {
        rb=GetComponent<Rigidbody>();
        count=0;
        SetCountText();
        winText.text="";
    }

    void FixedUpdate()
    {
        float moveHorizontal=Input.GetAxis("Horizontal");
        float moveVertical=Input.GetAxis("Vertical");

        Vector3 movement=new Vector3(moveHorizontal,0.0f,moveVertical);

        rb.AddForce(movement *  speed);
    }

    void OnTriggerEnter(Collider other)
    {
        if (other.gameObject.CompareTag("Pick Up"))
        {
            other.gameObject.SetActive(false);
            count=count+1;//计数
            SetCountText();
        }
    }

    void SetCountText()
    {
        countText.text="Count:"+count.ToString();//显示数字
        if(count>=12)
        {
            winText.text="You Win!";
        }
    }
}
```

点击运行，收集完所有立方体后，游戏界面如图 4.24 显示“You Win”和收集的立方体数量。

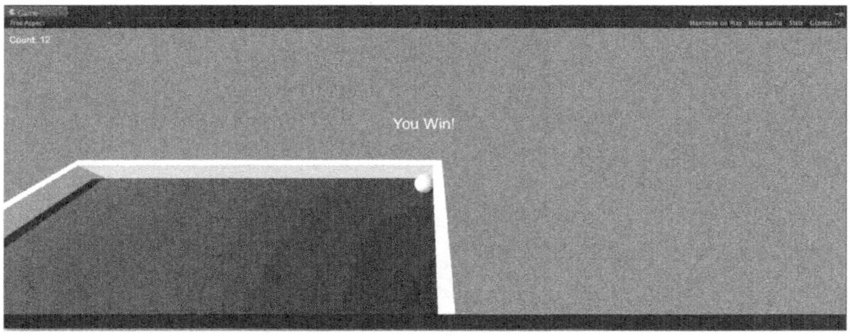

图 4.24　游戏运行结果

4.3.6　生成游戏

在 Unity 编辑器里的游戏可以生成到不同的平台游戏，如 Android、Windows、IOS 等。点击 File-Build Settings，如图 4.25 所示。选择应用平台和相关的参数，点击 Add Courrent 添加活动的窗口，点击 Build，生成游戏。之后会生成一个游戏文件，点击可运行文件，就会打开设计的游戏。

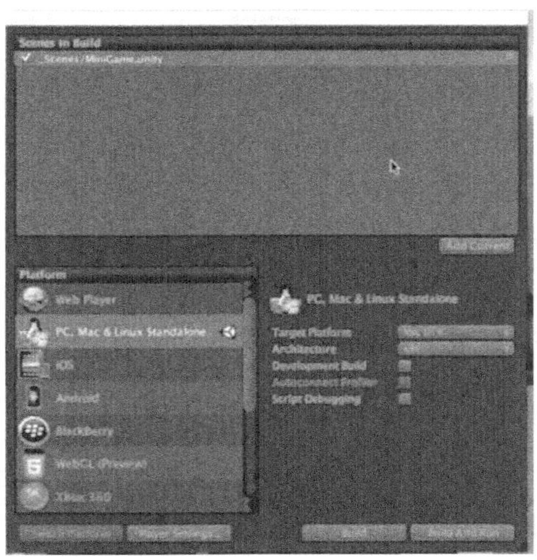

图 4.25　发布游戏到平台

第5章 基于Matlab/Simulink的软件控制策略

Simulink 是 Matlab 系列工具软件包中重要的组成部分。它能对连续系统、离散系统及连续离散的混合系统进行充分建模与仿真；能够借助其他工具直接从模型中生成可以直接投入运行的执行代码；可以仿真离散时间系统的动态行为；能够在众多专业工具箱的帮助下完成诸如汽车控制软件、电力系统等专业系统的设计和仿真。

在 Simulink 提供的图形用户界面（GUI）上，只要进行鼠标的简单拖拉操作就可构造出复杂的仿真模型。它外表以方块图形呈现，且采用分层结构。从建模角度讲，这既适于自上而下（Top-down）的设计流程（概念、功能、系统、子系统直至器件），又适于自下而上（Bottom-up）的逆程设计。

从分析研究角度讲，这种 Simulink 模型不仅能让用户知道具体环节的动态细节，而且能让用户清晰地了解各器件、各子系统、各系统间的信息交换，掌握各部分之间的交互影响。在 Simulink 环境中，用户将摆脱理论演绎时需做理想化假设的无奈，观察到现实世界中摩擦、风阻、齿隙、饱和、死区等非线性因素和各种随机因素对系统行为的影响。在 Simulink 环境中，用户可以在仿真进程中改变感兴趣的参数，实时地观察系统行为的变化。

Simulink 被广泛地应用于汽车软件控制系统的设计，本章主要介绍如何使用 Simulink 设计汽车紧急制动系统的控制策略。

5.1 自动紧急制动系统结构

本书的研究对象是电动汽车，该研究对象将根据道路行驶环境的变化，通过控制策略，做出相应的行驶状态变化，从而保证车辆行驶的安全性。本书对车辆的控制主要是纵向运动的控制，而该运动控制需要多个关键技术模块相互配合来完成，因此首先从总体上来定义控制系统需要实现的功能，并对各个模块的结构组成和功能进行定义。下面将以电动汽车自动紧急制动系统的功能定义作为基础，确定系统的整体结构，来明确各个模块所需的关键技术以及各个模块之间的关系。

5.1.1 AEB系统整体方案

首先需要明确一下自动紧急制动系统需要实现的功能，本书所设计的自动紧急制动系统主要实现以下这些功能：一是在前方无车辆或者是无障碍物的情况下，控制车辆按照驾驶员期望的车速进行定速巡航，以此降低驾驶员的疲劳感；二是在一般的路况下，控制车辆自动驾驶，并根据前车运动状态保持跟随，实现自适应巡航功能；三是在路况较好的情况下，自车在高速行驶时，当前方出现障碍物或者前车突然制动时，若此时驾驶员疏忽大意，没能及时刹车，则车辆进行自动紧急制动，以保证驾驶员的人身安全。这些功能能够有效提高车辆行驶中的主动安全性，保障行车安全。

电动汽车的自动紧急制动系统作为一个控制系统，主要分为三个部分，分别是传感器、控制器和被控对象。传感器主要用于路况信息的采集，一般采用机器视觉、红外线、微波、激光这几种形式。本书的主要研究对象是电动汽车自动紧急制动系统的控制器和被控对象，在传感器领域没有做深入研究。控制器的主要作用是通过接收传感器采集到的环境路况信息以及自车行驶状态信息，来确定之后期望的车辆行驶状态，通过给出期望加速度来实现控制过程。被控对象在本书中由两部分组成，分别是车辆的逆动力学模型和车辆动力学模型。车辆的逆动力学模型的作用是将控制器产生的期望加速度进行逆向计算，得到车辆动力学模型期望的输入，并最终通过车辆动力学模型实现加速度控制指令，达到防撞目的。电动汽车自动紧急制动系统总体设计方案如图5.1所示。

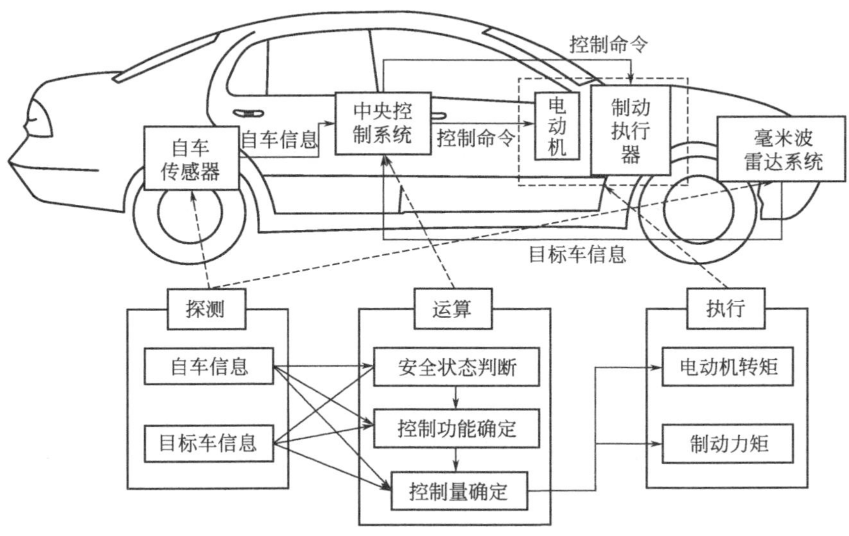

图5.1 电动汽车自动紧急制动系统总体设计方案

在电动汽车自动紧急制动系统的总体设计方案中，自车的传感器和车间信息采集系统，例如图5.1中的毫米波雷达系统，是负责实时且高效地采集自车和目标车辆之间的行驶信息的，包括两车各自的速度、加速度、两车相对距离等。随后中央控制系统将这些信息进行计算处理，按照安全距离模型来判断车辆此时的行驶安全状态，以此来确定自动紧急制动系统的工作模式，并且将系统的控制指令传递给执行机构。在自动紧急制动系统中，执行机构主要是指电动汽车的电动机和制动执行器，中央控制系统将控制指令传递给执行器，控制指令主要指加速、匀速、减速指令，而后通过电动机驱动力和制动器制动力协同工作，使得车辆按照期望的行驶状态行驶。

根据图 5.1 的电动汽车自动紧急制动系统总体设计方案，可以设计出电动汽车自动紧急制动控制系统，如图 5.2 所示。

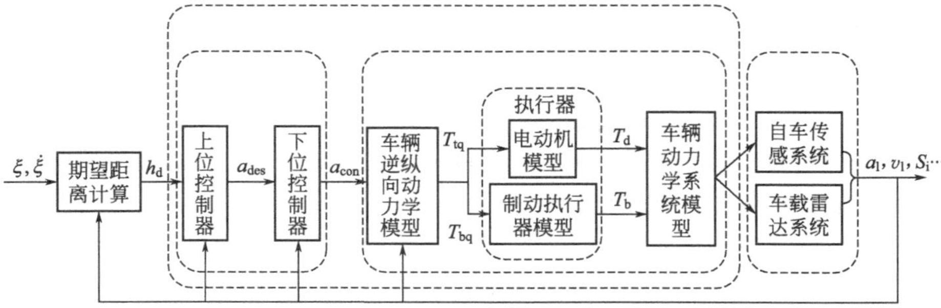

图 5.2　电动汽车自动紧急制动控制系统

图 5.2 中，ξ 表示前后两车的相对距离；$\dot{\xi}$ 表示两车的相对速度；h_d 表示期望距离，即控制系统计算所得的安全距离；a_{des} 表示期望加速度；a_{con} 表示控制加速度；T_{tq} 和 T_{bq} 分别表示期望电动机转矩和期望制动力矩；T_d 和 T_b 则表示驱动扭矩和制动扭矩；a_1 表示自车的加速度；v_1 表示自车的速度；S_i 代表了车轮滑移率。

为了保证电动汽车自动紧急制动系统的控制精度，本书决定采用分层控制的控制模式。在根据设计好的安全距离模型计算出期望安全距离之后，上层控制器通过比较期望安全距离和两车实际距离，以及两车实际运动状况后，计算出自车期望加速度，下层控制器则是根据车辆动力学系统的传递特征，控制车辆按照系统期望的状态行驶，它的控制输出是控制加速度。

由于自动紧急制动系统的控制器部分最终输出量是控制加速度，而执行器所需要的输入量是期望电动机扭矩和期望制动力矩，所以需要建立电动汽车逆纵向动力学模型，将期望的控制加速度转化为期望电动机扭矩和期望制动力矩。再经过电动机和制动器，产生实际的驱动转矩和制动转矩施加给车辆纵向动力学系统，使得车辆实现上位控制器的期望加速度，从而实现自动紧急制动系统的功能。

5.1.2　自动紧急制动系统舒适性指标

目前已有的自动紧急制动系统大多只考虑行车安全性，对于制动过程和加速过程对乘车舒适性的影响考虑较少，这在一定程度上影响了自动紧急制动系统的推广使用，另外目前还没有对汽车自动紧急制动系统的性能表现进行评价的标准，很多评价都是模糊和抽象的，这对于比较不同制动系统的性能优劣造成了不便。因此有必要考虑制动系统对舒适性的影响，同时，为便于对不同制动系统性能进行比较，本书对防撞系统性能评价标准进行了量化。

在一项针对 125 名驾驶员进行的测试试验中，98%的驾驶员采用的制动减速度数值介于 $-2.17\sim1.772\mathrm{m/s^2}$ 之间，当车辆的减速度小于 $-3\sim-4\mathrm{m/s^2}$ 时，大多数驾驶员和乘客都会感到很明显的不舒服，驾驶员只有在避免车间距离降到一个不安全的水平时才会被迫使用紧急制动，以获得较大的减速度，使自车尽快脱离危险状态。

本书中采用车辆的制动减速度峰值来评价行车状况，即自动紧急制动系统的性能表现，包括舒适性和安全性两方面，当减速度大于$-2m/s^2$时，当前的行车状况被认为是安全、舒适的车况；当车辆减速度小于$-4m/s^2$时，当前行车状况被认为是较危险、舒适性很差的状况；当车辆减速度小于$-6m/s^2$时，当前行车状况被认为是危险的紧急制动工况，根据自车制动减速度所属范围不同，行车状态被分为四种。

(1) 正常制动工况（一般）：$a>-2m/s^2$

此时行车危险性较小，主要考虑的是制动过程对舒适性的影响，因为车辆几乎没有碰撞追尾的危险，这个范围内的减速度不会对司乘人员造成不适的感觉，所以该工况为正常制动工况。

(2) 小强度制动工况（略感不适）：$-2m/s^2\geqslant a>-4m/s^2$

此时行车兼顾安全性和舒适性，因发生碰撞危险的概率增加，需要考虑安全性，该范围的减速度已经开始对司乘人员造成不适的感觉，所以需要合理控制减速度，在不影响安全性的前提下使其尽量减小。该工况为小强度制动工况。

(3) 中等强度制动工况（较危险、非常不适）：$-4m/s^2\geqslant a>-6m/s^2$

此时行车主要考虑安全性，因为情况紧急，发生碰撞的危险较大，只能暂时牺牲部分舒适性，采取了较大的减速度，使自车尽快脱离危险状态。此时司乘人员会感到非常不适应，从舒适性方面考虑，行车过程中应尽量避免出现该范围的减速度。

(4) 大强度制动工况（危险、无舒适性）：$-6m/s^2\geqslant a>-8m/s^2$

此时行车危险性最大，需要用最大的制动强度产生最大减速度，使自车尽快减速，脱离危险行车状态。此时不能考虑乘车舒适性，因为自动紧急制动系统的首要功能是保证自车在所有行车工况下，将发生碰撞的概率降到最低，必须优先保证行车安全性，该工况也可称为紧急制动模式。

5.2 电动汽车逆纵向动力学建模

本书的整车动力学模型将使用OpenModelica软件，用Modelica语言建模。在建成整车动力学模型之后，为了能够获得自动紧急制动控制系统所需的期望扭矩和期望制动力矩，需要建立电动汽车逆电动机模型和逆制动系统模型。

如第2章中自动紧急制动系统总体设计方案中所描述的，控制系统的输入信号是下位控制器输出的控制加速度，但是实际执行的机构，如电动机和制动器，所接收的输入信号应该是期望驱动力矩和期望制动力矩，因此就需要用一个车辆的逆纵向动力学模型，来将控制加速度转化为期望驱动力矩和期望制动力矩。在车辆的逆纵向动力学模型中，输入信号为控制加速度，输出信号为期望电动机转矩和期望制动力矩。

5.2.1 整车逆纵向动力学模型

当车辆在平直的公路上行驶并且没有转向时，纵向运动受力情况如图5.3所示。F_{xf}和F_{xr}表示地面作用于前后轮的切向力，F_w表示空气阻力，T_{zf}和T_{zr}表示前后车轮的垂直载荷。可以假设各个车轮的转动惯量I_w相同，车轮半径R相同，则此处有$F_{xfl}=F_{xfr}=F_{xf}$，$F_{xrl}=F_{xrr}=F_{xr}$，则可以得到车辆纵向动力方程如下。

$$Ma=2(F_{xf}+F_{xr})-F_w \tag{5.1}$$

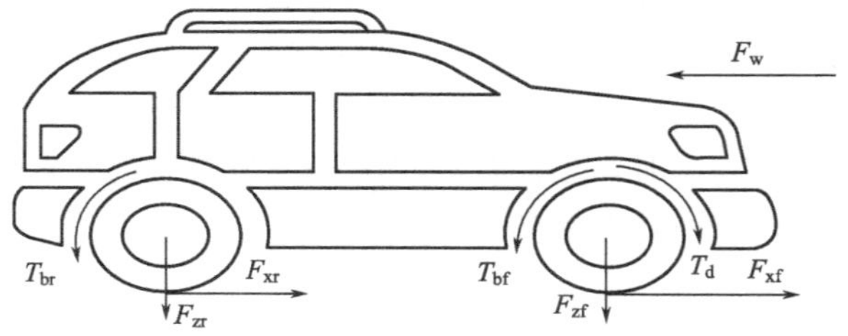

图 5.3 汽车纵向运动受力图

两侧前后车轮的运动方程如下。

$$I_w \dot{w}_f = \frac{T_d}{2} - \frac{T_{bf}}{2} - (F_{xf} + F_{zf} f) R \tag{5.2}$$

$$I_w \dot{w}_r = -\frac{T_{br}}{2} - (F_{xr} + F_{zr} f) R \tag{5.3}$$

式中，f 表示滚动阻力系数。

由车轮纵向滑移率的定义可得

$$s_i = 1 - \frac{R w_i}{v_i} i = f, r \tag{5.4}$$

可以得到前后轮的角加速度为

$$\dot{w}_i = \frac{a(1-s_i)}{R} i = f, r \tag{5.5}$$

联立式(5.1)～式(5.5) 可得

$$M_m a R = T_d - T_b - T_r \tag{5.6}$$

式中，M_m 表示等效质量，T_r 表示道路环境阻力，计算公式如下。

$$M_m = M + \frac{2 I_w (2 - s_f - s_r)}{R} \tag{5.7}$$

$$T_r = \left(M g f + \frac{C_D A v^2}{21.15} \right) R \tag{5.8}$$

5.2.2 电动机驱动控制和制动系统控制切换

当自动紧急制动系统工作时，需要根据期望加速度来判断当前状态时需要执行驱动还是执行制动。根据车辆行驶的特点，可以总结如下判断依据。

① 在车辆正常行驶过程中，应该避免加速和制动同时产生的情况。

② 在需要制动的情况下，理应先借助滚动阻力和空气阻力等环境道路阻力制动，当这些环境道路阻力提供的制动力不足时，才应该采用制动系统制动。

③ 在车辆行驶过程中，为了保证驾乘体验的舒适性和减少相应部件的磨损，应该避免在驱动模式和制动模式之间频繁做切换。

在车辆匀速行驶的时候，车辆的驱动力和滚动阻力、空气阻力这些环境道路阻力为平衡状态。当车辆需要加速时，增大电动机的输出转矩，使得驱动力大于环境道路阻力，车辆加速行驶。随着车速的增加，车辆的环境道路阻力也随着增加，直到和驱动力相互平衡，车辆又进入匀速行驶状态。当车辆需要减速时，减小电动机的力矩输出，驱动力就小于环境道路阻力，车辆减速行驶。随着车速的降低，行驶阻力减小，直至与驱动力平衡，车辆又进入匀速行驶状态。当需要较大减速度时，车辆制动系统开始工作，此时的车辆制动力为制动系统制动力与行驶过程中的各种道路环境阻力之和。

为了确定自动紧急制动系统驱动和制动切换的时机点，需要计算车辆在不同车速下可以获得的最大环境道路阻力。

令式(5.6) 中的驱动力矩和制动力矩都等于0，则可得到

$$a_1=-\frac{T_r}{M_m R} \tag{5.9}$$

式中，a_1 表示临界加速度，即为环境道路阻力产生的加速度。

根据式(5.9) 就可以计算出各个速度下车辆能获得的最大环境道路加速度，通过Matlab可以画出速度-临界加速度图，如图5.4所示。为了防止电动机驱动控制和制动系统控制之间的频繁切换，将图中 a_1 曲线向上平移 Δh，得到电动机驱动控制的下限，将图中 a_1 曲线向下平移 Δh，得到制动系统控制的上限，在电动机驱动控制下限和制动系统控制上限之间的区域，电动机驱动控制和制动系统控制均不工作，本书中取 $\Delta h=0.1\mathrm{m/s^2}$。

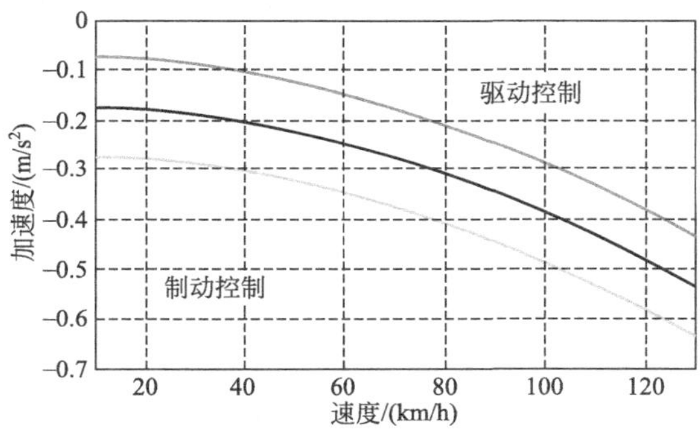

图 5.4　自动紧急制动系统驱动制动切换逻辑图

5.2.3　逆电动机模型

在经过驱动制动切换逻辑判断之后，如果判断为需要驱动控制，那么根据下位控制器传输过来的控制加速度，通过整车逆动力学模型，可以计算出期望的电动机输出转矩。由式(5.6) 可得期望驱动转矩为

$$T_{des}=M_m a_{des} R+T_r \tag{5.10}$$

考虑到传动系统及其机械效率，得到期望电动机转矩为

$$T_{tq}=\frac{T_{des}}{i_g i_0 \eta_T} \tag{5.11}$$

式中，i_g、i_0、η_T 分别代表了变速器的传动比、主减速器的传动比和传动系统的机械效率。

5.2.4　逆制动系统模型

在经过驱动制动切换逻辑判断之后，如果判断为需要制动系统控制，那么根据下位控制器传输过来的控制加速度，通过整车逆动力学模型，可以计算出期望的制动系统制动力矩。

由式(5.6) 可得期望制动力矩为

$$T_{bq}=-M_m a_{des}R-T_r \tag{5.12}$$

5.3 行车安全距离

电动汽车自动紧急制动系统的车辆动力学模型的建立是实现自动制动的基础，而要具体实现系统的控制功能，则离不开对汽车行驶时安全状态的判断。对于行车安全状态的判断，最关键的一点就是行车安全距离模型的建立。美国高速公路安全局（National Highway Traffic Safety Administration，NHTSA）数据显示，在有记载的追尾碰撞事故中，有88%的原因是驾驶员注意力不集中和跟车距离过近。因此，本节对汽车制动过程及汽车在行车过程中的安全距离进行研究，建立适合电动汽车自动紧急制动系统的安全距离模型。

5.3.1 行车安全距离的基本要求

在车辆实际行驶过程中，自动紧急制动系统根据行车安全距离模型实时计算当前行车状态下的安全距离，并与实际车间距进行比较。当实际车间距小于或等于安全距离时，控制系统判断车辆进入危险状态，并且通过车载的报警系统对驾驶员发出警报，若此时驾驶员没有相应的操作，控制系统将自动切断汽车的动力传输，并采取制动措施进行汽车紧急制动控制，避免碰撞事故的发生。当汽车正常行驶时，控制系统以定速巡航或者自适应巡航模式工作，辅助驾驶员操控汽车，以减轻驾驶员的疲劳感。

在汽车的日常使用环境中，行驶环境和行驶工况都是非常复杂的，为了提高自动紧急制动系统的实用性和环境适应性，并提高系统判断的精确性，故要求安全距离模型的建立需要满足绝大部分的交通工况。

在安全距离的判断过程中，行车信息的获取相当重要。这些信息主要但不仅限于自车和前车的距离、自车行车速度、前车行车速度、自车加速度、自车滑移率、电动机扭矩、制动回路油压等。所以，应该要求安全距离模型是根据这些行车信息计算出来的。

自动紧急制动系统的目的是保证行车的安全，基本原则是降低自车车速和保持足够的行车间距，但是由于交通道路的容量和车速成正比，同时又和行车间距成反比，所以过多地降低车速和加大行车间距会导致道路的交通效率变得极低。因此，应用于自动紧急制动系统的行车安全距离模型必须兼顾行车安全和道路交通效率这两方面的要求。针对不同的工况和系统功能要求，这两方面应该有不同的侧重。

在实际道路行车过程中，一般驾驶员对自己的操作判断的信任程度要大于对高级辅助驾驶系统的信任程度，故自动紧急制动系统的控制动作必须尽量接近驾驶员的实际操作特性，该系统才能被驾驶员接受并信任。自动紧急制动系统根据行车安全距离模型对车辆安全状态的判断结果应当尽量接近实际道路行车条件下驾驶员的各类行为特征。

综上所述，可以将自动紧急制动系统对于行车安全距离的要求归纳为以下三点。

① 行车安全距离模型应该适用于大多数道路交通工况。

② 判断行车安全距离所需的行车信息、路况信息必须是自动紧急制动系统能够获取的。

③ 行车状态下的安全距离判断应该符合一般驾驶员的驾驶特性。

5.3.2 已有安全距离模型

安全距离模型算法的基本原理是通过传感器检测自车与前方障碍物或者车辆之间的相对距离，并将此距离与给定的安全距离相比较，来确定行车状态是否安全。这方面的研究主要在于安全距离的计算方式不同。以下介绍几种已有的典型安全距离模型算法。

(1) 本田公司的安全距离算法

本田公司所设计的报警临界距离如下。

$$d_w = 2.2v_{rel} + 6.2 \tag{5.13}$$

式中，v_{rel} 是前后两车的相对速度。

临界制动距离为

$$d_{br} = \begin{cases} \tau_2 v_{rel} + \tau_1 \tau_2 a_1 - 0.5a_1\tau_1^2, \dfrac{v_2}{a_2} \geqslant \tau_2 \\ \tau_2 v_1 - 0.5a_1(\tau_2 - \tau_1)^2 - \dfrac{v_2^2}{2a_2}, \dfrac{v_2}{a_2} < \tau_2 \end{cases} \tag{5.14}$$

式中，v_1 是自车的速度；v_{rel} 是两车的相对速度；a_1 是自车的最大减速度；a_2 是前车的最大减速度；v_2 是前车的速度；τ_1 是系统延迟时间；τ_2 是制动时间。一般取 $a_1 = a_2 = 7.8\text{m/s}^2$，$\tau_1 = 0.5\text{s}$，$\tau_2 = 1.5\text{s}$。

(2) 丰田公司的安全距离算法

丰田公司的安全距离算法是以汽车驾驶员模型为基础，计算确定安全距离，以驾驶员的主观感受作为安全性标准。该算法考虑到在实际车辆行驶过程中，驾驶员要对车辆的行驶情况进行预测，来决定现在的操作，驾驶员预测在 t 时间后的车间距离，将此车距与驾驶员认为的界限车距 d_{lim} 进行比较，如认为车距将小于 d_{lim}，则当前时刻就启动制动控制，因此，当前时刻的车距为需要发起警报的距离。

$$d_w = v_{rel}t + \frac{a_2 t^2}{2} + d_{lim} \tag{5.15}$$

式中，d_w 为驾驶员感觉到危险，须发起警报的距离；v_{rel} 为自车与目标车辆之间的相对速度，$v_{rel} = v_1 - v_2$，v_1 为自车速度，v_2 为目标车辆速度；a_2 为目标车辆的加速度。

① 接近静止的障碍物时

$$v_2 = 0, a_2 = 0, d_{lim} = \frac{v_1^2}{2a_1} \tag{5.16}$$

将式(5.16) 代入式(5.15)

$$d_w = v_{rel}t + \frac{v_1^2}{2a_1} \tag{5.17}$$

同时可将上述的过程等效为车辆以加速度 a_1^* 减速到车辆停止的过程，其中 a_1^* 是自车的平均减速度，则有

$$d_w = \frac{v_1^2}{2a_1^*} \tag{5.18}$$

联立式(5.17) 和式(5.18)

$$a_1^* = \frac{a_1 v_1}{2a_1 t + v_1} \tag{5.19}$$

② 接近匀速的车辆时

假设自车驾驶员主观地认为两车之间的车头时距是 t_{hw}，则

$$d_{lim}=t_{hw}v_1 \tag{5.20}$$

因为前车的行驶状态为匀速，故

$$a_2=0, d_w=tv_{rel}+t_{hw}v_1 \tag{5.21}$$

同样，可将上述的过程等效为车辆以加速度 a_1^* 减速到车辆停止的过程。其中 a_1^* 是自车的平均减速度，则有

$$d_w=\frac{v_1^2}{2a_1^*} \tag{5.22}$$

由式(5.21) 和式(5.22) 可以求得

$$a_1^*=\frac{v_{rel}^2}{2(tv_{rel}+t_{hw}v_1)}(v_1>v_{rel}) \tag{5.23}$$

③ 接近突然减速的车辆时

假设两车间的客观车头时距为 t_{h0}（一般取高速公路上的 $t_{h0}=1.2s$），驾驶员的反应以及制动间隙消除和制动力上升的时间为 t_d，则

$$d_w=v_1t_{h0}-\frac{\Delta at_d^2}{2} \tag{5.24}$$

因此，式(5.15) 表示为

$$d_w=tv_{rel}+\frac{\Delta at^2}{2}+d_{lim} \tag{5.25}$$

由式(5.15)、式(5.24) 和式(5.25) 联立得

$$\Delta a=\frac{2[(t_{h0}-t_{hw})v_1-tv_{rel}]}{t_d^2-t^2} \tag{5.26}$$

Δa、v_{rel}、v_1 是由传感器的测量或者是信号处理得到的数据，模型参数 t_{h0} 是预先设定的，t、t_d、a_1 以及 t_{hw} 是由实车试验获得的，这样，由上述公式可以进行预警距离计算，将预警距离与当前车间距进行比较，来确定发起警报时刻

(3) 马自达公司的行车安全距离算法

马自达公司设计的预警临界距离如下。

$$d_w=\frac{1}{2}\left[\frac{v_1^2}{a}-\frac{(v_1-v_{rel})^2}{a}\right]+v_1\tau+d_0 \tag{5.27}$$

式中，v_1 为自车速度；v_{rel} 为两车的相对速度；a 为假设为相等的两车的最大减速度；τ 为传动系统和驾驶员的延迟时间；d_0 为车头间距。

马自达公司设计的制动临界距离是

$$d_{br}=\frac{1}{2}\left[\frac{v_1^2}{a_1}-\frac{(v_1-v_{rel})^2}{a_2}\right]+v_1\tau_1+v_{rel}\tau_2+d_0 \tag{5.28}$$

式中，v_1 为自车速度；v_{rel} 为两车相对速度；a_1 为自车最大减速度；a_2 为前车最大减速度；τ_1 和 τ_2 均为延迟时间，代表不同意义；d_0 为停车后的两车间距，保证停车后的安全距离。在马自达公司的设计中，一般情况下取 $a_1=6m/s^2$，$a_2=8m/s^2$，$\tau_1=0.1s$，$\tau_2=0.6s$，$d_0=5m$。

(4) 韩国汉阳大学的行车安全距离研究方法

韩国汉阳大学的研究考虑轮胎的路面附着系数，采用轮胎的路面附着系数的估计模型来估计出轮胎的路面附着系数 μ，以此确定的安全距离公式如下。

$$d_{\mathrm{w.\,scaled}}=d_{\mathrm{w}}f(\mu)g(\mathrm{driver}) \tag{5.29}$$

$$d_{\mathrm{w}}=\frac{1}{2}\left[\frac{v_1^2}{a}-\frac{(v_1-v_{\mathrm{rel}})^2}{a}\right]+v_1(T_{\mathrm{s}}+T_{\mathrm{h}})+d_0 \tag{5.30}$$

式中，d_{w} 是临界警报距离；$f(\mu)$ 是轮胎附着力的标定函数；μ 是轮胎的路面附着系数的估值；$g(\mathrm{driver})$ 是驾驶员特性的标定函数；v_1 是自车速度；v_{rel} 是两车相对速度；a 是假设相同的两车最大制动加速度；T_{s} 是系统延迟时间；T_{h} 是驾驶员延迟时间；d_0 是车辆停止后两车车头的间距。

为了减少驾驶员因素的影响，驾驶员特征标定函数必须要准确可靠，故取

$$g_{\min}<g(\mathrm{driver})<g_{\max} \tag{5.31}$$

轮胎附着力的标定函数如下所示。

$$f(\mu)=\begin{cases}f(\mu_{\min})\text{如果 }\mu<\mu_{\min}\\ f(\mu_{\min})+\dfrac{f(\mu_{\mathrm{norm}})-f(\mu_{\min})}{\mu_{\mathrm{norm}}-\mu_{\min}}(\mu-\mu_{\min})\text{如果}\mu_{\min}<\mu<\mu_{\mathrm{norm}}\\ f(\mu_{\mathrm{norm}})\text{如果 }\mu\geqslant\mu_{\mathrm{norm}}\end{cases} \tag{5.32}$$

式中，μ_{norm} 是正常路面的附着系数；$\mu_{\min}$ 是需要考虑的最小路面附着系数。实际中可以设定 $f(\mu_{\mathrm{norm}})=1$，将 μ_{norm}、$\mu_{\min}$ 以及 $f(\mu_{\min})$ 作为可调参数，通过各种方式寻找合适的值，以贴近现实情况。

5.3.3 AEB 系统安全距离模型

根据以上已有的安全距离模型介绍，本书将建立适用于电动汽车自动紧急制动系统的安全距离模型。本书介绍的自动紧急制动系统具有定速巡航、自适应续航、紧急制动这三大功能。针对不同的功能所适用的工况，应该建立不同的安全距离模型。针对定速巡航，该功能适用于前方道路开阔且没有障碍物的情况，自车一般可自由行驶，故不设定安全距离，本小节主要建立针对自适应巡航模式和紧急制动模式的安全距离模型。

(1) 基于车头时距 TH 的自适应巡航安全距离模型

当自车处于自适应巡航驾驶模式时，一般可认为此时的道路行驶状况良好，一定道路长度上的车辆数量不多。自车前方有可以跟驶的车辆在行驶，且行驶状态稳定，自车可跟随前车比较平缓地加速或减速来实现跟车行驶状态。此时的安全距离模型不是针对前车紧急制动的情况，而是希望自车能有一个相对安全的跟车距离，为了同时确保舒适性和安全性，该距离应该大于紧急制动时所设定的安全距离。在本小节中，将设计根据车头时距（Time Headway，TH）得出的自适应巡航安全距离。车头时距指的是在同一车道上行驶的车辆队列中，连续两辆车车头端部通过某一断面的时间间隔，一般用 HT 表示，单位为 s。要设计自适应巡航控制的跟车安全距离，首先需要得知符合一般驾驶员驾驶习惯的车头时距。查阅资料后，得到了北京某条城市快速通道分别在交通拥堵状态（$v=20\mathrm{km/h}$）、亚稳定状态（$v=35\mathrm{km/h}$）以及畅通状态（$v=65\mathrm{km/h}$、$v=75\mathrm{km/h}$）时所观察到的车头时距数据，并用概率密度分布函数（PDF）以及对数正态分布拟合曲线表示在图 5.5 上。

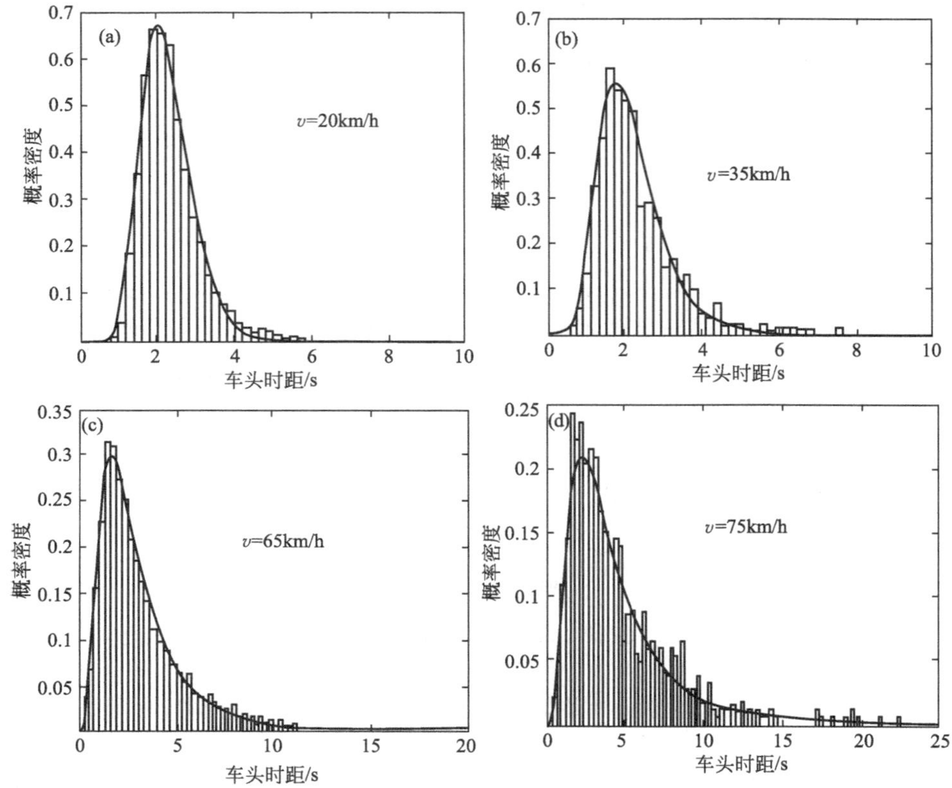

图 5.5 车速为 20km/h、35km/h、65km/h、75km/h 时车头时距分布 PDF
（柱状图为实测车头时距分布 PDF，实线为对数正态分布拟合曲线）

由图 5.5 可知，当车辆速度分别为 20km/h、35km/h、65km/h、75km/h 时，车头时距的对数正态分布拟合曲线的峰值分别是 2.13s、1.75s、1.63s、2.12s。根据数据分析可以发现，车头时距分布 PDF 曲线存在“双峰”甚至是“多峰”的情况，不过无论是在哪个车速下，车头时距分布 PDF 曲线的第一个峰值总是出现在 1.5s 左右，故有理由认为驾驶员在城市道路状况下的期望车头时距在 1.5s 左右。可以由此得出车辆在城市道路自适应巡航模式时的期望安全距离为

$$h_{ds}=1.5v_1 \tag{5.33}$$

式中，h_{ds} 是期望安全距离；v_1 是自车速度。观察式(5.33) 可以发现，当车速非常低时，期望安全距离会趋近于 0，故无法满足安全性要求，为此需要加入一个基础安全距离 h_0，使得两车完全停止后的距离需要大于基础安全距离 h_0，一般取 $h_0=5$m。结合基础安全距离 h_0，可将式(5.33) 变为

$$h_d=1.5v_1+h_0 \tag{5.34}$$

式(5.34) 所求的 h_d 即为自适应巡航模式下的安全距离。

(2) 基于实际制动过程分析的紧急制动安全距离模型

自动紧急制动系统在紧急制动模式下的功能为：当车辆正常行驶时，一旦传感器检测到自车与前车的相对距离小于紧急制动安全距离，则判断车辆进入危险行驶状态，并立即采取应对措施（发起警报或紧急制动），来避免追尾事故的发生。根据自动紧急制动系统的定义，驾驶员在任何情况下都拥有车辆的优先操控权。只有当驾驶员无视系统的报警，车辆已经进

入危险行驶状态时，控制系统才能获得车辆的操控权，进入自动驾驶状态。所以本小节所设计的安全距离模型主要由两部分组成：一是临界警报（预警）距离；二是临界制动距离。

想要建立与制动相关的安全距离，则需要了解一般汽车的制动过程。图 5.6 表示在一般情况下，驾驶员接收到制动信息之后相关制动减速度、制动踏板力和制动时间之间的关系曲线图。

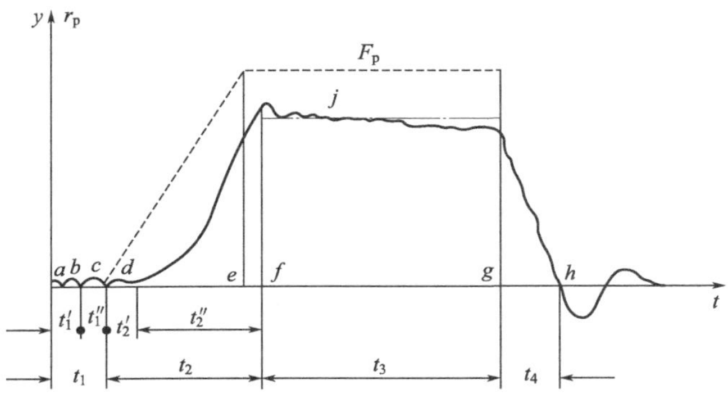

图 5.6　汽车制动过程分析图

典型的车辆制动过程的描述为：驾驶员观察前方交通情况，意识到需要进行紧急制动，于是将右脚移动到制动踏板上并将其踩到底进行紧急制动，整个过程保持踏板位置不变，直至车辆完全停下。整个制动过程可分为以下几个阶段。

① 驾驶员反应时间（t_1）

即驾驶员发现前方有紧急状况，意识到必须进行紧急制动（t'_1），并且将右脚移动到制动踏板上（t''_1）的一整段时间，这两段时间统称为驾驶员反应时间（t_1），通常为 0.3～1.0s。

② 制动器作用时间（t_2）

当驾驶员踩下制动踏板时，需要先消除制动蹄片和制动鼓之间的间隙（t'_2），这段时间称为制动器协调时间。而后制动力开始起作用，从制动力开始增长至达到最大制动力（t''_2）为制动力增长时间，这两段时间统称为制动器作用时间。

③ 制动持续时间（t_3）

在这段时间里，制动力的大小基本保持在最大制动力不变。

④ 放松制动时间（t_4）

当时间到达 g 点时，驾驶员松开踏板，从松开踏板至制动力完全消失的这段时间称为放松制动时间。

为了便于分析，假设制动开始前的自车车速为 v_0，达到最大制动力时的制动减速度为 a_{bmax}（为正数），以下开始分析紧急制动过程中车辆所行驶过的距离。

在驾驶员反应时间（t_1）以及制动器协调时间（t'_2）时，制动力为 0，在此期间车辆加速度为 0，故在此期间车辆行驶过的距离为

$$S_1 = v_0 (t_1 + t'_2) \tag{5.35}$$

在制动力增长（t''_2）阶段，制动力呈线性增长，可得

$$\frac{\mathrm{d}v}{\mathrm{d}t} = -\frac{a_{\text{bmax}}}{t''_2} t \tag{5.36}$$

式(5.36) 变化易得

$$\int \mathrm{d}v = -\frac{a_{\mathrm{bmax}}}{t''_2}\int t\,\mathrm{d}t \tag{5.37}$$

由于 $t=0$ 时，$v=v_0$，故可得

$$v=v_0-\frac{a_{\mathrm{bmax}}}{2t''_2}t^2 \tag{5.38}$$

在制动力增长（t''_2）结束的 f 点时，车速为

$$v_f=v_0-\frac{a_{\mathrm{bmax}}t''_2}{2} \tag{5.39}$$

在制动力增长（t''_2）阶段，车辆行驶过的距离为

$$S_2=\int_0^{t''_2} v\,\mathrm{d}t=\int_0^{t''_2}\left(v_0-\frac{a_{\mathrm{bmax}}}{2t''_2}t^2\right)\mathrm{d}t=v_0 t''_2-\frac{a_{\mathrm{bmax}}}{6}t''^2_2 \tag{5.40}$$

在制动持续（t_3）阶段，车辆以 a_{bmax} 的减速度做匀减速运动，直至车速降低为 0，故

$$S_3=\frac{v_f^2}{2a_{\mathrm{bmax}}}=\frac{v_0^2}{2a_{\mathrm{bmax}}}-\frac{v_0 t''_2}{2}+\frac{a_{\mathrm{bmax}}t''^2_2}{8} \tag{5.41}$$

故总制动距离为

$$S=S_1+S_2+S_3=v_0\left(t_1+t'_2+\frac{t''_2}{2}\right)+\frac{v_0^2}{2a_{\mathrm{bmax}}}-\frac{a_{\mathrm{bmax}}}{24}t''^2_2 \tag{5.42}$$

式(5.42) 即为制动情况下车辆总制动距离的计算公式，可以看出决定汽车制动距离的主要原因是：驾驶员反应时间，制动器作用时间，最大制动减速度和制动起始时的车速。另外可以将式中 $t'_2+t''_2/2$ 设为系统延迟时间。

分析一般的车辆制动过程是建立紧急制动模式下安全距离模型的基础，接下来从行车安全的角度分析紧急制动模式下安全距离模型的构成。一般来说，当前后两辆车在平直公路上行驶时，前后车之间的紧急制动安全距离需要分成三个部分：一是当前车遇到情况突然减速，后车驾驶员在发现和反应的时间内车辆驶过的距离；二是后车在采取减速制动措施来消除与前车的速度差时车辆驶过的距离；三是当两车相对速度差消除时，前后车之间仍需要保持的一个距离。将上述安全距离模型表示成自动紧急制动系统车辆坐标系，如图 5.7 所示。

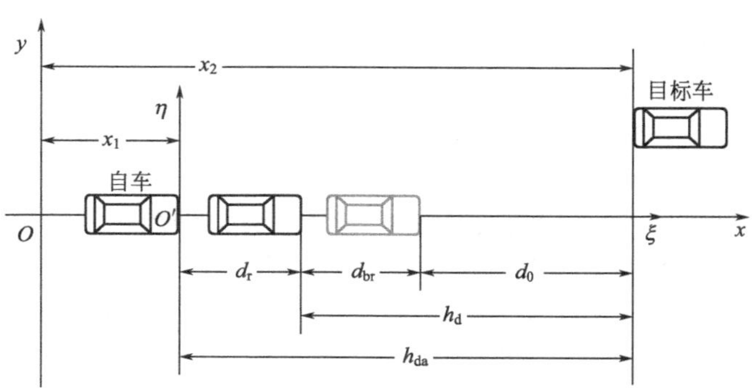

图 5.7 自动紧急制动系统车辆坐标系

紧急制动安全距离模型可表示为

$$h_{\mathrm{da}}=d_{\mathrm{r}}+d_{\mathrm{b}}+d_0 \tag{5.43}$$

式中，h_{da} 表示紧急制动安全距离；d_r 表示在驾驶员反应时间内自车驶过的距离；d_b 表示消除两车速度差时自车驶过的距离；d_0 表示两车达到车速一致时仍需保持的车距，一般情况取 $d_0=5m$。

通过式(5.43) 可知，当前后两车距离大于等于 h_{da} 时，自车驾驶员拥有充足的时间来判断车辆行驶的安全状态并及时做出相应反应，故当传感器检测到两车距离等于 h_{da} 时，只需要发出警报提醒驾驶员即可，故 h_{da} 也可称为临界警报距离。当前后两车距离小于 h_{da} 时，驾驶员已经来不及通过自身操作来确保行车安全，当前后两车距离达到 d_b+d_0 时，自车需要立即开始减速，才可保证行车安全，此时自动紧急制动系统判断车辆进入危险行驶状态，立即控制车辆进行减速，来保证行车安全。故由此可得到紧急制动情况下的临界制动安全距离。

$$h_d=d_b+d_0 \tag{5.44}$$

为便于计算，假设自车减速度为 a_1，自车速度为 v_1，自车驾驶员反应时间为 t_r，系统延迟时间 t_s，前车的减速度为 a_2，速度为 v_2。根据式(5.35)～式(5.42) 所描述的一般车辆制动过程，并适当忽略小量后，可得

$$h_{da}=d_r+d_b+d_0=v_1t_r+v_1t_s+\left(\frac{v_1^2}{2a_1}-\frac{v_2^2}{2a_2}\right)+d_0 \tag{5.45}$$

$$h_d=d_b+d_0=v_1t_s+\left(\frac{v_1^2}{2a_1}-\frac{v_2^2}{2a_2}\right)+d_0 \tag{5.46}$$

观察式(5.46)，可设 $v_{rel}=v_1-v_2$，并且假设两车 $a_1=a_2=a_{max}$，整理可得

$$h_{da}=v_1t_r+v_1t_s+\frac{v_1^2-(v_1-v_{rel})^2}{2a_{max}}+d_0 \tag{5.47}$$

$$h_d=v_1t_s+\frac{v_1^2-(v_1-v_{rel})^2}{2a_{max}}+d_0 \tag{5.48}$$

由于 t_s 远小于 1.5s，故满足上节中所提到的自适应巡航安全距离大于紧急制动情况下的临界制动距离。

至此，本节通过对车辆制动过程的分析，分别建立了临界警报距离模型和临界制动距离模型。此外关于式(5.47) 和式(5.48) 所求得的安全距离模型，还存在没解释的隐含条件，在此一一解释。首先，由于电动汽车的自动紧急制动系统采用电子控制，故控制系统从获得传感器参数到计算出结果再到最终执行命令所花费的时间非常短，短到可以忽略不计，故在上述安全距离模型中并没有考虑这部分过程所需要花的时间以及车辆在这种情况下行驶过的距离。其次，式(5.47) 和式(5.48) 成立的条件是自车能够顺利通过期望减速度消除前后车之间的相对速度，也就是假设自车的最大制动减速度总是大于前车的最大制动减速度。这一假设在某些极端情况下不适用，例如前车发生碰撞突然停止或者前方突然出现横穿马路的行人，这些情况相当于前车的制动减速度无穷大，也就无法保证计算出的安全距离能够确保自车在紧急情况下的行车安全。但仍可以通过调大 d_0 的数值来解决这一问题，故需要在后文的仿真实验中进行测试，来得到可靠的 d_0 值，确保紧急制动安全距离模型的实际可行性。

5.4 下位控制器设计

自动紧急制动系统的核心部分是控制系统，该系统是通过对车辆纵向运动控制来实现功能的。从该系统的特点考虑，控制系统需要满足如下要求：第一，能够快速准确地实现车况

判断并实现控制功能；第二，该系统应该具有较强的抗信号干扰能力，即受应用环境的变化和受控对象状态变化的影响比较小，这需要系统具有较强的鲁棒性；第三，该系统的控制效果需要贴近实际驾驶员的操作性，以此考虑到舒适性。

分层控制是一种模块化控制结构，本书采用上、下两层控制器来实现自动紧急制动系统的控制功能。其中上位控制器属于功能控制器，它的作用是通过传感器收集到的道路信息和自车状态信息计算出自车期望加速度，并传递给下位控制器。下位控制器的输入是期望加速度和实际加速度，输出是控制加速度，被控对象是整车动力学系统。下位控制器的控制目标是保证被控对象能够快速并且精准地实现上位控制器的期望加速度控制指令。本小节将以整车纵向动力学模型为基础，以自动紧急制动系统的设计功能为导向，设计三个控制器，分别为：基于 PID 控制的定速巡航上位控制器、基于最优控制的自适应巡航上位控制器、基于 H_∞ 控制理论的鲁棒下位控制器。

自动紧急制动系统的下位控制器的作用是保证被控对象（整车动力学系统）能够快速并且精确地输出，使得实际加速度接近期望加速度的值，控制一定的误差范围。由于车辆动力学系统是一个复杂的非线性系统，在实现车速控制的过程中存在不规则的响应以及惰性带来的冲击和抖动，所以下位控制器应该具有避免这些干扰的功能。作为控制器的属性，下位控制器应该具有规范的输入、输出特性以及自身的数学模型。众所周知，在一般的控制系统中，系统的鲁棒性和系统响应的准确性、快速性具有一定的负相关，难以兼顾。而鲁棒控制可以较全面地兼顾两方面，目前主要的鲁棒控制理论有 Kharitonov 区间理论、H_∞ 控制理论、结构奇异值理论（μ 理论）等，本小节将使用二自由度 H_∞ 控制理论，来设计自动紧急制动系统的前馈-反馈下位控制器。前馈控制器可以消除被控参量受到的扰动量干扰，来提高系统响应的快速性；反馈控制器可以消除前馈控制器带来的不精确以及其他不可测干扰量带来的影响，来保障控制系统的稳定性和鲁棒性。

5.4.1 系统辨识法求取下位控制对象的数学模型

自动紧急制动系统下位控制器的设计是针对下位控制对象的，所以在进行下位控制器的设计之前，需要先对控制对象进行分析研究。

自动紧急制动系统的下位被控对象是整车的动力学系统，包括车辆纵向逆动力学模型和车辆纵向动力学模型，下位控制对象的输入是下位控制器输出的控制加速度，下位控制对象的输出是实际加速度。在此被控对象系统中，存在许多非线性的环节，例如驱动电动机、轮胎等，无法直接获取传递特性。为了得到下位被控对象的数学模型，本小节将采用系统辨识理论，得到各个工况下下位控制对象的输入和输出之间的关系，拟合出近似数学模型。

在分析设计系统时，首先要建立系统的数学模型。求取环节或者系统传递函数、频率特性的方法，通常可以采用各种科学领域提出的物理定律推演出来。但是实际系统是复杂的，有些系统由于人们对于其结构、参数以及其支配运动的机理不是很了解，常常难于从理论上推导出系统的数学模型。因此一方面需要进行理论分析，另一方面需要借助于实验的方法来求系统的传递函数、频率特征或者系统参数，即利用输入与输出信号来求取系统的频率特征或进行参数估计。这种在测试和分析输入、输出信号的基础上，确定一个能表征所测系统数学模型的方法，即是所谓的系统辨识（System Identification）。

用实验的方法辨识系统的数学模型，通常是施加一定的激励信号，测出系统的响应，借助计算机进行数据处理从而辨识系统。或者根据实测的系统 Bode 图，用渐近线来确定频率特征的有关参数，从而对系统的数学模型做出粗略的估计。常用的激励信号有正弦信号、脉冲信号、三角波、方波或者任意波形。

从频率特征的基本概念出发，给系统输入等幅变频的正弦信号 $R\sin\omega_i t$，测出系统相应的输出 $C_i(\omega)\sin(\omega_i t+\varphi_i)$，则可以求出系统的幅频特性和相频特性为

$$|G(j\omega)|=\frac{C_i(\omega)}{R} \tag{5.49}$$

$$\angle G(j\omega)=\varphi_i(\omega) \tag{5.50}$$

根据系统辨识理论，取车速为 10～80km/h，每间隔 10km/h 设为一个工况，针对每一个工况，对下位控制对象，即自动紧急制动系统的动力学模型输入同幅不同频的正弦信号，并观察记录输出信号，通过式(5.49) 和式(5.50)，利用 Matlab 计算拟合出频响特性伯德图(图 5.8)。

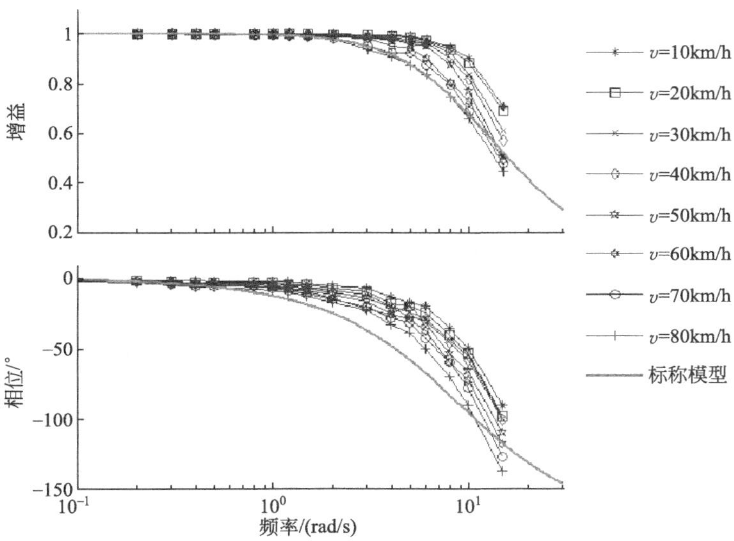

图 5.8　下位控制对象频响特性伯德图

由图 5.8 可以看出，下位控制对象在 10～80km/h 之间的 8 个工况下的频响特性曲线近似于一个惯性环节的频响特性曲线。惯性环节的表达式为

$$G(s)=\frac{1}{Ts+1} \tag{5.51}$$

惯性环节的转折频率是 $1/T$，由图 5.8 可得下位控制对象的频响特性曲线转折频率约为 9rad/s，所以可得 $1/T=9\text{rad/s}$，$T=0.11$。故可取下位控制对象的近似数学模型（标称函数）为

$$P(s)=\frac{1}{0.11s+1} \tag{5.52}$$

将标称函数 $P(s)$ 的频响特性曲线也表示在图 5.8 中，可以发现 $P(s)$ 可以基本代表下位控制对象在各个工况下的平均传递情况。

5.4.2　基于 H_∞ 控制理论的鲁棒下位控制器

H_∞ 控制是一种具有良好鲁棒性的现代鲁棒控制方法，特别适用于某些存在模型摄动的系统。目前常用的 H_∞ 控制的设计方法有基于线性矩阵不等式的 LMI 法、DGKF 法、回路

成形法等。故本小节将使用回路成形法，来建立一个具有前馈-反馈控制的二自由度的 H_{∞} 鲁棒下位控制器。具体做法是利用上述的由系统辨识法得到的下位控制对象的数学模型，来建立前馈和反馈控制器以此形成系统的回路，同时选取一个系统规范模型，使得下位控制对象和下位控制器所组成的下位控制系统能够具有与规范模型相同的输入和输出特性。于是先建立鲁棒下位控制系统的框图（图 5.9）。

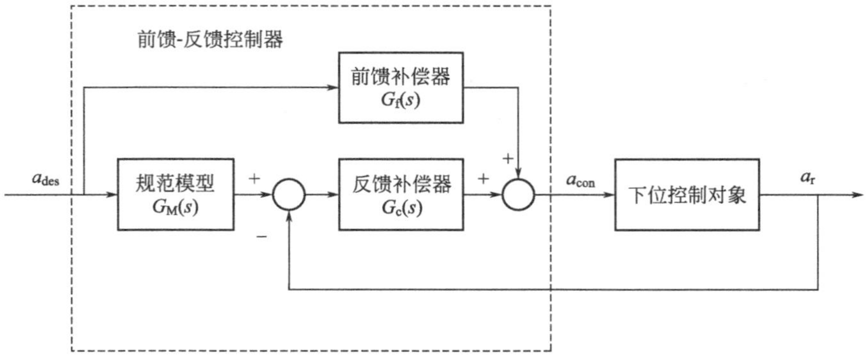

图 5.9　鲁棒下位控制系统的框图

在图 5.9 中，a_{des} 表示由上位控制器计算得出的期望加速度，a_{con} 表示由下位控制器输出的控制加速度，a_r 表示由下位控制对象输出的实际加速度。从图 5.9 可以看出，下位控制器是由规范模型、反馈补偿器和前馈补偿器组成的前馈-反馈控制器。其中规范模型的作用是确定下位控制系统的规范输入和输出特性，反馈补偿器的作用是提高控制器的鲁棒性，而前馈补偿器的作用是提高系统的响应速度。以下将进行具体的控制器设计过程。

根据图 5.9 所示鲁棒下位控制系统，利用自动控制原理中的框图变换法则，可以得到输入和输出之间的传递函数

$$T=P\frac{G_f+G_M G_c}{1+PG_c} \tag{5.53}$$

式中，T 表示鲁棒下位系统的传递函数；P 表示下位控制对象；G_f 表示前馈补偿器；G_M 表示规范模型；G_c 表示反馈补偿器。

此处取

$$G_f=\frac{G_M}{P} \tag{5.54}$$

将式(5.54) 带入式(5.53) 可得

$$T=G_M \tag{5.55}$$

由式(5.55) 可发现，在理想情况下，下位控制器的控制要求仅需前馈控制器即可实现。但是在实际情况下，系统无法避免受到各种外部扰动的影响，为此就需要加入反馈补偿器，来增强控制系统的鲁棒性。

规范模型 G_M 的选取具有一条原则，即保证系统响应的规范性要求。此外，根据式(5.54) 可发现，前馈补偿器的表达式受到规范模型的选取的影响，为了降低前馈补偿器的阶次，取一次延迟函数作为规范模型，根据一般经验，本小节选取鲁棒下位控制器的规范模型为

$$G_M(s)=\frac{1}{s+1} \tag{5.56}$$

将式(5.52)和式(5.56)带入式(5.54)可以得到前馈补偿器的表达式。

$$G_f=\frac{0.11s+1}{s+1} \tag{5.57}$$

为确保鲁棒下位控制器的鲁棒性要求，用于提高系统鲁棒性的反馈补偿器可以如此设计。考虑到反馈补偿器需要抑制外部扰动，而外部扰动的抑制特性是由闭环系统对于外部扰动的灵敏度决定的，设鲁棒下位控制系统对于外部扰动的灵敏度为 $S(s)$，一般 $S(s)$ 可以表示为以下形式。

$$S(s)=\frac{S_N(s)}{S_D(s)} \tag{5.58}$$

针对闭环系统对于外部扰动的灵敏度，提出以下三点要求。

① 闭环系统对于低频扰动应该具有较低的灵敏度。

② 闭环系统应该具有鲁棒伺服特性。

③ 在高频输入下，闭环系统的反馈补偿器应该具有较低增益。

上述的第一点要求是设计反馈补偿器的基本要求，第二点要求是针对本书的反馈补偿器的设计依据。鲁棒伺服特性，指的是闭环系统在受到扰动 P 的情况下，能够控制系统偏差的目标值是一定的常数的特性。第三点要求是鲁棒伺服特性的必要条件。根据控制系统原理，闭环系统的灵敏度可表示为

$$S(s)=\frac{1}{1+P(s)G_c(s)} \tag{5.59}$$

可得到

$$G_c(s)=\frac{1}{S(s)P(s)}-\frac{1}{P(s)} \tag{5.60}$$

根据反馈补偿器的第二点设计要求，可以给 $G_c(s)$ 设计一个积分环节，由式(5.60)可以发现，$S(s)^{-1}$ 也该具有一个积分环节，结合式(5.58)可得

$$S_N(s)=sS'_N(s) \tag{5.61}$$

$$S'_N(0)\neq 0 \tag{5.62}$$

$$S'_D(0)\neq 0 \tag{5.63}$$

根据反馈补偿器的第三点设计要求，在高频的输入下，反馈补偿器应该具有较低的增益，则可表达为

$$\lim_{w\to\infty} S(jw)=1 \tag{5.64}$$

在式(5.64)的条件下，可以做一个简单的设计。

$$S'_N(s)=1 \tag{5.65}$$

如此条件下，$S_D(s)$ 可以化简为一个简单的一次式。

根据式(5.58)和式(5.65)可以得

$$S(s)=\frac{s}{s+w} \tag{5.66}$$

式(5.66)中的 w 是用于调整闭环控制系统的鲁棒稳定性的，在此取值为 $w=1.5$。于是式(5.66)可变为

$$S(s)=\frac{s}{s+1.5} \tag{5.67}$$

将式(5.67) 带入式(5.60) 可得到反馈补偿器的表达式。

$$G_c(s)=\frac{0.165s+1.5}{s} \tag{5.68}$$

至此，自动紧急制动系统的鲁棒下位控制器设计完成，在 Simulink 中通过仿真模型实现，如图 5.10 所示。

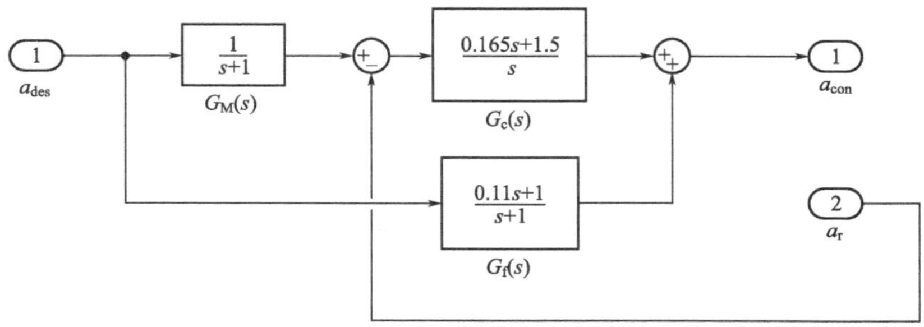

图 5.10 鲁棒下位控制器 Simulink 模型

5.5 上位控制器设计

5.5.1 定速巡航上位控制器设计

自动紧急制动系统具有定速巡航的功能，此时可以启动自动紧急制动系统的定速巡航模式。在定速巡航模式下，自车应该按照设定车速匀速行驶。由于定速巡航控制的功能较为简单，故选用较为成熟的 PID 控制即可满足要求。PID 控制系统的原理如图 5.11 所示。

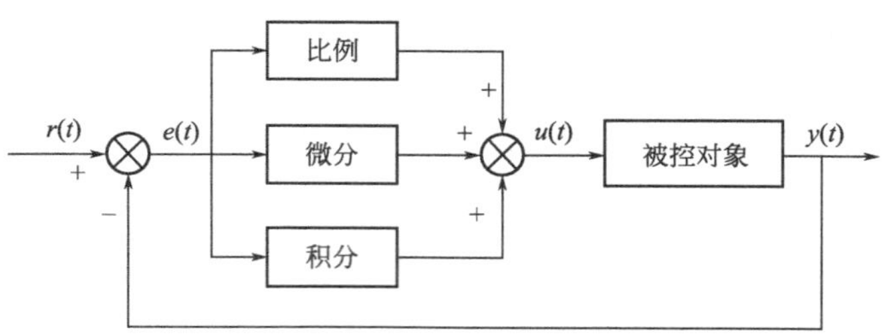

图 5.11 PID 控制系统的原理

PID 控制分为三部分，分别为比例控制、积分控制、微分控制，三种控制的特点如下。

(1) 比例控制的特点

当误差产生时，比例项就开始起到控制调节作用，使得被控量朝着误差减小的方向变化，比例项的输出与输入的误差信号成反比，控制作用的强弱受到比例系数大小的影响，比例系数越大，消除误差能力越强。但是过大的比例系数会对具有自平衡能力的被控对象产生静态误差，造成系统的不稳定。

(2) 积分控制的特点

积分的作用是消除系统的稳态误差，当系统存在误差时，积分项能够对误差进行记忆并且积累，最终用于消除静态误差。理论上来说，只需要有足够的时间，积分控制便能够完全消除系统的误差。但是积分作用存在滞后特性，太强的积分作用会导致被控对象的动态特性变差，导致系统容易出现振荡。

(3) 微分控制的特点

微分控制是通过对误差信号进行微分处理，从而提前预测出误差的变化趋势。微分控制可以加快系统的响应速度，减少超调量，提高系统稳定性。缺点是微分控制在提高系统灵敏度的同时，提高了对干扰信号的灵敏度，使系统容易受到干扰信号的影响。

关于定速巡航 PID 上位控制器，用 $v_{set}(t)$ 表示设定速度，用 $v_r(t)$ 表示实际速度，则两者的差值即为误差。

$$e(t)=v_{set}(t)-v_r(t) \tag{5.69}$$

故定速巡航 PID 上位控制器可表示为

$$u(t)=k_P e(t)+k_I\int e(t)\mathrm{d}t+k_D\dot{e}(t) \tag{5.70}$$

式中，k_P 表示比例系数；k_I 表示积分系数；k_D 表示微分系数。这三个参数的确定方式在总体上分为两种：一种是通过理论计算来整定的方式，这需要有非常精确的系统数学模型和传递函数，通过理论计算来确定三个参数的数值，并通过工程实践的调整和修改；另一种是工程试凑法，通过工程经验和大量的试验来确定合适的三个参数数值。本小节通过工程试凑法，得到了一组控制效果不错的参数，取 $k_P=0.8$，$k_I=0$，$k_D=0.86$。

又由于定速巡航模式下的路况良好，故在加速度控制方面需要考虑成员舒适性，因此要求定速巡航控制的加速度绝对值不应过大。所以在 Simulink 的定速巡航 PID 上位控制器模型中加入一个饱和限定函数，设定速巡航的期望加速度值在 $-2\sim2\text{m/s}^2$ 区间内。

综上所述，在 Simulink 中建立了定速巡航 PID 上位控制器，如图 5.12 所示。

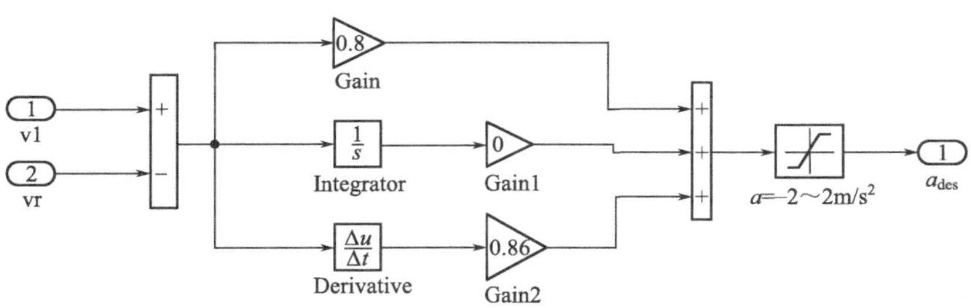

图 5.12　定速巡航 PID 上位控制器 Simulink 模型

5.5.2 自适应巡航上位控制器设计

自适应巡航是自动紧急制动系统中比较实用的一个功能。按照总体功能设计，自适应巡航系统的功能是控制自车在保持一定安全距离的情况下，对前车进行跟驶，在跟驶过程中自车需要根据前车的速度变化自动调节车速，在保证车辆行驶安全性的前提下，保持与前车之间的安全距离，降低驾驶员的疲劳感。在跟驶的过程中，自车与前车的速度、加速度、距离等参数都处于不断的变化中，故需要一个优秀的控制算法来保证良好的控制效果，本小节将采用最优控制理论，来设计一个自适应巡航上位控制器。

(1) 最优控制理论

在现代控制理论中，最优控制原理占有了很重要的一席地位，它不仅在航空航天领域具有成功的应用先例，在汽车主动悬架控制、ABS 控制中也有成熟的应用体系。最优控制理论能够解决的问题是，按照控制对象的动态特性，选择一个允许控制，使得被控对象按照技术要求运行，并使得给定的性能指标达到最优值，从数学的观点来看，就是求一类约束条件的泛函极值问题。

当一个线性系统性能指标泛函是状态变量和控制变量的二次型函数的积分，并且由状态变量构成线性状态反馈系统时，则这样的最优控制称为线性二次型最优控制。线性二次型最优控制的最优解可以用统一的解析式表示，且可得到一个简单的线性状态反馈控制率而构成一个闭环最优控制系统，这对于在工程上实现最优控制具有现实意义，同时，线性二次型问题可以有效减小开环控制的误差，使控制系统更加精确。另外，二次型最优控制的解析解可以表达为

$$u(t)=-R^{-1}B^{T}Px(t) \tag{5.71}$$

式(5.71) 中的 B 和 R 都是已知量，P 是 Riccati 方程的解，这就表示可以将对于最优控制的求解问题转化为求解一个非线性 Riccati 微分方程或者代数方程的问题。而 Riccati 方程的求解问题已经是一个成熟的研究，且有诸多计算程序可以借鉴，这使得二次型最优控制的应用范围大大提升。

(2) 最优控制器设计

在自适应巡航的工况下，通过传感器可得自车与前车的速度、加速度、距离等参数，分析这些参数得到如下关系。

$$\dot{\sigma}=\dot{x}_2-\dot{x}_1 \tag{5.72}$$

式中，$\dot{x}_1$表示自车的实际速度；$\dot{x}_2$表示前车的实际速度；$\dot{\sigma}$ 表示自车与前车之间的相对速度。

此外，根据自车期望加速度和自车加速度的传递关系可以得

$$a_{\text{des}}=\ddot{x}_1+\dddot{x}_1 \tag{5.73}$$

式中，a_{des} 表示自车期望加速度；$\ddot{x}_1$表示自车实际加速度；$\dddot{x}$ 表示加速度变化率。

取系统状态的向量为

$$X=\begin{bmatrix}\sigma\\ \dot{\sigma}\\ \ddot{x}_1\end{bmatrix} \tag{5.74}$$

系统的控制量为 $u=a_{\text{des}}$，系统的输出量为 $Y=\sigma$，把前车的加速度当作系统的外部干扰处理，即 $w=\ddot{x}_2$，结合式(5.72)～式(5.74) 可得自适应巡航控制系统的状态空间模型如下。

$$\dot{X}=AX+Bu+\Gamma w \tag{5.75}$$

$$Y=CX \tag{5.76}$$

式中

$$A=\begin{bmatrix}0 & 1 & 0\\ 0 & 0 & -1\\ 0 & 0 & -1\end{bmatrix} \tag{5.77}$$

$$B=\begin{bmatrix}0\\ 0\\ 1\end{bmatrix} \tag{5.78}$$

$$\Gamma=\begin{bmatrix}0\\1\\0\end{bmatrix} \tag{5.79}$$

$$C=\begin{bmatrix}1 & 0 & 0\end{bmatrix} \tag{5.80}$$

所以自适应巡航控制器的设计问题归结为：对于式(5.75) 和式(5.76) 所示的自适应巡航跟驰系统，设计合适的状态反馈控制规律，使系统输出量即自车与前车之间的实际距离 σ 能够跟踪系统输入的自适应巡航期望安全距离 y，且不消耗太多的控制能量（就是以最小的加速度控制实现期望的控制），这是一个二次型最优跟踪问题，定义控制误差为自适应巡航期望安全距离和实际距离的差值。

$$e(t)=y(t)-\sigma(t) \tag{5.81}$$

按照最优跟踪控制原理，提出一个性能指标目标函数 J 作为度量标准。

$$J=\frac{1}{2}\int_0^{\infty}\left[q_e e^2(t)+r_u u^2(t)\right]\mathrm{d}t \tag{5.82}$$

需要寻求最优控制 u，使得性能指标目标函数 J 取到极小值，其中 q_e、r_u 分别为控制误差和控制量的加权值。

根据最优跟踪问题的求解方式，对于式(5.27)、式(5.28) 和式(5.34) 所示控制指标，控制器的函数表达式如下。

$$u=k_1(\sigma-y)+k_2\dot{\sigma}-k_3\ddot{x}_1 \tag{5.83}$$

式中，$k_1 \sim k_3$ 是根据最优跟踪问题的求解方法求得的状态反馈系数。而 y 则是自适应巡航期望安全距离，可得

$$y=1.5\dot{x}_1+d_0 \tag{5.84}$$

式(5.82) 中，设置不同的 q_e 和 r_u 值会求得不同的反馈系数 $k_1 \sim k_3$，q_e 和 r_u 的相对大小反映了控制性能指标中对于控制误差和控制消耗能量的重视程度。最终确定了本书选取的控制误差加权和控制量加权，取 $q_e=1$，$r_u=8$，利用 Matlab 自带的公式计算，求解出三个状态反馈系数：$k_1=0.3842$，$k_2=1.1363$，$k_3=0.8249$，将求解出的系数带入式(5.83) 可得

$$a_{des}=0.3842(\sigma-y)+1.1363\dot{\sigma}-0.8249\ddot{x}_1 \tag{5.85}$$

根据式(5.85) 可以建立自适应巡航最优上位控制器 Simulink 模型，如图 5.13 所示。

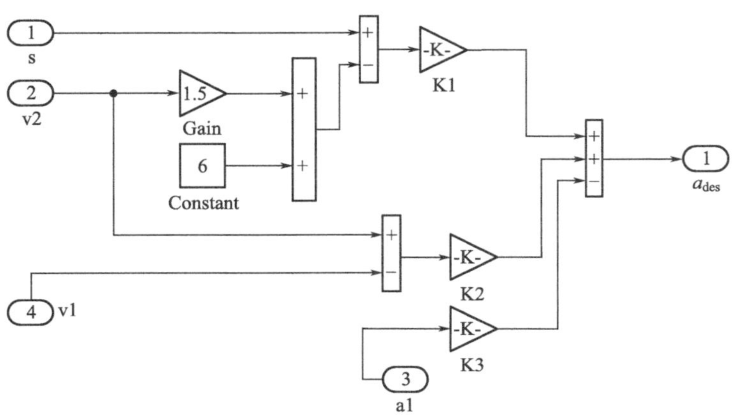

图 5.13　自适应巡航最优上位控制器 Simulink 模型

5.6 控制策略 Simulink 模型

5.6.1 定速巡航模型

根据前文描述的车辆动力学模型、逆动力学模型和定速巡航 PID 上位控制器和鲁棒性下位控制器，在 Simulink 中建立如图 5.14 所示的定速巡航仿真模型。

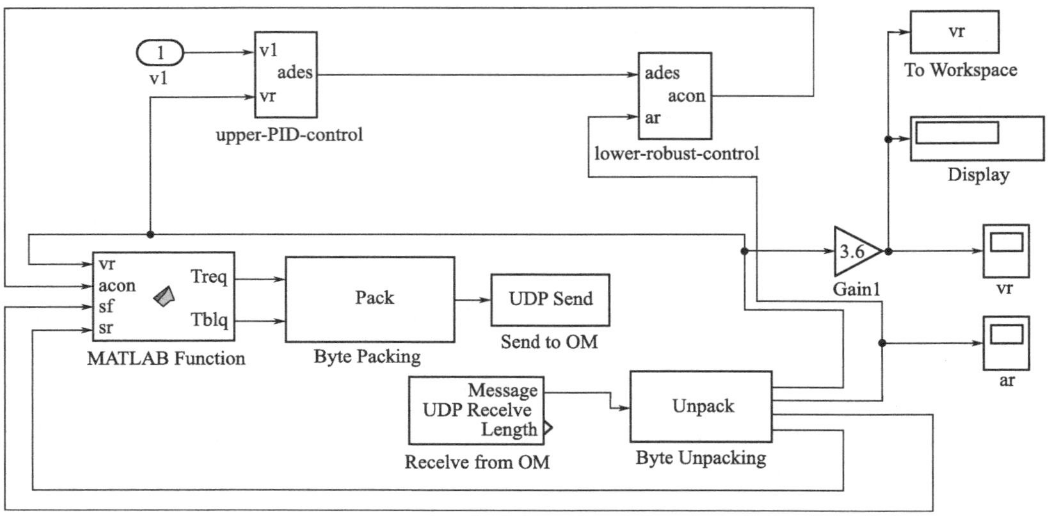

图 5.14　定速巡航联合仿真模型

5.6.2 自适应巡航模型

根据前文描述的整车动力学建模、自适应巡航安全距离模型以及自适应巡航最优控制器的建立，可以在 Simulink 中建立如图 5.15 的仿真模型。

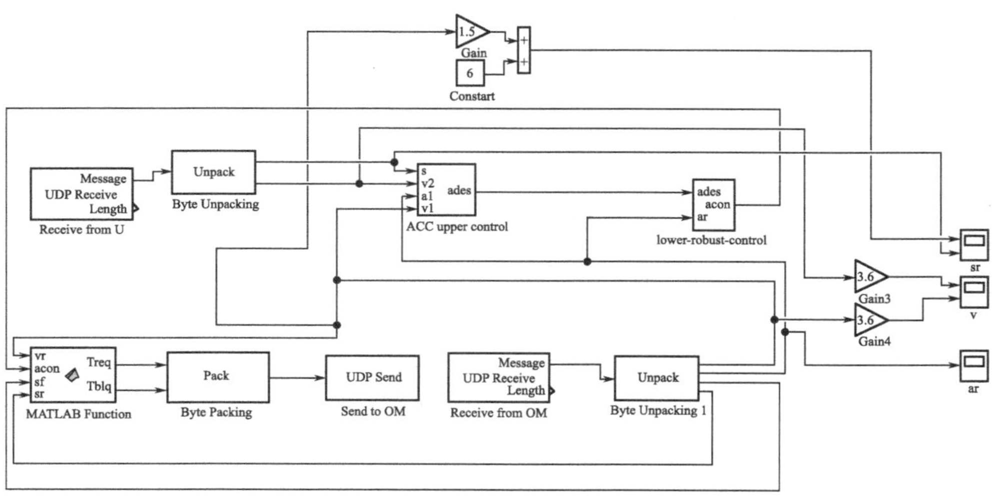

图 5.15　自适应巡航联合仿真模型

在自适应巡航仿真过程中，需要有前车的运动参数，为了较为真实地反映实际情况下车辆运动情况，在Unity的城市环境中加入了一辆用于自适应巡航仿真试验的前车。通过Unity传输到Simulink的实时前车速度与实时两车距离，以及计算获得的自车实时加速度和速度，来计算并控制自车的运动加速度。本次试验在Unity中设置前车的运动情况如表5.1所示。

表5.1 自适应巡航仿真前车工况

时间/s	前车工况
0～10	以40km/h的速度匀速行驶
10～20	匀加速至60km/h
20～25	以60km/h的速度匀速行驶
25～30	匀减速至50km/h
30～35	以50km/h的速度匀速行驶
35～40	匀加速至65km/h
40～60	以65km/h的速度匀速行驶

5.6.3 紧急制动模型

在本书第4章中，基于实际制动过程推导出了临界值动安全距离模型。

$$h_d = v_1 t_s + \frac{v_1^2 - (v_1 - v_{rel})^2}{2a_{max}} + d_0 \tag{5.86}$$

在本小节中设 $a_{max} = 7.8\text{m/s}^2$，故可根据式(5.86)，在Simulink中建立紧急制动的临界制动安全距离模型，如图5.16所示。

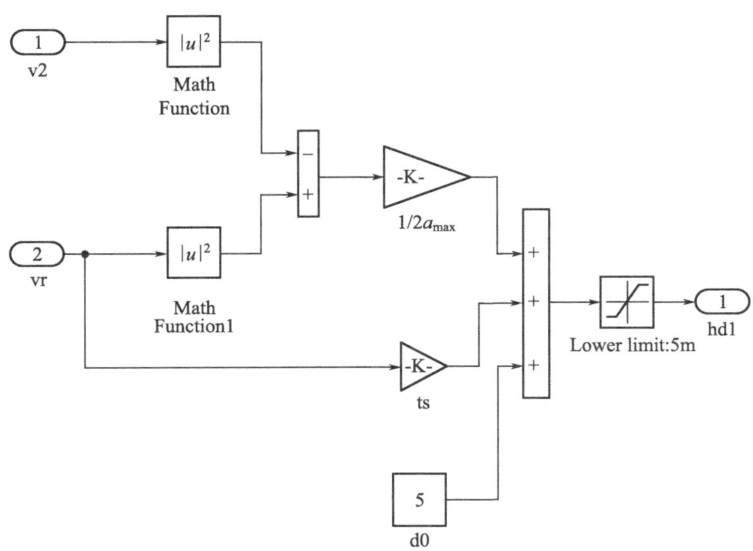

图5.16 临界制动安全距离Simulink模型

在实际生活中，车辆在城市道路遇到紧急制动的典型工况往往有两种：第一种，在城市开阔道路行驶时，前车突然刹车，导致自车的跟车距离过近，自车需要紧急制动来避免追尾事故，保证行车安全；第二种，在城市复杂道路行驶时，遇到突然横穿马路的行人或者动物，需要自车紧急制动，避免交通事故的产生。如图 5.17 所示为紧急制动工况仿真整体模型。

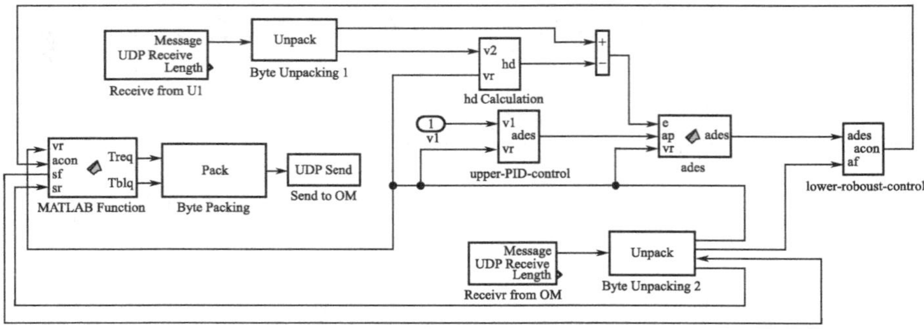

图 5.17　紧急制动联合仿真整体模型

第6章 ADAS虚拟仿真测试案例

6.1 用户数据报协议概述

用户数据报协议（User Datagram Protocal，UDP）是一种面向无连接的传输层协议，UDP为应用程序提供了一种无须建立连接就可以发送封装的IP数据报文的方法。互联网的传输层有两个主要协议，无连接和面向连接各一个，两个协议互为补充。无连接协议是UDP，它给应用程序提供发送数据包功能并允许它们在所需的层次之上架构自己的协议。UDP的协议通常运行在用户空间，因而可以把对UDP的使用视为应用程序。面向连接的协议是TCP。TCP协议是面向连接的数据发送协议，客户端和服务器端要建立连接，数据发送后，客户端和服务器端应断开连接。以上特点都决定了TCP协议影响数据包发送的速度，增加服务器和客户端的开销。

UDP传输的段由8字节的头和有效载荷字段构成。图6.1描述了头信息，两个端口分别用来标识源机器和目标机器内部的端点。当一个UDP数据包到来时，它的有效载荷被递交给与目标端口相关联的那个进程。在调用了BIND原语或者其他类似的原语之后，这种关联关系就建立起来。可以把端口看作应用程序租来接收数据包的邮箱。采用UDP而不是原始IP的最主要价值在于增加了源端口和目标端口。如果没有端口字段，传输层将无从知道如何处理每个入境数据包；而有了端口字段之后，它就能把内嵌的段，传递给正确的应用程序处理。

当接收端必须将应答返回给源端时，源端口字段则是必需的。只要将入境段中的源端口字段复制到出境段中的目标端口字段，接收端就指定由发送端机器上的哪个进程来接收应答。UDP长度字段包括8字节的头和数据两部分的总长度。最小长度是8个字节，刚好覆盖UDP头。最大长度是65515字节，恰好低于填满16bit的最大字节数，而这是由IP数据包限制的。

一个可选的校验和 UDP Checksum 字段还提供了额外的可靠性。它校验头、数据和概念性的 IP 伪头。执行校验和计算时，校验和字段先被设置为零，如果数据字段的长度是奇数，则用零填充成偶字节。校验和算法很简单，先按 16 位字节的补码相加求和，然后再取总和的补码。因此，当接收端对整个段计算校验和时，要包括 UDP 校验和字段，正确的结果应该为 0。如果发送端口没有计算校验和，则该字段填值均为 0，因为补码计算结果可能碰巧真的是 0，则存储为全 1。然而，关闭校验和计算不是明智之举，除非数据传输的质量并不重要。

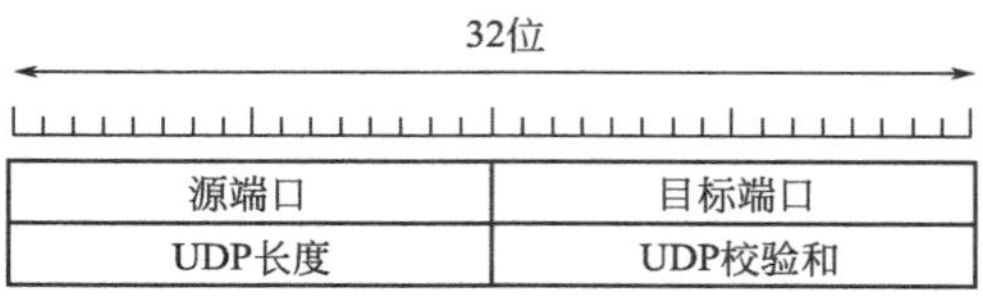

图 6.1　UDP 头格式

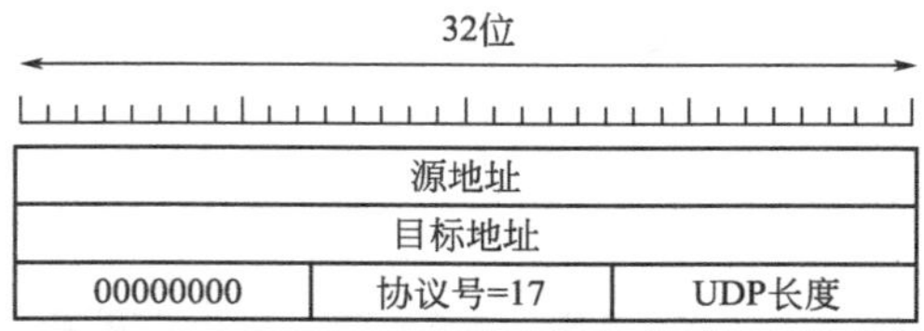

图 6.2　UDP 校验和包括了 IPv4 伪头

IPv4 的伪头部分如图 6.2 所示，它包含源机器和目标机器的 32 位 IP 地址、UDP 协议号以及 UDP 段（包括头）的字节计数。IPv6 的伪头与其类似，但有些许不同。在 UDP 校验和计算中包含伪头将有助于检测出被错误递交的数据包，但是传输层在计算校验和时需要地址的做法违反了协议分层原则，因为 IP 地址属于 IP 层，而不属于 UDP 层。TCP 在计算校验和的时候也使用了统一的伪头。

值得一提的是，此过程 UDP 没有参与，它没有流星控制、拥塞控制，或者接收到一个坏段后的重传机制。所有一切都必须由用户进程来完成，它只是提供了一个与 IP 协议的接口，并在此接口上增加通过端口号复用多个进程的功能，以及可选的端到端错误检测功能，这就是 UDP 所做的一切。

对于需要对数据包流实施精确控制、错误检测或者时序功能的应用，UDP 提供的服务恰到好处。UDP 协议特别有用的一个领域是客户端一服务器应用开发。一般情况下，客户端向服务器发送一个简短的请求报文，并期待来自服务器的简短回复报文。如果请求或恢复报文丢失，客户端就会超时，然后再试一次。以 UDP 实现的代码相比需要初始建立连接的协议（比如 TCP）不仅代码简单，而且需要交换的报文也少。因为对于连接来说，每个方向都需要一份。以此方式使用 UDP 的一个应用是域名系统（DNS）。如果一个程序需要查询某个主机名的 IP，那么它可以给 DNS 服务器发送一个包含该主机名的 UDP 数据包。服务器用一个包含该主机、IP 地址的 UDP 数据包作为应答。事先不需要建立连接，事后也不需要释放连接，只有两条消息通过网络就可以实现。

6.1.1　远程过程调用

在某种意义上，向一台远程主机发送一个消息并获得一个应答，就如同在编程语言中执行一个函数调用一样。在这两种情形下，启动时都需要提供一个或者多个参数，然后获得一个结果。远程过程调用（Remote Procedure Cal，RPC）技术指的是，当机器 1 上的进程调用机器 2 上的一个过程时，机器 1 上的调用进程被挂起，而机器 2 上的被调用过程则开始执行。信息以参数的形式从调用方传输到被调用方，而过程的执行结果则从反方向传递回来。应用程序员看不到任何消息的传递。调用过程称为客户，被调用过程称为服务器。

如图 6.3 所示为执行 RPC 的实际步骤。第 1 步时客户调用客户存根，这是一个本地过程的调用，其参数按照常规的方式压入到栈中。在第 2 步，客户存根将参数封装到一个消息中，然后通过系统调用发送该消息。封装参数的过程称为列集。在第 3 步，操作系统将消息从客户机器发送到服务机器上。在第 4 步，操作系统将入境数据包传递给服务器存根。在第 5 步，服务器存根利用散集得到的参数调用服务器过程。调用的结果是沿着相反的方向按照同样的路径传递。

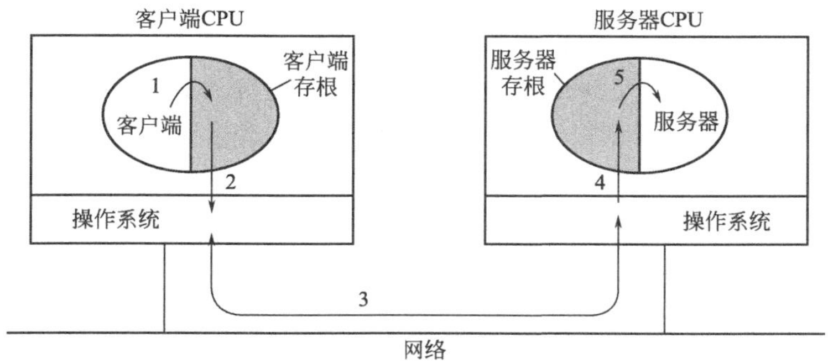

图 6.3　执行 RPC 的实际步骤（阴影表示存根）

用户编写的客户过程只是按照普通过程调用的方式来调用客户存根，而且客户存根与服务器过程有同样的名字。由于客户过程和客户存根在同样的地址空间中，所以参数的传递也是按照通常的方式进行。类似地，服务器过程被同一地址空间中的一个过程调用，并且它接收到的也正好是它所期望的参数。按照这种方式，网络通信并不是在套接字上完成输入和输出，而是通过仿造一个普通的过程调用来完成的。

6.1.2　阻塞式套接字

套接字，是支持 TCP/UDP 网络通信的基本操作单元，可以看作是不同主机之间的进程进行双向通信的端点，简单地说就是通信的两方的一种约定，用套接字中的相关函数来完成通信过程。Windows 套接字在阻塞和非阻塞两种模式下执行输入、输出操作。在阻塞模式下，在输入、输出操作完成前，执行的操作函数一直等候而不会立即返回，该函数所在的线程会阻塞在这里。相反，在非阻塞模式下，套接字函数会立即返回，而不管输入、输出是否完成，该函数所在的线程会继续运行。当调用 recv() 函数时，系统会检查是否有已经准备好的数据。若数据未准备好，那么系统就会进入等待状态。而当数据准备好后，系统会将数据从缓冲区复制到用户空间，而后，该函数会返回。因此，在套接字应用程序中，每次调用 recv() 函数，用户空间不一定已经存在数据，于是 recv() 函数就会进入等待状态。

而当调用 socket() 函数和 WSASocket() 函数创建套接字时，默认套接字都是阻塞的。这意味着当调用 WindowsSocketsAPI 不能立即完成时，线程处于等待状态，直到操作完成。但并不是所有 WindowsSocketsAPI 以阻塞套接字为参数调用都会发生阻塞。例如，以阻塞模式的套接字为参数调用 bind()、listen() 函数时，函数会立即返回。将阻塞套接字的 WindowsSocketsAPI 调用分为以下四种。

第一，输入操作，包括 recv()、recvfrom()、WSARecv() 和 WSARecvfrom() 函数。以阻塞套接字为参数调用该函数，用于接收数据。如果此时套接字缓冲区内没有数据可读，则调用线程在数据进入前会一直处于睡眠状态。第二，输出操作，包括 send()、sendto()、

WSASend() 和 WSASendto() 函数。以阻塞套接字为参数调用该函数发送数据。如果套接字缓冲区没有可用空间，线程会一直睡眠，直到有空间。第三，接受连接，包括 accept() 和 WSAAcept0 函数。以阻塞套接字为参数调用该函数，等待接受对方的连接请求。如果此时没有连接请求，线程就会进入睡眠状态。第四，外出连接，包括 connect() 和 WSAConnect() 函数。对于 TCP 连接，客户端以阻塞套接字为参数，调用该函数向服务器发起连接。该函数在收到服务器的应答前，不会返回。这意味着 TCP 连接总会等待至少到服务器的一次往返时间。

使用阻塞模式的套接字，开发网络程序比较简单，容易实现。如果开发者希望应用程序能够立即发送和接收数据，且处理的套接字数量比较少的情况下，使用阻塞模式来开发网络程序比较合适。阻塞模式套接字的不足是在大量已建好的套接字线程之间进行通信会比较困难。这是因为，当使用“服务端-客户端”模型开发网络程序时，系统会为每个套接字都分别分配一个读线程、一个处理数据线程和一个用于同步的事件，这样会加大系统的空间使用。所以，使用阻塞式套接字最大的不足是，当开发者希望同时能处理大量套接字时，系统将无从下手，因此该套接字的扩展性很差。但此研究所传输的数据较少，因而选择使用阻塞式套接字用于数据传输。

6.2 OpenModelica 和 Simulink 的 UDP 通信实现

6.2.1 OpenModelica 中的 UDP 通信模块

OpenModelica 中有开源的 Modelica 模型标准库（MSL），如图 6.4 所示，便于用户开展物理系统的建模和仿真，而不需开发底层基本的组件模型。随着 Modelica 的建模应用越来越广，与其他环境进行交互的情况也日益增多。典型的例子有，人在环模拟器（HITL），包括飞行、驾驶和海上训练模拟器，硬件在环（HIL）以及离线过程模拟器等。这些模拟过程不能独立的完成，而需要结合外部的应用程序。

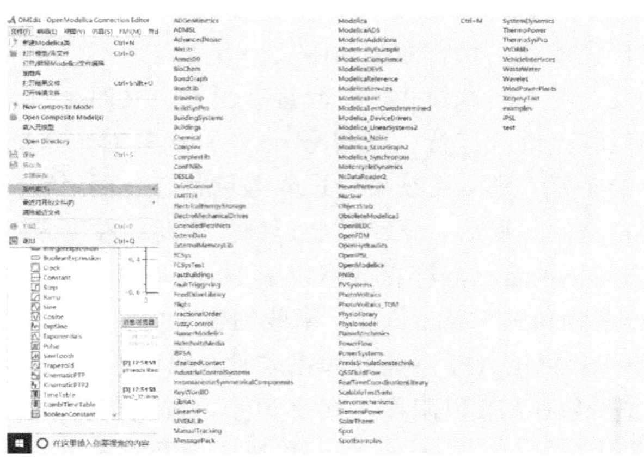

图 6.4 Modelica 模型标准库

为了满足这些需求，Modelica-Device Drivers 库（MDD）作为开源库，于 2012 年发布。一些开发环境为嵌入式控制应用的实时仿真或基于模型开发提供工具链，其中一些环境可以与 MDD 库配合使用，将 Modelica 工具生成的代码封装到相应的第三方工具内部代表中，并且可借此连接到相应开发环境中的硬件设备。MDD 库允许 Modelica 模型通过使用 Modelica 外部 C 接口访问硬件设备，调用底层操作系统提供的相应 C 驱动程序功能。

MDD 库，按图 6.5 所示，分为三层，提供了两种高级的拖放块接口（Blocks 和 ClockedBlocks），也可以直接调用底层的函数。MDD 库支持 Windows 和 Linux 作为主要平台，但原型工作也直接面向广泛应用的嵌入式系统板。

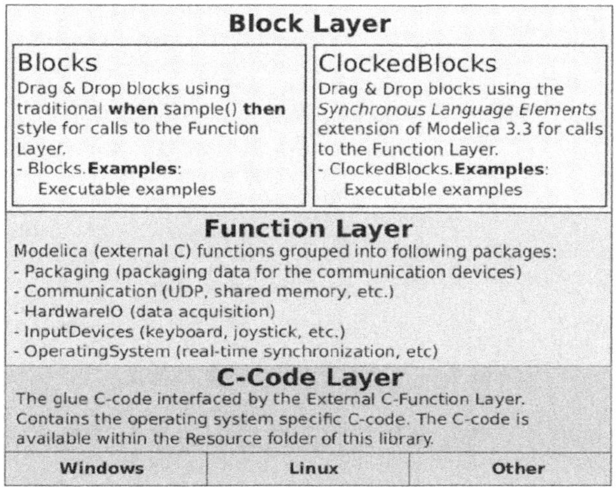

图 6.5　MDD 层结构

当访问硬件设备时，Modelica 模型或应用程序从函数层调用 Modelica 函数。这些 Modehca 函数为底层的 C 代码层提供通用接口，由 Modelica 的外部函数接口访问。平台差异化在 C 代码层中处理，该代码层使用预处理器指令来包含、排除特定于平台的代码。MDDSerialPackager 模块以及通信模块支持 UDP 或共享内存通信。这类通信需要使用通用封装的概念来发送或接收数据。因此，相同的封装模块可以用于不同的通信设备。图 6.6 显示了用于将预定义类型 Boolean、Integer、Real 和 String 的 Modelica 变量序列化为“包”的可用块。Real 类型可以打包为双精度或作为单精度浮点数。它允许分别向包中或从包中分别添加或检索固定大小的矢量。此外，库中有相应的将收到的数据包解封装，并转变为正确类型的 Modelica 变量的模块。

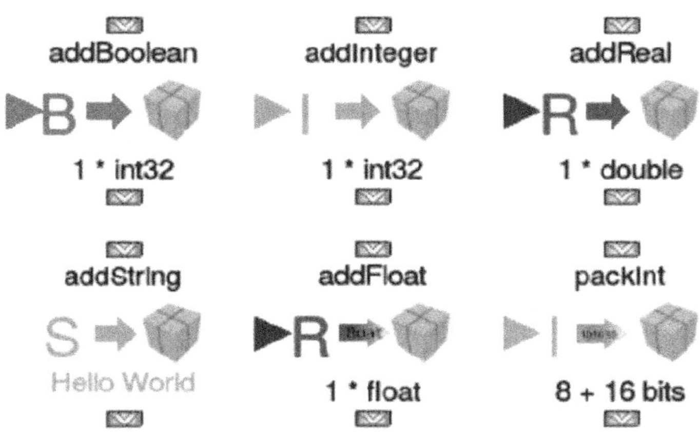

图 6.6　添加变量的封装模块

在数据完成封装后，连接至 UDP 发送模块。如图 6.7 所示是 UDP 发送模块的参数设置。根据 UDP 的数据传输规则，需要设定所传输数据包的数据大小、UDP 服务端的 IP 地址和接收端的端 D 号。

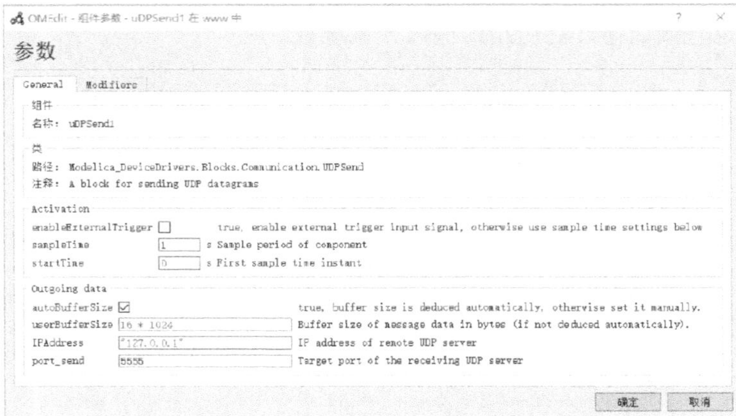

图 6.7 UDP 发送模块的参数设置

而在 UDP 接收模块中，只需定义所接收的数据包的大小和接收端的端口号即可，其参数设置如图 6.8 所示。

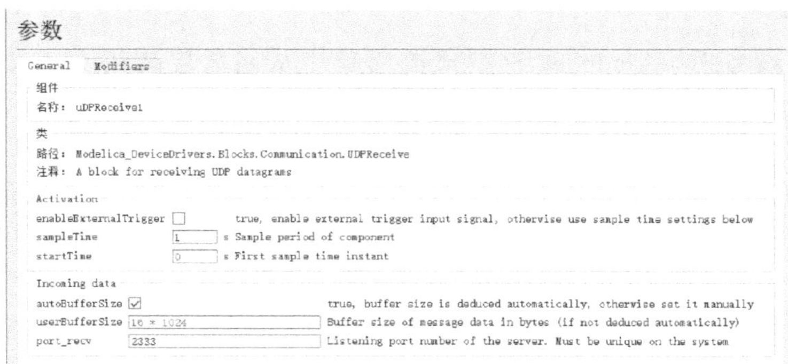

图 6.8 接收模块的参数设置

6.2.2 Simulink 中的 UDP 通信模块

与 OpenModelica 类似，Simulink 的 UDP 通信模块分也为封装和收发两类。其中，封装模块需提前定义好数据的类型和维度，图 6.9 中将接收到的数据包解压成两个一位的 double 类数据。发送模块需要设定好 IP 地址和接收端的端口号，接收端则需要定义服务端的 IP 地址、数据的大小和类型，如图 6.10 所示。

其中对于发送模块，若 IP 地址为 0.0.0.0，表示接收所有 IP 地址的对应端口所传输的数据；对于接收模块，若 IP 地址为 255.255.255.255，表示向所有 IP 地址的对应端口发送数据。使用 UDP 协议实际传输数据包时，所有类型的数据都被转换成字节类型进行存储。因此在接收数据时，如果接收端的输出不是可变的信号，就需要提前定义好所接收的数据的最大长度和缓冲区大小。

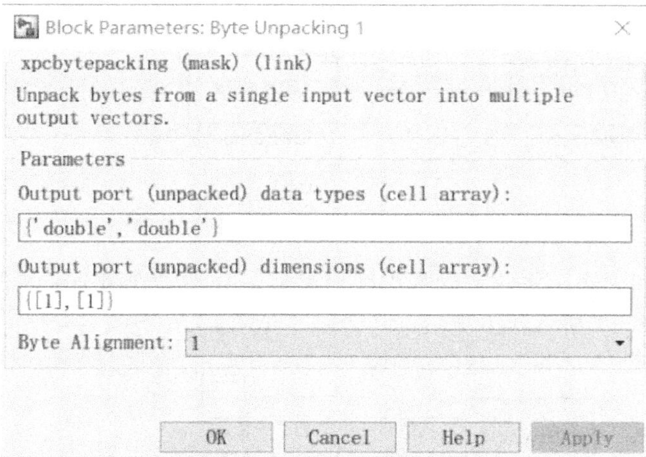

图 6.9　Simulink 中解包模块的参数设置

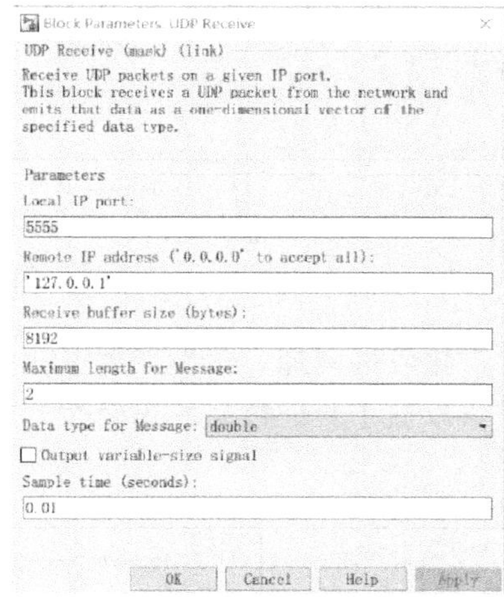

图 6.10　接收模块的参数设置

6.2.3　OpenModelica 和 Simulink 之间的通信传输试验

为了测试使用 UDP 协议进行数据传输的可行性，分别在 Simulink 和 Open Modelica 环境下，创建相应的发送和接收实例，进行双向的通信测验。

(1) OpenModelica 中的发送端与接收端

如图 6.11 所示，在 OpenModelica 中所建的发送端，将一个线性函数（y＝0.5time－500）和一个阶跃函数（幅度为 1.5）的实时数据以 double 类型打包后，传输到 IP 地址为 127.0.0.1（本机）、端口号为 5555 的接收端。

而接收端如图 6.12 所示，假设收到两个 double 类型的数据，解压后分别按发送顺序送出，其后分别接了两个显示数据的模块（初始值默认为 0）。

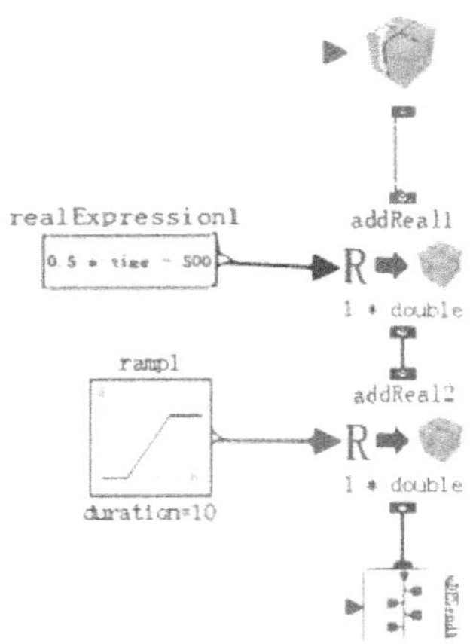

图 6.11　OpenModelica 中的发送端

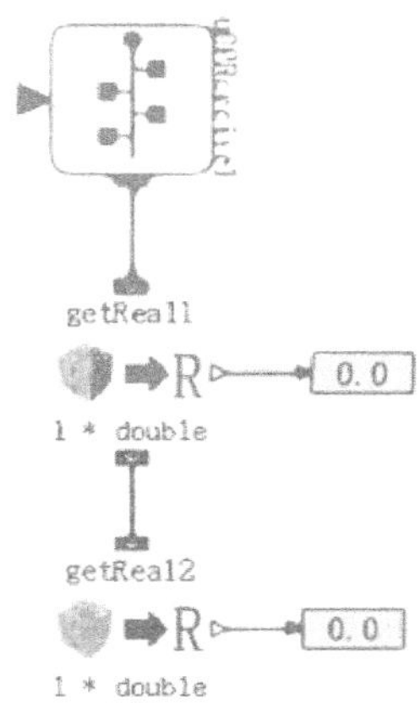

图 6.12　OpenModelica 中的接收端

(2) Simulink 中的发送端与接收端

如图 6.13 所示为 Simulink 中建立的发送端，将常量函数（$y=5.6$）和一个 sin 函数 [$y=\sin(time)$] 的实时数据，均以 double 类型打包，然后连接至发送模块，发送至 IP 地址为 127.0.0.1、端口号为 2333 的接收端口。

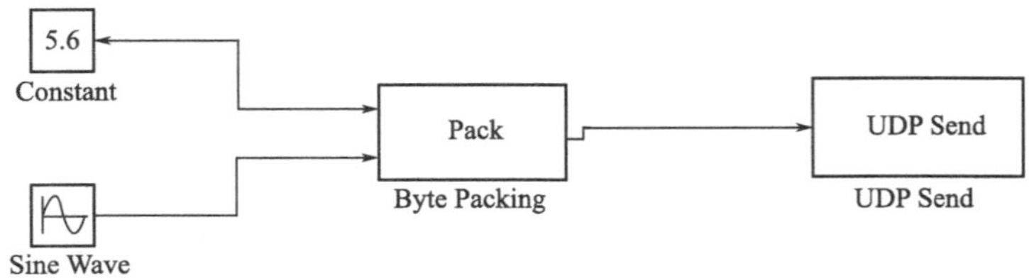

图 6.13　Simulink 中建立的发送端

接收端同理，预设好数据的类型和大小。将收到的数据解压缩后，分别接到两个示波器上，以便于验证数据的正确性，如图 6.14 所示。

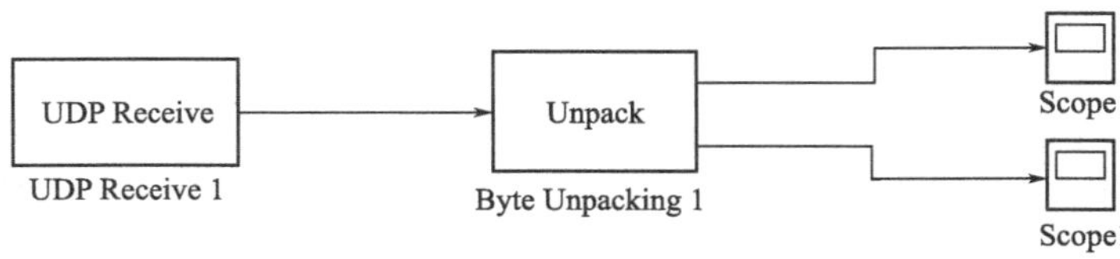

图 6.14　Simulink 中的接收端

(3) 传输结果分析

图 6.15 显示的是 OpenModelica 中接收端所收到的数据。分别表示收到了恒为 5.6 的常数信号，振幅为 5 的正弦函数信号。与 Simulink 发送端设定的初始值一致。

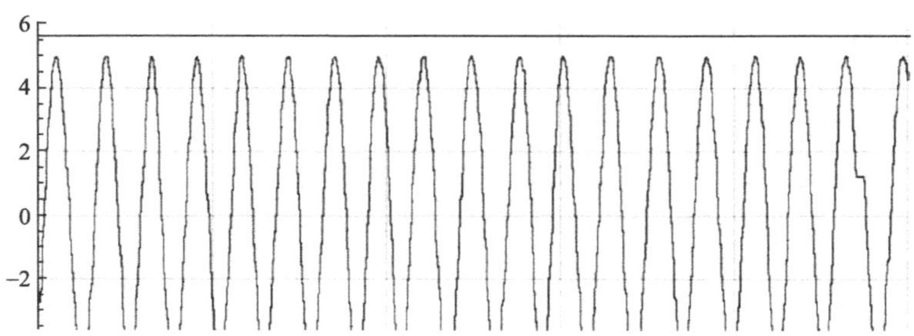

图 6.15　OpenModelica 接收到的数据

6.3 Unity 的 UDP 通信实现

6.3.1 Unity 内编写 UDP 脚本

与 Simulink、OpenModelica 不同，Unity 中没有直接可用的 UDP 模块，需要编写 C# 脚本，完成数据的发送和接收功能。在本书编写的 Unity 脚本中，使用的命名空间及其功能如表 6.1 所示。

表 6.1　使用的命名空间及其功能

命名空间名称类	功能
System. Threading	创建和控制线程，设置其优先级并获取其状态
System. Net. Sockets	实现 Berkeley 套接字接口
System. Net	命名空间为当前网络采用的协议中有许多提供简单的编程接口

在 C# 编程中，命名空间在两个方面被大量使用。首先，NET 框架使用命名空间来组织许多类，如下所示。

```
System.Console.WriteLine("Hello World!");


    System 是一个命名空间,Console 是该命名空间中的一个类
using System;
Console.WriteLine("Hello");
Console.WriteLine("World!");
```

或者可以使用 using 关键字，如此则不必使用完整的名称：其次，在较大的编程项目中，声明自己的命名空间可以帮助控制类和方法名称的范围。使用 namespace 关键字可声明命名空间。命名空间具有以下属性：它们组织大型代码项目；通过使用运算符分隔它们；使用 using directive 可免去为每个类指定名称空间的名称；System.Net.Sockets 命名空间包含 Windows 套接字接口的托管实现。System.Net 命名空间中的所有其他网络访问类均建立在套接字的此实现之上。NET Framework Socket 类是由 Winsock32API 提供的套接字服务的托管代码版本。大多数情况下，套接字类方法只是将数据封送到其本机 Win32 对等体中，并负责任何必要的安全检查。

套接字类支持同步和异步两种基本模式。在同步模式下，对执行网络操作的函数的调用等待操作完成，再将控制权返回给调用程序。在异步模式下，这些调用立即返回。网络操作完成过程中，同步客户端套接字会挂起应用程序。同步套接字不适用于在操作中大量使用网络的应用程序，但它们可以为其他应用程序启用对网络服务的简单访问。

```
byte[]msg=System Text.Encoding.ASCⅡ.GetBytes("This is a test");
```

若要发送数据，将字节数组传递到套接字的数据发送方法之一（Send 和 Send To）即可。下面的示例使 Encoding.ASCⅡ属性将字符串编码到字节数组缓冲区，然后使用 Send 方法将该缓冲区传输到网络设备。Send 方法返回发送到网络设备的字节数。Send 方法从缓冲区移除字节，并用网络接口将这些字节排队以便发送到网络设备。网络接口可能不会立即发送数据，但它最终将发送，只要使用 Shut Down 方法正常关闭连接。若要从网络设备接收数据，请将缓冲区传递到 Socket 类的数据接收方法之一（Receive 和 Receive From）即可。同步套接字将挂起应用程序，直到从网络收到字节或者套接字关闭。下面的示例接收来自网络的数据，然后将其显示在控制台上。该示例假定来自网络的数据是用 ASCⅡ 编码的文本。采用 Receive 方法返回从网络接收的字节数。

```
byte[]bytes=new byte[1024];
int bytesRec=s.Receive(bytes);
Console.WriteLine("Echoed text={0}"),
System.Text.Encoding.ASCⅡ.GetString(bytes.0,bytesRec));
```

不再需要套接字时需将其释放，方法是调用 Shutdown 方法，再调用 Close 方法。UdpClient 类提供用户数据报协议网络服务。命名空间 System.Net.Sockets。引用了相关的命名空间后，在脚本中调用 UdpClient 类和 Thread 类。同时定义好 IP 地址、本机和远端的端口号，以及接收的数据类型。

```
private void init()
{
    print("UDP Object init()");
    remote EndPoint=new IPEndPoint(IPAddress.Parse(IP),portRemote);
    client=new UdpClient(portLocal);
    receive Thread=new Thread(
        new ThreadStart(ReceiveData));
    receive Thread.IsBackground=true;
    receiveThread.Start();
}
```

此处假设所接收类型的数据是 double 类型，编写接收函数时，将调用 Client. Receive（IP）后收到 byte 数据，并调用 System. BitConverter. ToDouble 将数据转换成 double 类型，赋值给相关变量（velocity）。

```
public void ReceiveData()
{
    while(true)
    {
        try
        {
            IPEndPoint anyIP=new IPEndPoint(IPAddress.Any,0);
            byte[]data=client.Receive(ref anyIP);
            velocity=System.BitConverter.ToDouble(data,0)/10;
            print(velocity);
        }
        catch(Exception err)
        {
            print(err.ToString());
        }
    }
}
```

定义发送函数，考虑到发送多个数据的情况，增加了一个将 float 数组转换成 byte 数组的小循环。在完成转换后，再调用 UdpClient. Send，将数据发送到 IP 地址下的对应端口下。

```
public void sendData(float[]message)
{
    try
    {
        int len=4* message.Length;
        byte[]data=new byte[len];
        int x=0;
        foreach(float f in message)
        {
            byte[]t=BitConverter.GetBytes(f);
```

```
            for(int k=0;k<4;k++)
            {data[x+k]=t[k];}
                x+=4;
            }
            client.Send(data,data.Length,remoteEndPoint);
        }
        catch(Exception err)
        {
            print(err.ToString());
        }
    }
```

考虑到使用 Sokect () 套接字默认为阻塞式，调用 Receive () 函数的过程时系统一直处在等待状态。当数据准备好后，将数据从系统缓冲区复制到用户空间，然后该函数返回。在套接应用程序中，当调用 Recv () 函数时，未必用户空间就已经存在数据，那么此时 Recv () 函数就会处于等待状态。因此在脚本中不需要更新 Receive () 函数。但是发送函数需要更新后，赋值再调用。为了发送两个 float 类型的数据，定义了二维 float 数组，并由其他 Unity 脚本中获取相关数据，赋值给该数组。

```
    public void Update()
    {
        float v=10* GameObject.Find("Car_Kei_04").GetComponent<getNumber>0,v;
        float d=GameObject.Find("Car_Ker_04").GetComponent<getNumber>().d/0.05f;
        float dd=
CameObject.Find("GarWaypointBased").GetComponent<getNumber>().d/0.05f;
            float ddd=dd-d;
            float[]aa=new float[]{v,ddd};
            sendData(aa);
    }
```

6.3.2 Unity 与 OpenModelica 的传输试验

在 Unity 中调用 UDP 函数接收数据时，为了直观地显示结果，在 Receive () 后，调用了 Debug.Log (velocity)，以便于在 Unity 界面提示栏中显示变量的大小，以此验证 Unity 是否收到了由 OpenModelica 传输出来的数据。

试验中，Unity 向 OpenModelica 发送一个二维 float 类型的数组，具体代码如下。

```
float[]aa=new float[]{2.4f,3.8f}
```

OpenModelica 向 Unity 发送的 double 类型的数据 (10.1)，发送端和接收端见图 6.16。

Unity 中的结果出现在提示栏中，从图 6.17 中可以看到提示中出现的数字与 OpenModelica 中发送的相同，并且环境中的车轮因为速度的输入而开始移动，也间接地说明了数据传输的成功。

在 OpenModelica 中，两个输出模块之后接的 Get Value 模块，能够直观地反映出收到的数据大小 (3.8 与 2.4)，如图 6.18 所示，比较可知与 Unity 发送的一致。

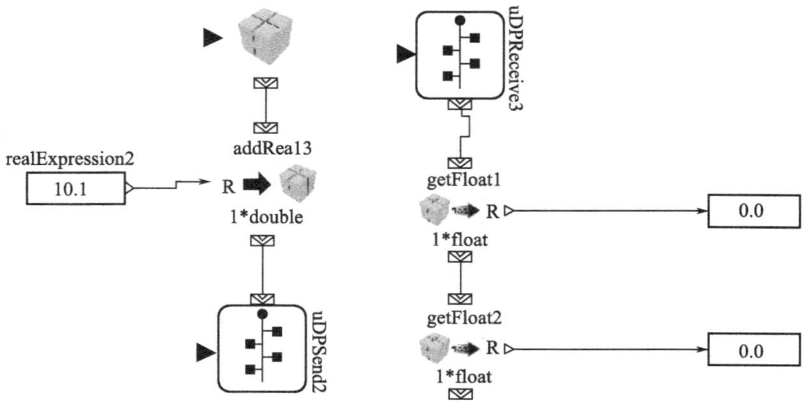

图 6.16　OpenModelica 中的发送端和接收端

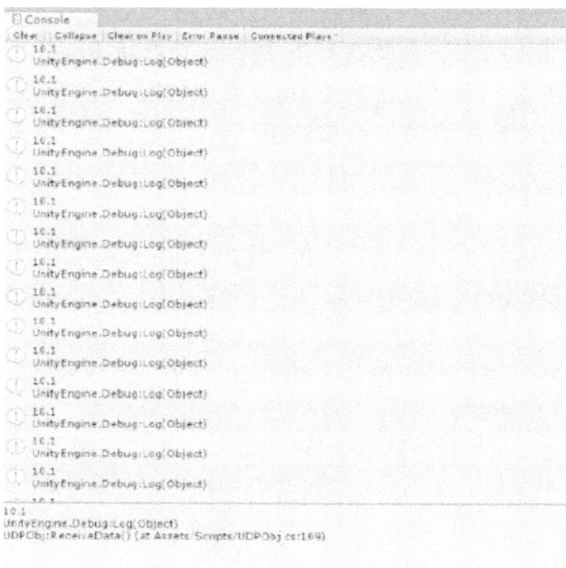

图 6.17　Unity 接收到的数据

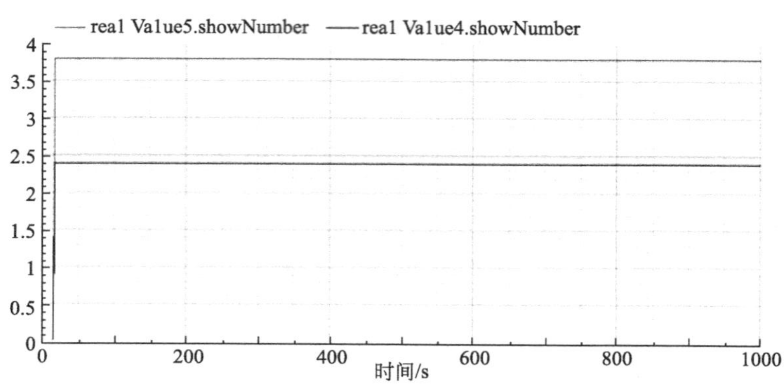

图 6.18　OpenModelica 中收到的数据

6.3.3 Unity与Simulink的传输试验

在Unity中，为了直观地显示结果，本次试验也调用了Debug.Log（velocity），以便于在Unity界面提示栏中显示变量的大小，以此验证Unity是否收到了由Simulink传输来的数据。而在Simulink中，建立了与之对应的数据接收和发送模块。其建立过程、参数设定和连接方式与前文所述相同，此处不再详述。

试验中，Unity向Simulink发送一个二维float类型的数组，具体代码如下。

```
float[]aa=new float[]{2.4f,3.8f}
```

而Simulink向Unity发送的也是一个double类型的常数，如图6.19所示。

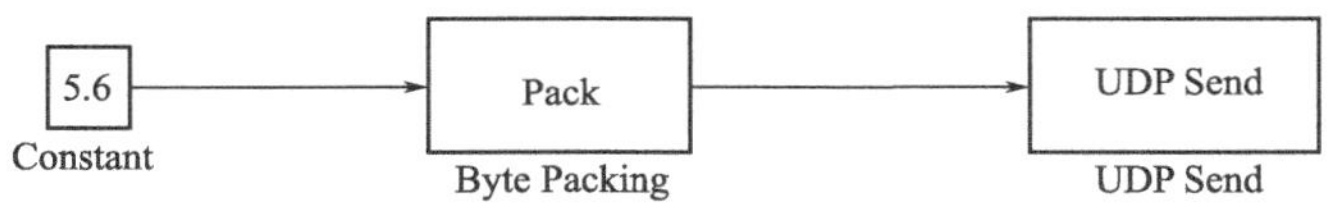

图6.19　Simulink中的发送端

Unity中的结果出现在提示栏中，可以看到提示中出现的数字与OpenModelica中发送的相同，并且环境中的车轮因为速度的输入而开始移动，也间接地说明了数据传输的成功。

在Simulink中，接收模块解压数据后，连接到两个示波器上，图像直观地反映出Unity发送的数据已正确地被Simulink接收。

6.4 仿真测试结果

6.4.1 联合仿真

由于联合仿真平台的各个部分分别由不同的软件搭建，所以进行联合仿真时，需要按顺序启动各个软件。

首先，启动Unity的场景，场景中的环境车辆和行人开始运行，脚本文件开始尝试与Simulink和OpenModelica建立联系，测试车辆因为没有命令输入，暂时保持静止，等待控制命令的输入。

其次，启动Matlab/Simulink，建立其与Unity的联系，接收来自虚拟环境中的车辆周边信息，等待建立与OpenModelica的联系。

最后，启动OpenModelica的车辆模型，建立其与Simulink和Unity的联系，与Simulink进行数据交互，计算得到车辆的控制命令输出，发送给Unity环境中的测试车辆，车辆开始在环境中行驶，将获取新的周边环境数据发送给Simulink作为控制策略指定的输入，形成联合仿真闭环。

6.4.2 定速巡航仿真测试

（1）定速巡航加速工况仿真

定速巡航的加速工况仿真设置自车初始速度为35km/h，设定巡航车速为50km/h，仿真的时间为30s。仿真开始后，预计车辆的速度从35km/h平滑加速至50km/h，然后维持速度在50km/h左右，直至仿真结束。如图6.20和图6.21所示分别是定速巡航加速情况车辆速度及车辆加速度关于时间变化的。

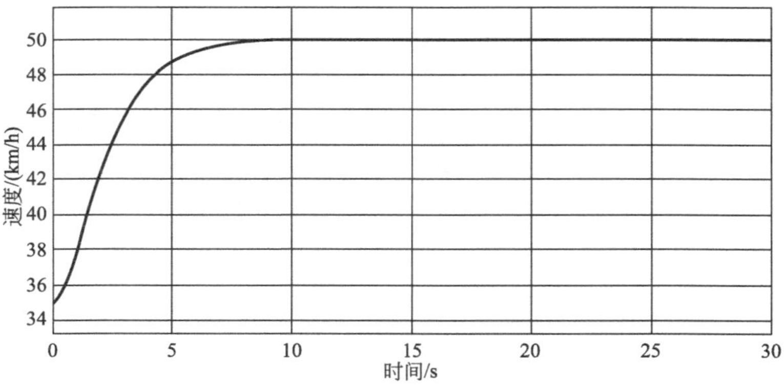

图 6.20　定速巡航加速工况速度仿真曲线

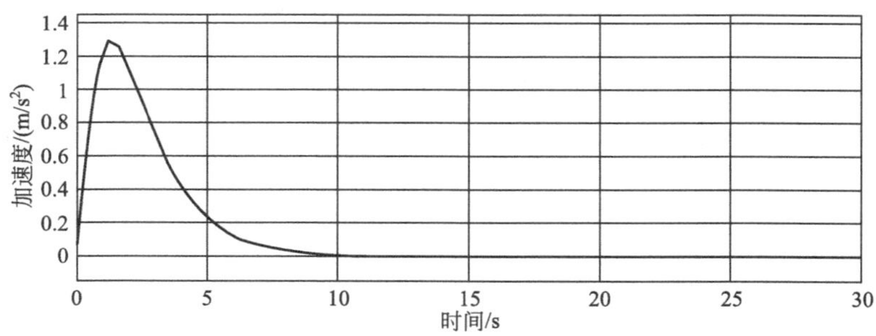

图 6.21　定速巡航加速工况加速度仿真曲线

由图 6.20 可以看出，仿真开始时，自车从 35km/h 的速度开始加速，逐步将速度提升至 50km/h，速度的变化过程平滑、无突变，最终稳定在 50km/h 左右，符合仿真预期。

由图 6.21 可以看出，定速巡航加速工况中，车辆加速度的变化从 0 开始增大，到达峰值 1.3m/s^2 之后，又平缓下降至 0，符合舒适性原则。

(2) 定速巡航减速工况仿真

定速巡航的加速工况仿真设置自车初始速度为 60km/h，设定巡航车速为 40km/h，仿真时间为 30s。在仿真开始后，预计车辆的速度从 60km/h 平滑减速至 40km/h，然后维持速度在 40km/h 左右，直至仿真结束。如图 6.22 和图 6.23 所示分别是定速巡航减速工况车辆速度及车辆加速度关于时间变化的。

由图 6.22 可以看出，仿真开始时，自车从 60km/h 的速度开始减速，逐步将速度减少至 40km/h，速度的变化过程平滑、无突变，最终稳定在 40km/h 左右，符合仿真预期。

由图 6.23 可以看出，定速巡航减速工况中，车辆加速度的变化是从 0 开始减小，到达谷值－1.6m/s^2 之后，又平缓上升至 0，符合舒适性原则。

(3) 定速巡航 NEDC 工况仿真

定速巡航一般指的是固定速度，但广义上可以理解为给定一个车辆行驶速度，而速度是矢量，是可变的。为了使仿真内容更接近实际情况，决定使用 NEDC 工况作为定速巡航工况仿真的一部分。New European Driving Cycle（NEDC）是欧洲的续航测试工况标准，能够较真实地反映车辆在实际生活中的运动规律。国内的 GB/T 18386—2005《电动汽车能量

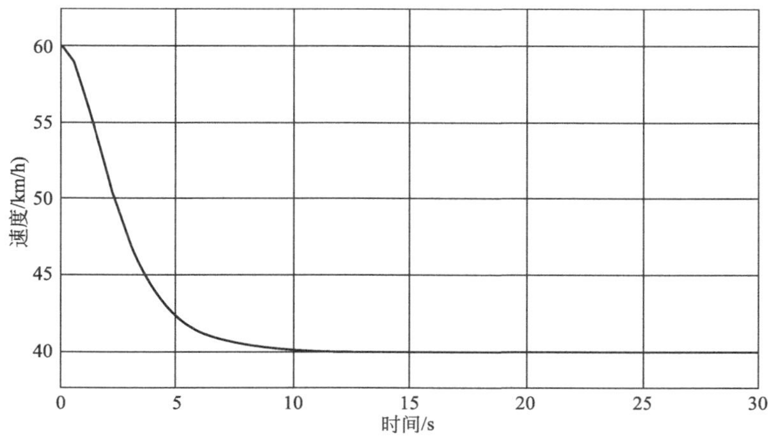

图 6.22　定速巡航减速工况速度仿真曲线

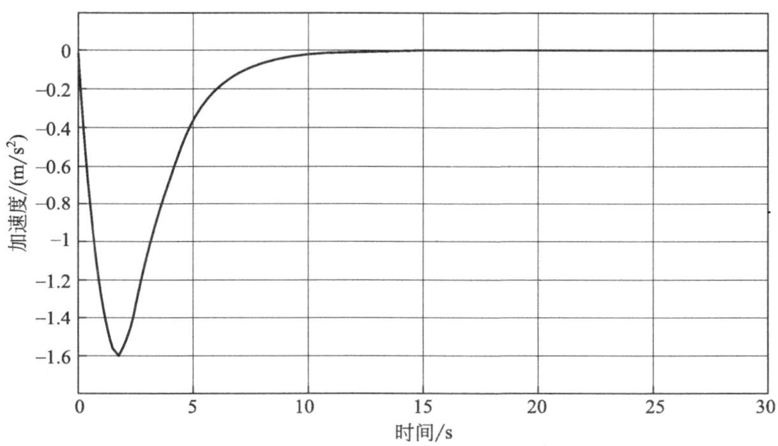

图 6.23　定速巡航减速工况加速度仿真曲线

消耗率和续驶里程试验方法》是以欧洲的 NEDC 工况为基准进行设计，符合我国国情的电动汽车测试工况。整个试验循环由 4 个市区循环和 1 个市郊循环程序组成，理论试验距离为 11.022km，时间为 19min40s。图 6.24 表示了试验工况的组成。

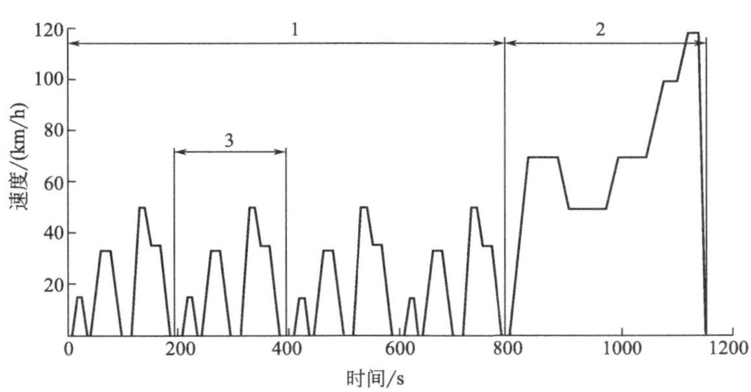

图 6.24　试验工况的组成

1—市区循环；2—市郊循环；3—基本市区循环

在 GB/T 18386—2005 中，指出允许只采用市区循环进行试验，如图 6.25 所示为基本市区循环的速度-时间图。

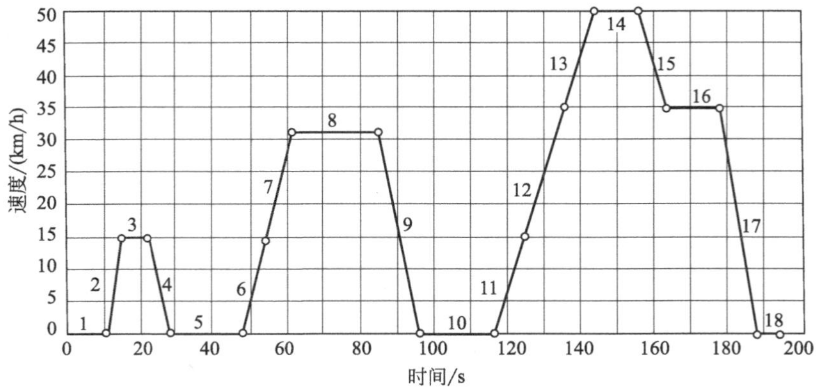

图 6.25 基本市区循环速度-时间图

为了方便车辆试验，在 GB/T 18386—2005 中，给出了详细的市区循环试验表，详细到每个工序的车辆加速度、速度、操作时间、工况时间、累计时间等，如表 6.2 所示。

表 6.2 基本市区循环试验表

运转次序	操作状态	工况序号	加速度/(m/s^2)	速度/(km/h)	操作时间/s	工况时间/s	累计时间/s
1	停车	1	0.00	0	11	11	11
2	加速	2	1.04	0～15	4	4	15
3	等速	3	0.00	15	8	8	23
4	减速	4	−0.83	15～0	5	5	28
5	停车	5	0.00	0	21	21	49
6	加速	6	0.69	0～15	6	12	55
7	加速		0.79	15～32	6		61
8	等速	7	0.00	32	24	24	85
9	减速	8	−0.81	32～0	11	11	96
10	停车	9	0.00	0	21	21	117
11	加速	10	0.69	0～15	6	26	123
12	加速		0.51	15～35	11		134
13	加速		0.46	35～50	9		143
14	等速	11	0.00	50	12	12	155
15	减速	12	−0.52	50～35	8	8	163
16	等速	13	0.00	35	15	15	178
17	减速	14	−0.97	35～0	10	10	188
18	停车	15	0.00	0	7	7	195

根据表 6.2，可以发现在基本市区循环的工况中，车辆最大加速度为 $1.04m/s^2$，最大减速度为 $-0.97m/s^2$，均在定速巡航 PID 上位控制器的加速度控制范围（$-2\sim2m/s^2$），所以可以在 Simulink 中输入一个市区循环的工况，作为定速巡航的设定速度，让车辆按照

基本市区循环的工况行驶，故新搭建的 NEDC 工况 Simulink 模型如图 6.26 所示。

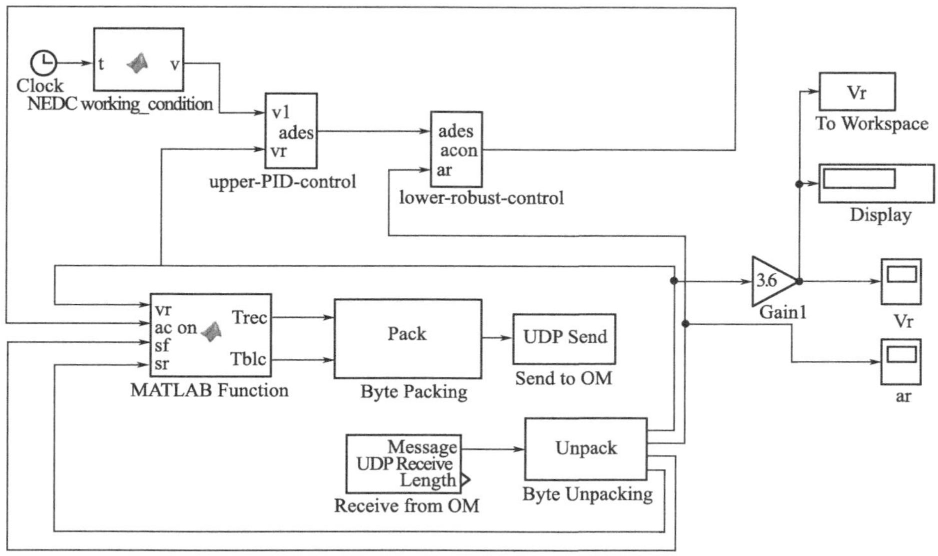

图 6.26　定速巡航 NEDC 工况 Simulink 模型

NEDC 工况 Simulink 模型搭建完成后，即可开启仿真。由于本书只考虑市区工况下的情况，故将仿真时间设置为基本市区循环的时间，即 195s。如图 6.27 和图 6.28 所示分别是车辆速度和车辆加速度在 NEDC 工况下的仿真曲线。

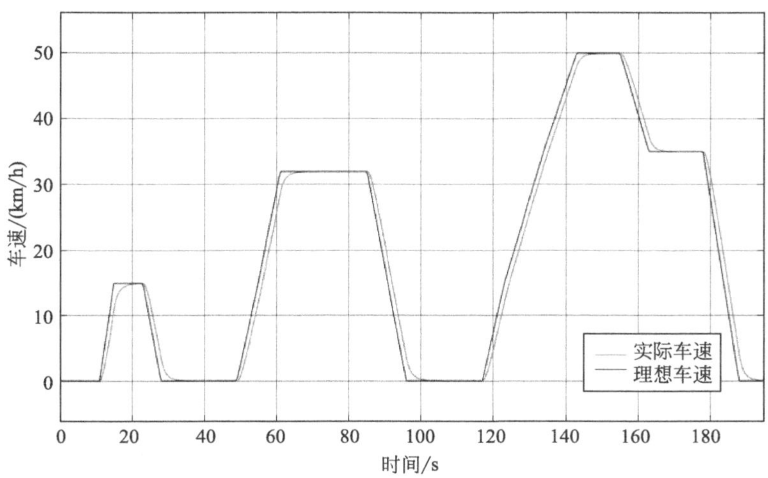

图 6.27　定速巡航 NEDC 工况速度仿真曲线

图 6.27 中，粗线代表理想 NEDC 工况车速，细线代表接受自动紧急制动系统的控制之后的实际车速，可以看出实际车速曲线与理想车速曲线基本吻合，存在较小的滞后以及延迟效果，整体曲线平滑，符合实际测试情况。

图 6.28 展示了定速巡航 NEDC 工况下的加速度仿真情况，可以看到加速度的变化曲线十分平滑，变化范围不超过 $-1\sim1\text{m/s}^2$，符合舒适性原则。

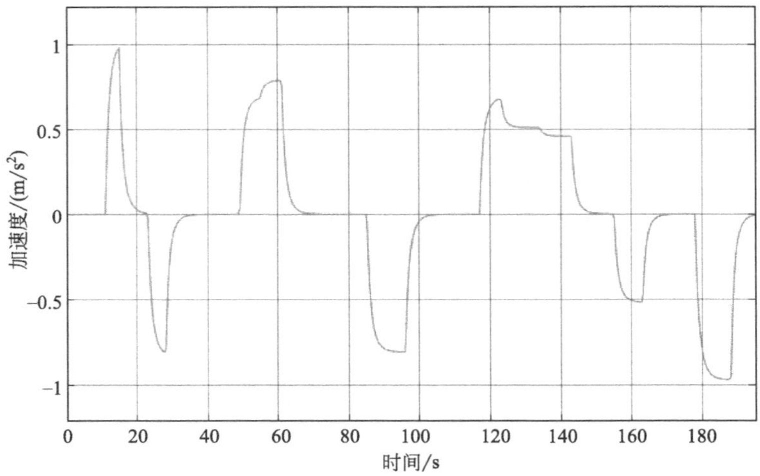

图 6.28　定速巡航 NEDC 工况加速度仿真曲线

6.4.3　自动紧急制动仿真测试

（1）前车紧急制动

在城市开阔道路行驶时，前车突然刹车，引起自车的跟车距离过近，自车需要紧急制动来避免追尾事故，保证行车安全，避免碰撞事故。Unity 仿真环境中预设：前车匀速行驶，在仿真开始后，前车遇到突发情况，突然减速直至停车。前后两车的初始距离为 50m，自车的初始速度为 70km/h。仿真过程中，Unity 会将两车的实时距离，通过 UDP 端口，连续输入 Simulink 中。Simulink 的控制算法模块会不断对该距离进行判断，当两车距离小于等于临界制动距离时，自车将会自动紧急制动。

如图 6.29 所示为紧急制动第一种工况两车位置仿真曲线，如图 6.30 所示为该工况两车实际距离仿真曲线。在仿真结束时，两车均完全停下来，两车的车距为 5.275m，达到了保障行车安全，避免交通事故发生的目标。如图 6.31 所示是该工况下自车速度仿真曲线，如图 6.32 所示是自车加速度仿真仙线。从自车的速度曲线可以看出来，在仿真开始第 7.2s 时，两车实际距离开始小于临界制动距离，自动紧急制动系统开始作用，自车开始减速行驶。

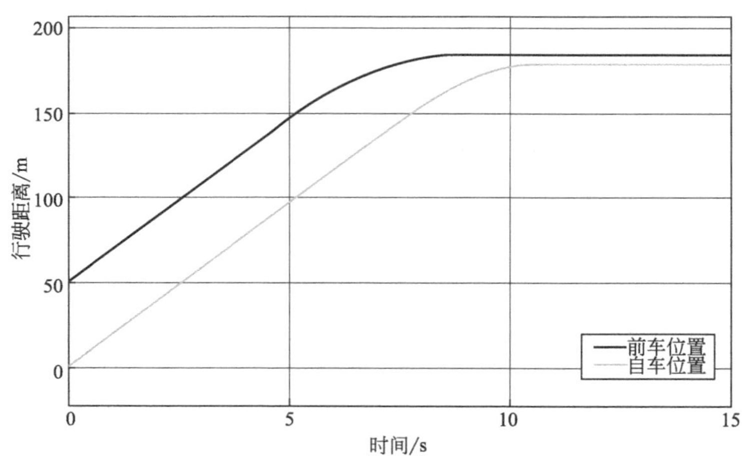

图 6.29　紧急制动第一种工况两车位置仿真曲线

第 10.6s 本车速度降为 0。加速度仿真曲线反映出自车减速度的绝对值从仿真开始第 7.2s 开始平滑增加至 7.8m/s^2，这是 AEB 控制算法的调节结果，也符合车辆实际行驶中的情况。

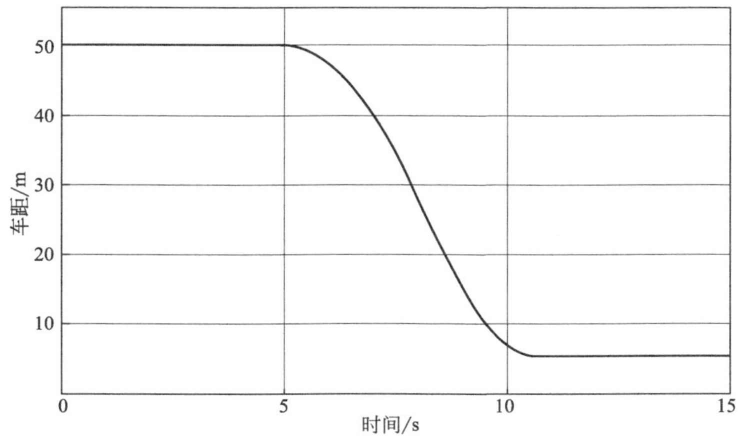

图 6.30 紧急制动第一种工况两车实际距离仿真曲线

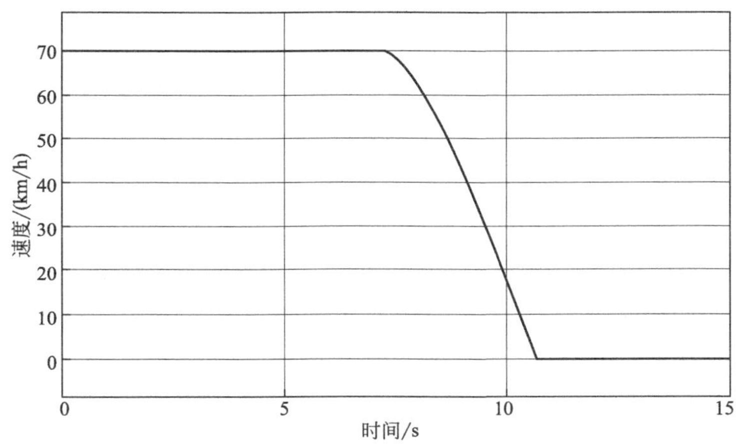

图 6.31 紧急制动第一种工况自车速度仿真曲线

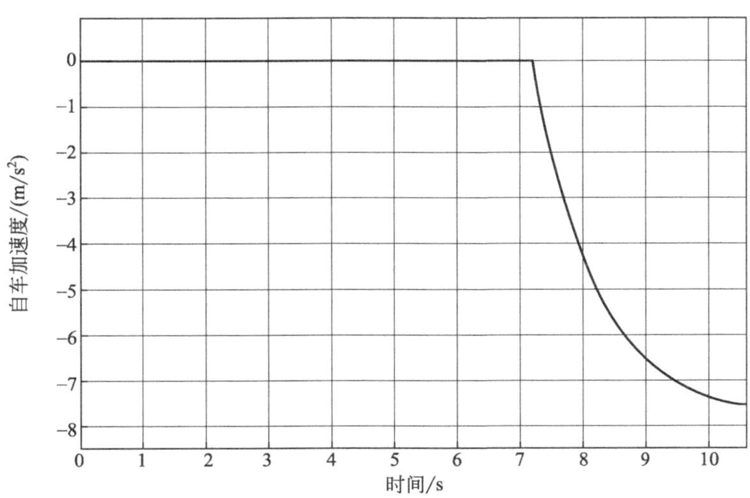

图 6.32 紧急制动第一种工况自车加速度仿真曲线

Unity 中的仿真视频截图，如图 6.33 所示时刻是前车突然开始制动，如图 6.34 所示时刻是自车 AEB 开始作用后，在距离前车 5.275m 处停下。

图 6.33 前车开始减速

图 6.34 自车紧急制动后停车

以上的仿真结果表明本工况下，AEB 系统的控制效果较好，达到了预期效果，能够有效减少城市道路车辆行驶过程中的追尾事故。

(2) 行人横穿马路

在第二种工况仿真中，假设车辆在城市复杂道路行驶时，遇到突然横穿马路的行人、动物或是任何障碍物，需要自车紧急制动避免交通事故的产生。在第二种工况仿真中，令自车按照 NEDC 基本市区工况在 Unity 的城市道路行驶，然后在 Unity 中随时随机生成行人，来考验自动紧急制动系统的可靠性。

在本次仿真实验中，Unity 中的行人随机生成在距离仿真起始点 500m 处，在仿真开始第 135s 行人横穿马路。如图 6.35 所示为自车行驶距离，如图 6.36 所示为自车和行人实际距离。

从图 6.35 和图 6.36 可以看出来，车辆原本按照 NEDC 工况行驶，当行人在 135s 突然横穿马路时，自动紧急制动系统开始工作，控制车辆进行紧急制动，最终车辆停止在距离行人 5.289m 的位置，符合安全距离要求，避免了交通事故的产生。如图 6.37 所示是车辆在紧急制动第二种工况自车速度仿真曲线，如图 6.38 所示是车辆在紧急制动第二种工况自车加速度仿真曲线。

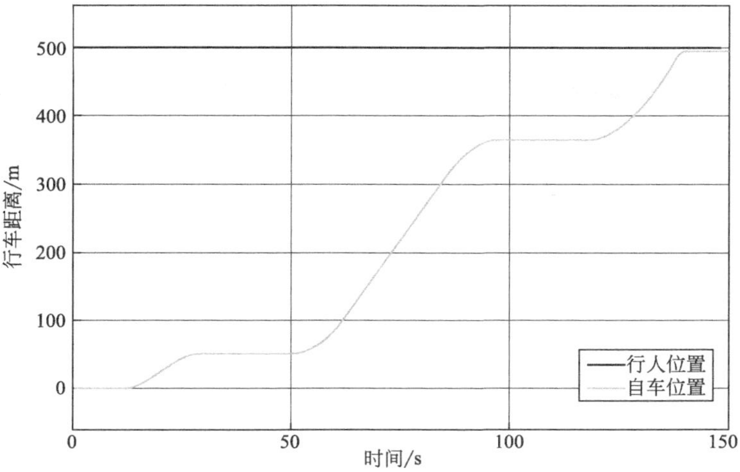

图 6.35　紧急制动第二种工况自车与行人位置仿真曲线

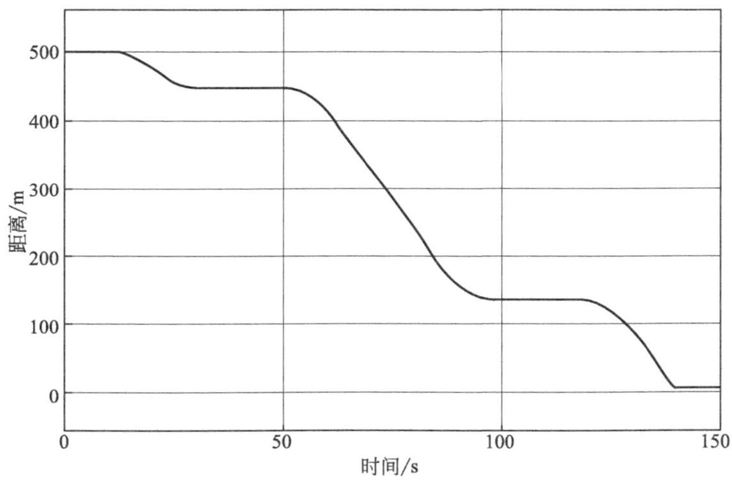

图 6.36　紧急制动第二种工况自车与行人实际距离仿真曲线

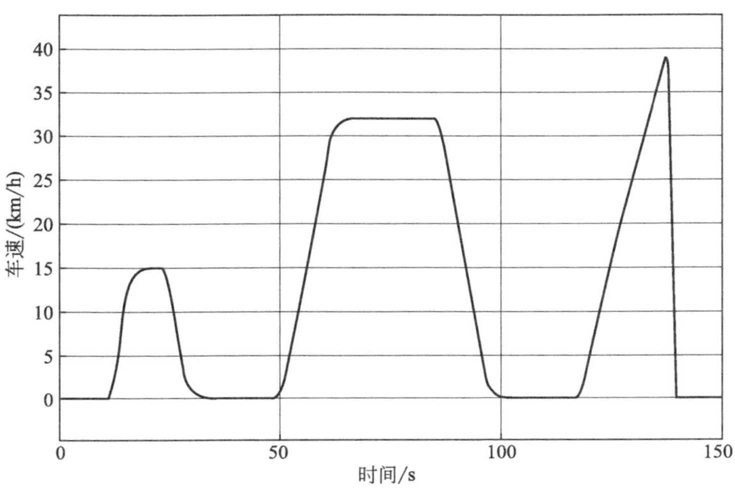

图 6.37　紧急制动第二种工况自车速度仿真曲线

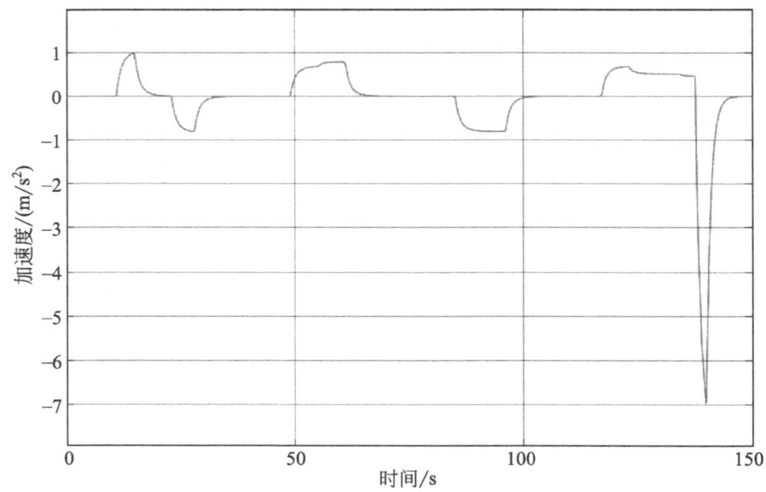

图 6.38　紧急制动第二种工况自车加速度仿真曲线

从自车的速度曲线可以看出，大约在仿真开始第 138s 的时候，自车和行人之间的实际距离开始小于临界制动距离，此时，车辆启动自动紧急制动系统中的紧急制动模式，以 $7.8\mathrm{m/s^2}$ 的减速度开始紧急制动，在 140s 的时候，自车已减速至停止，避免了交通事故的产生。

如图 6.39 和图 6.40 所示是该工况下的 Unity 中仿真视频的截图。图 6.39 所示时刻是车辆在按 NEDC 工况行驶，前方出现行人，自动紧急制动系统开始作用，图 6.40 所示时刻是车辆刹车制动后，及时停车，避免了交通事故的发生。

图 6.39　前方行人横穿马路

以上仿真结果表明 AEB 控制系统能够有效地避免交通事故的产生，保证了车辆行驶的安全性，验证了临界制动安全距离模型的有效性。

图 6.40　自车制动后停车

6.4.4　自适应巡航仿真测试

在自适应巡航仿真过程中，需要有前车的运动参数，为了较为真实地反应实际情况下车辆运动情况，在 Unity 的城市环境中加入了一辆用于自适应巡航仿真试验的前车。通过 Unity 传输到 Simulink 的实时前车速度与实时两车距离，以及计算获得的自车实时加速度和速度，来计算并控制自车的运动加速度。本次试验在 Unity 中设置前车的运动情况如表 6.3 所示。

表 6.3　自适应巡航仿真前车工况

时间/s	前车工况
0～10	以 40km/h 的速度匀速行驶
10～20	匀加速至 60km/h
20～25	以 60km/h 的速度匀速行驶
25～30	匀减速至 50km/h
30～35	以 50km/h 的速度匀速行驶
35～40	匀加速至 65km/h
40～60	以 65km/h 的速度匀速行驶

本次仿真设置仿真时间为 50s，两车的起始距离为 20m。如图 6.41 和图 6.42 所示分别是自适应巡航仿真的自车速度和自车加速度仿真图。

在图 6.41 中，粗线代表前车速度曲线，细线代表自车速度曲线，可以发现在自适应巡航最优上位控制器和鲁棒下位控制器共同作用下，能够很好地实现自车对于前车的速度跟踪，自车跟随前车速度变化的响应快速且平滑。从图 6.42 中可以发现自车的加速度变化十分平稳，无突变，一定程度上符合舒适性原则。

两车的行驶距离变化如图 6.43 所示。

从图 6.43 的两车行驶距离可以看出，在整个仿真时间内，两车一直保持着一定的安全距离，符合自适应巡航的工况要求。

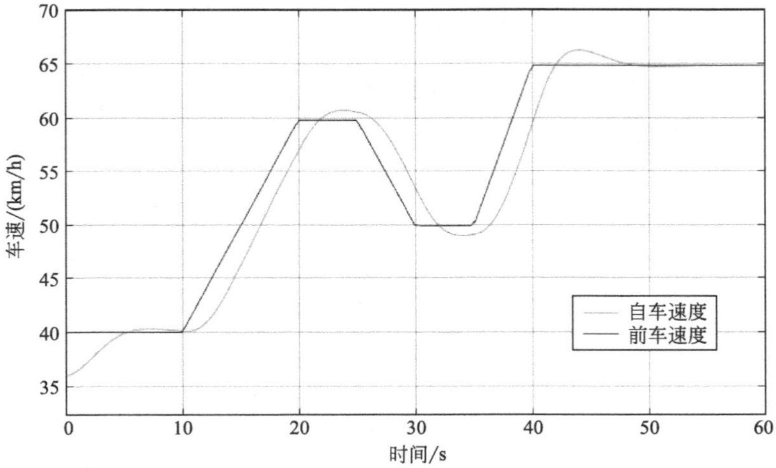

图 6.41　自适应巡航速度仿真曲线

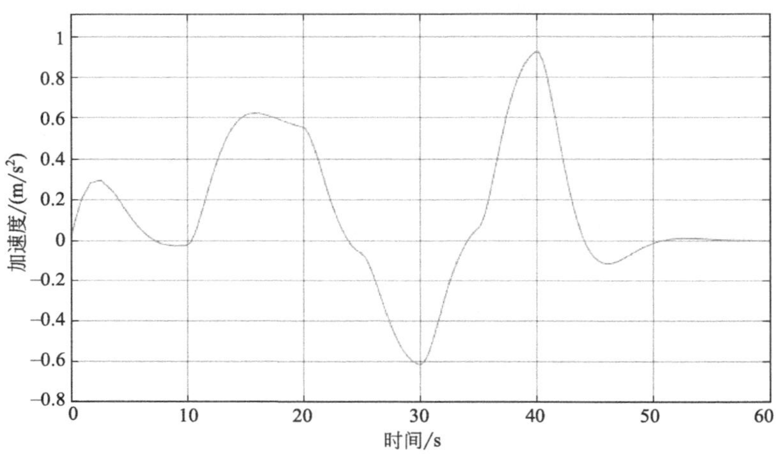

图 6.42　自适应巡航加速度仿真曲线

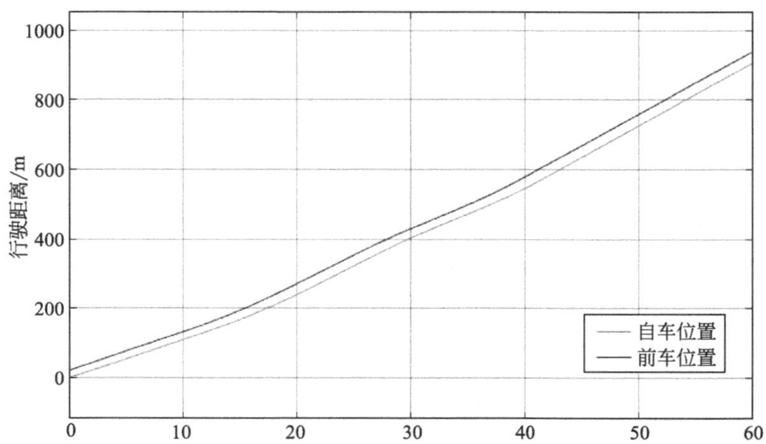

图 6.43　自适应巡航前后两车行驶距离仿真曲线

如图 6.44 所示为仿真时间内两车的实际距离与期望距离，细线代表实际距离，粗线代表期望距离。由图 6.45 可以看出，实际距离与期望距离之间的绝对误差最大只有 2.3 左右，约为当时期望值的 7.4%，说明本书设计的自适应巡航控制器在完成速度跟踪的同时，也能够保持良好的前后车安全距离，来保证车辆行驶的安全性。

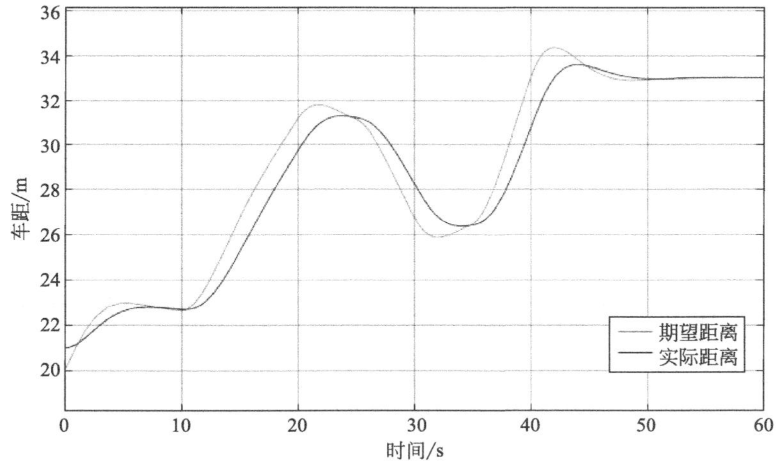

图 6.44　自适应巡航两车实际距离与期望距离仿真曲线

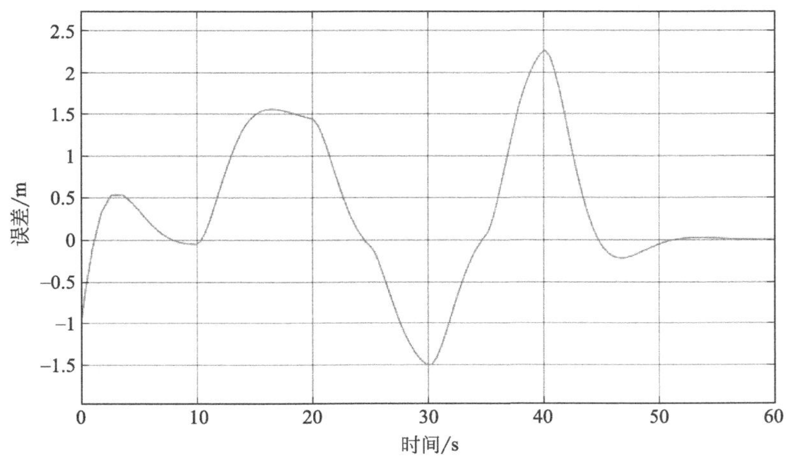

图 6.45　自适应巡航两车实际距离与期望距离误差仿真曲线

本书所搭建的 ADAS 虚拟仿真平台，分别对自动紧急制动系统的两种工况和自适应巡航系统的一种工况进行了仿真测试。仿真时采用的控制系统模块建立在 Simulink 中，车辆动力学模型建立在 OpenModelica 中，测试环境建立在 Unity 中。三者之间的通信采用用户数据报协议，建立起对应的端口，实时收发数据。本书将 Simulink 作为主要的仿真软件。两种自动紧急制动系统的工况仿真曲线说明，该控制算法可以实现其基本功能，即减少碰撞事故的发生，提高行车安全性。而自适应巡航系统的工况仿真曲线说明，ACC 控制算法可以实现与前车的距离跟随，并快速响应速度变化，满足其功能要求。仿真的顺利进行也说明采用 UDP 接口传输数据，用于 ADAS 虚拟仿真平台，进行工况仿真测试的可行性。

第7章 基于Unity的机器学习训练技术

7.1 ML-Agents 插件简介

Unity Machine Learning Agents（ML-Agents）是一款开源的 Unity 插件，使得人们得以在游戏环境和模拟环境中训练智能 Agent。你可以使用 Reinforcement Learning（强化学习）、Imitation Learning（模仿学习）、Neuro Evolution（神经进化）或其他机器学习方法，通过简单易用的 Python API 进行控制，对 Agent 进行训练。还提供先进算法的实现方式（基于 Tensor Flow），让游戏开发者和业余爱好者能够轻松地训练用于 2D、3D 和 VR/AR 游戏的智能 Agent。这些经过训练的 Agent 可用于多种目的，包括控制 NPC 行为（采用各种设置，例如多个 Agent 和对抗）、对游戏内部版本进行自动化测试以及评估不同游戏设计决策的预发布版本。ML-Agents 对于游戏开发者和 AI 研究人员双方都有利，因为它提供了一个集中的平台，使得人们得以在 Unity 的丰富环境中测试 AI 的最新进展，并使结果为更多的研究者和游戏开发者所用。

如图 7.1 所示，ML-Agents 包含 3 个高级组件：学习环境，Python API，External Communicator。

学习环境：就是 Agent 存在并“生活”的地方。它可以小到是几个简单对象组成的模拟场景，大到可以是一个复杂场景的模拟。

Python API：其中包含用于训练（学习某个行为或 Policy）的所有机器学习算法。请注意，与学习环境不同，Python API 不是 Unity 的一部分，而是位于外部，并通过 External Communicator 与 Unity 进行通信（ML-Agents-Master 中 ML-Agents 就包含所有的策略算法）。

External Communicator：它将 Unity 环境与 Python API 连接起来，位于 Unity 环境中。

每个学习环境包含有三个帮助组织场景的附加组件：Academy，Brain，Agent。

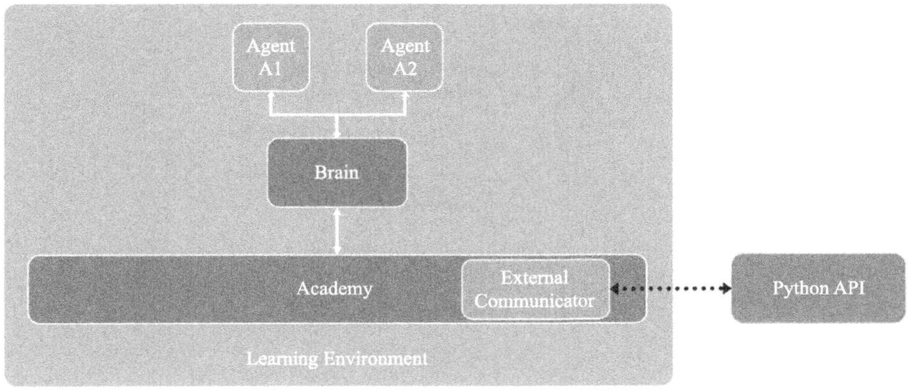

图 7.1 ML-Agents 学习环境

Agent：它可以被附加到一个 Unity 游戏对象上（场景中的任何角色），负责生成它的观测结果、执行它接收的动作并适时分配奖励（正/负）。每个 Agent 只与一个 Brain 相关联。

Brain：它封装了 Agent 的决策逻辑。实质上，Brain 中保存着每个 Agent 的 Policy，决定了 Agent 在每种情况下应采取的动作。更具体地说，它是从 Agent 接收观测结果和奖励并返回动作的组件。

Academy：它指挥 Agent 的观测和决策过程。在 Academy 内，可以指定若干环境参数，例如渲染质量和环境运行速度参数。External Communicator 位于 Academy 内。

有四种不同类型的 Brain，它们可以实现广泛的训练和预测情形。

External：使用 Python API 进行决策。这种情况下，Brain 收集的观测结果和奖励通过 External Communicator 转发给 Python API。Python API 随后返回 Agent 需要采取的相应动作。

Internal：使用嵌入式 TensorFlow 模型进行决策。嵌入式 TensorFlow 模型包含了学到的 Policy，Brain 直接使用此模型来确定每个 Agent 的动作。

Player：使用键盘或控制器的实际输入进行决策。这种情况下，人们负责控制 Agent，由 Brain 收集的观测结果和奖励不用于控制 Agent。

Heuristic：使用预设规则行为进行决策，目前市面上大多数游戏角色行为都是这么定义的。这种类型有助于调试具有预设规则的 Agent，也有助于把这种由预设规则指挥的 Agent 与训练好的 Agent 进行比较。

7.2 ML-Agents 插件下载安装

网址为 https：//github. com/Unity-Technologies/ml-agents/blob/master/docs/Installation-Windows. md。

ML-Agents 工具包支持 Windows 10，虽然可以使用其他版本的 Windows 运行 ML-Agents 工具包，但尚未在其他版本上进行测试。此外，ML-Agents 工具包尚未在诸如 Bootcamp 或 Parallels 之类的 Windows VM 上进行测试。

第一步：通过 Anaconda 安装 Python（图 7.2）

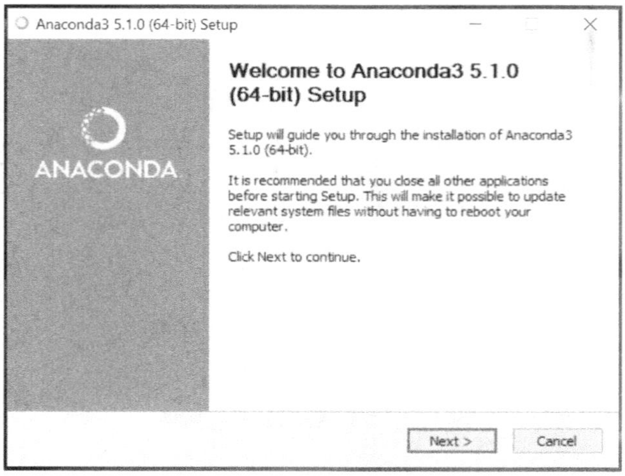

图 7.2　Anaconda 安装界面

建议使用默认的高级安装选项。但是，请选择适合你特定情况的选项（图 7.3）。

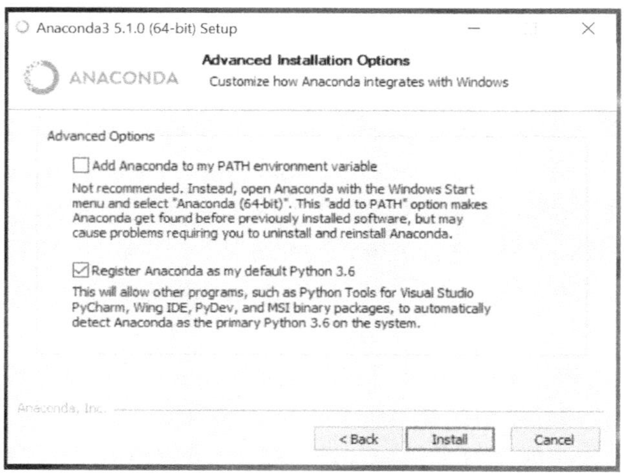

图 7.3　Anaconda 安装选项

安装完成后，必须打开 Anaconda Navigator 才能完成设置。在 Windows 搜索栏中，键入 Anaconda 导航器。打开后可以关闭 Anaconda Navigator。

如果未创建环境变量，则在命令行中键入 Conda 时，将看到错误“Conda 未被识别为内部或外部命令”。要解决此问题，需要正确设置环境变量。

在搜索栏中键入环境变量（可以通过按 Windows 键或左下方的 Windows 按钮来访问）。应该看到一个名为“Edit the system environment variables”的选项。

在此处，单击“环境变量”按钮。双击“系统变量”下的“路径”以编辑“路径”变量，单击“新建”以添加以下新路径。

```
% UserProfile% \Anaconda3\Scripts
% UserProfile% \Anaconda3\Scripts\conda. exe
% UserProfile% \Anaconda3
% UserProfile% \Anaconda3\python. exe
```

第二步：安装和激活新的 Conda 环境

创建一个与 ML-Agents 工具包一起使用的新 Conda 环境。这意味着安装的所有软件包都本地化为此环境。它不会影响任何其他 Python 或其他环境的安装。每当想要运行 ML-Agents 时，都需要激活此 Conda 环境（图 7.4）。

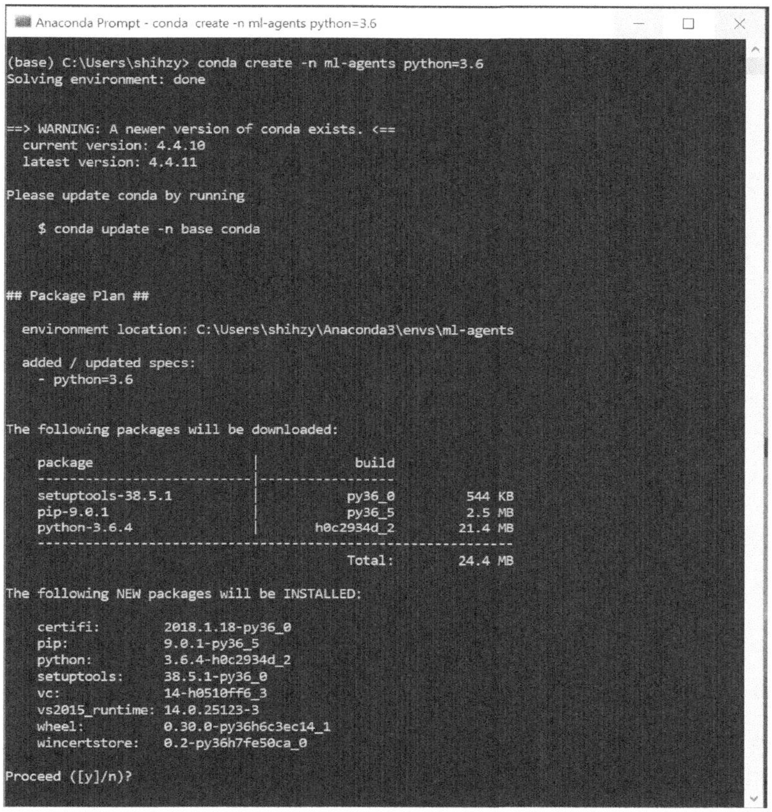

图 7.4　Anaconda Prompt

要创建新的 Conda 环境，请在搜索栏中打开一个新的 Anaconda Prompt（Anaconda Prompt）并输入以下命令。

```
conda create-n ml-agents python=3.6
```

系统可能会要求安装新软件包。键入 y 并按 Enter 键（确保已连接到互联网）。必须安装这些必需的软件包。新的 Conda 环境称为 ML-Agents 并使用 Python 3.6 版。

要使用此环境，必须将其激活（将来要使用此环境，可以运行相同的命令）。在同一个 Anaconda Prompt 中，输入以下命令。

```
activate ml-agents
```

应该在最后一行上看到（ML-Agents）。

接下来，安装 TensorFlow。使用 pip 安装此软件包，这是一个用于安装 Python 软件包的管理系统。最新版本的 TensorFlow 不起作用，因此需要确保安装 1.7.1 版。在同一个 Anaconda Prompt 中，输入以下命令（确保已连接到互联网）。

```
pip install tensorflow==1.7.1
```

第三步：需要安装的 Python 包

ML-Agents 工具包依赖于许多 Python 包。使用 pip 安装这些 Python 依赖项。

如果还没有，请将 ML-Agents Toolkit Github 存储库复制下载到本地计算机。可以使用 Git（https：//git-scm.com/download/win）并在 Anaconda Prompt 中运行以下命令来执行此操作（如果打开新提示，请确保通过键入 Activate ML-Agents 来激活 ML-Agents Conda 环境）。

```
git clone https://github.com/Unity-Technologies/ml-agents.git
```

如果不想使用 Git，可以随时直接下载所有文件（https：//github.com/Unity-Technologies/ml-agents/archive/master.zip）。

UnitySDK 子目录包含要添加到项目中的 Unity Assets，它还包含许多示例环境，可帮助入门。

ML-Agents 子目录包含提供训练器的 Python 包和与 Unity 交互的 Python API。

Gym-Unity 子目录包含一个与 OpenAI Gym 接口的包。

在我们的示例中，文件位于 C：\ Downloads。从复制或下载文件后，从 Anaconda Prompt 更改为 ML-Agents 目录中的 ML-Agents 子目录。

```
cd C:\Downloads\ml-agents\ml-agents
```

确保已连接到互联网，然后在 ml-agents 子目录中键入 Anaconda Prompt：

```
pip install -e
```

这将完成所有必需的 Python 包的安装，以运行 ML-Agents 工具包。

有时候在 Windows 上，当使用 pip 安装某些 Python 软件包时，pip 会在尝试读取软件包的缓存时卡住。如果看到这个，可以尝试：

```
pip install -e .--no-cache-dir
```

这个--no-cache-dir 告诉 pip 禁用缓存。

第四步（可选）：安装 GPU 加速训练环境

ML-Agents 工具包不需要 GPU，并且在训练期间不会加速 PPO 算法（但未来的某些内容将受益于 GPU）。这是希望使用 GPU 进行培训的高级用户的指南。此外，还需要检查 GPU 是否与 CUDA 兼容。请在此处查看 Nvidia 的页面（https：//developer.nvidia.com/cuda-gpus）。

目前，对于 ML-Agents 工具包，仅支持 CUDA v9.0 和 cuDNN v7.0.5。

（1）安装英伟达 CUDA 工具包

从 Nvidia 的存档下载并安装 CUDA 工具包 9.0。该工具包包括 GPU 加速库，调试和优化工具，C/C++（Step Visual Studio 2017）编译器和运行时库，是运行 ML-Agents 工具包所必需的。在本指南中，我们使用的版本是 9.0.176（https：//developer.nvidia.com/cuda-toolkit-archive）。

在安装之前，请确保关闭所有正在运行的 Unity 或 Visual Studio 实例。

运行安装程序并选择 Express 选项。记下安装 CUDA 工具包的目录。在本指南中，我们安装在目录 C：\Program Files\NVIDIA GPU Computing Toolkit\CUDA\v9.0 中。

（2）安装英伟达 cuDNN 库

从 Nvidia 下载并安装 cuDNN 库（https：//developer.nvidia.com/cudnn）。cuDNN 是用于深度神经网络的 GPU 加速原语库。在下载之前，需要免费注册 Nvidia 开发者计划（图 7.5）。

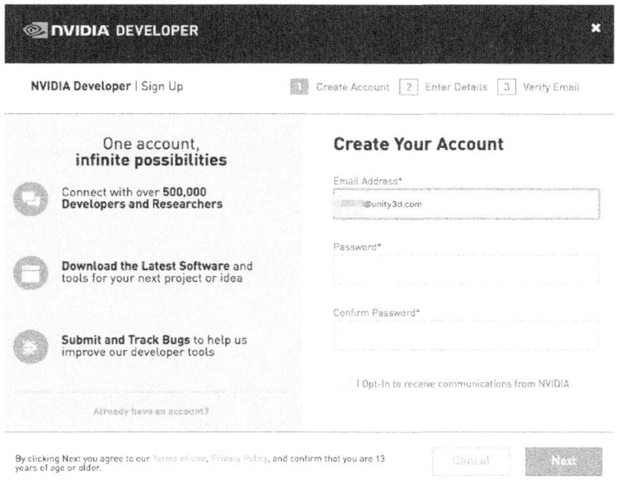

图 7.5　注册英伟达开发者计划

注册后，请返回 cuDNN 下载页面。可能会或可能不会被要求填写简短的调查表。当进入 cuDNN 发布列表时，请确保正在为步骤 1 中安装的 CUDA 工具包下载正确的版本。在本指南中，我们使用的版本是 7.0.5 for CUDA toolkit 9.0（https：//developer.nvidia.com/compute/machine-learning/cudnn/secure/v7.0.5/prod/9.0_20171129/cudnn-9.0-windows10-x64-v7）。

下载 cuDNN 文件后，需要将文件解压缩到 CUDA 工具包目录中。在 cuDNN zip 文件中，有三个名为 bin、include 和 lib 的文件夹（图 7.6）。

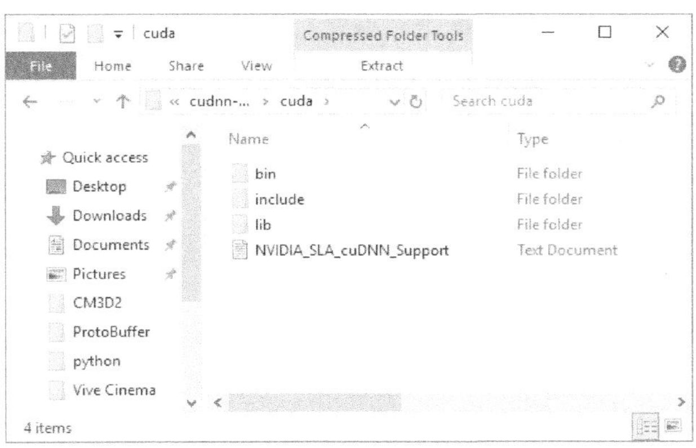

图 7.6　CUDA 安装文件

将这三个文件夹复制到 CUDA 工具包目录中。CUDA 工具包目录位于 C：\Program Files\NVIDIA GPU Computing Toolkit\CUDA\v9.0。

（3）设置环境变量

需要添加一个环境变量和两个路径变量。

要设置环境变量，请在搜索栏中键入环境变量（可以通过按 Windows 键或左下角的 Windows 按钮来访问）。应该看到一个名为 Edit the system environment variables 的选项。

在此处，单击“环境变量”按钮。单击“新建”以添加新的系统变量（确保在“系统变量”而非“用户变量”下执行此操作（图 7.7）。

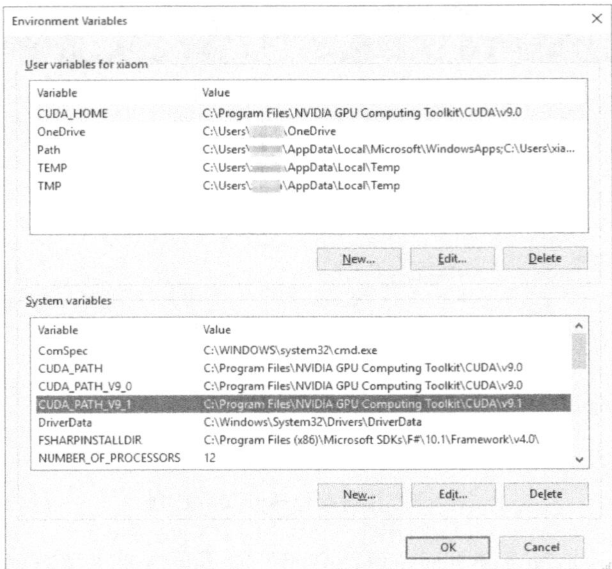

图 7.7　设置环境变量

对于 Variable Name，输入 CUDA _ HOME。对于变量值，请放置 CUDA 工具包的目录位置。在本指南中，目录位置为 C：\ Program Files \ NVIDIA GPU Computing Toolkit \ CUDA \ v9. 0。

要设置两个路径变量，请在同一个“环境变量”窗口内和第二个名为“系统变量”的框下，找到名为“路径”的变量，然后单击“编辑”。将向列表中添加两个目录。对于本指南，这两个条目如下所示。

```
C:\Program Files\NVIDIA GPU Computing Toolkit\CUDA\v9.0\lib\x64
C:\Program Files\NVIDIA GPU Computing Toolkit\CUDA\v9.0\extras\CUPTI\libx64
```

确保使用已安装的目录位置替换相关目录位置。请注意，区分大小写很重要（图 7.8）。

（4）安装 TensorFlow GPU

接下来，使用 pip 安装 tensorflow-gpu。需要 1.7.1 版本。在启用了 Conda 环境 ML-Agents 的 Anaconda Prompt 中，键入以下命令以卸载 TensorFlow for cpu 并安装 TensorFlow for gpu（确保已连接到互联网）。

```
pip uninstall tensorflow
pip install tensorflow-gpu==1.7.1
```

最后，应该测试是否正确安装了所有内容并且 TensorFlow 可以识别 GPU。在同一个 Anaconda Prompt 中，输入以下命令。

```
import tensorflow as tf
```

```
sess= tf.Session(config=tf.ConfigProto(log_device_placement=True))
```

应该看到以下类似的内容：

```
Found device 0 with properties ...
```

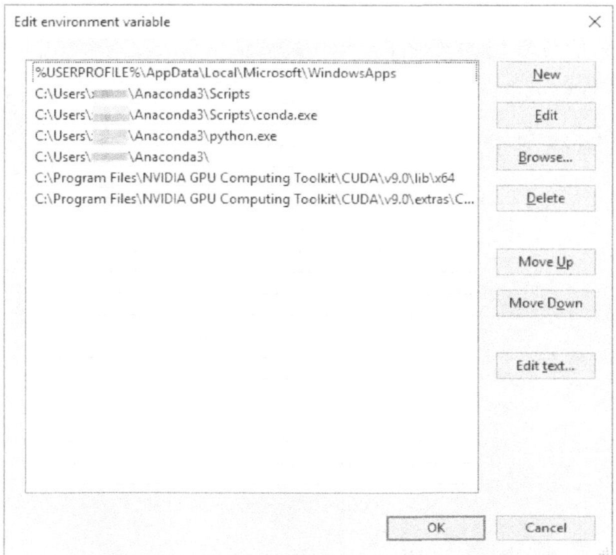

图 7.8　环境变量设置结果

7.3 官方示例运行：3D Balance Ball

以下介绍在 Unity 中打开 ML-Agents 示例环境、构建 Unity 可执行文件、在其中训练 Agent 以及最终将经过训练的模型嵌入到 Unity 环境中的端到端过程（图 7.9）。

图 7.9　3D Balance Ball

ML-Agents 包含大量示例环境，可以通过这些环境来了解 ML-Agents 的不同使用方式。这些环境也可以用作新环境的模板或用作测试新 ML 算法的方法。阅读本教程后，应该能够了解并构建示例环境。

演练过程将使用 3D Balance Ball 环境。3D Balance Ball 包含大量平台和球（它们都是彼此的副本）。每个平台都会试图通过水平或垂直旋转的方式防止球掉落。在这种环境下，平台是一个 Agent，可以在对球进行平衡的每一步中获得奖励。Agent 也会因为掉球而得到负奖励（惩罚）。训练过程的目标是让平台学会绝不掉球。

7.3.1 Unity 训练环境简介

示例完成界面如图 7.10 所示。

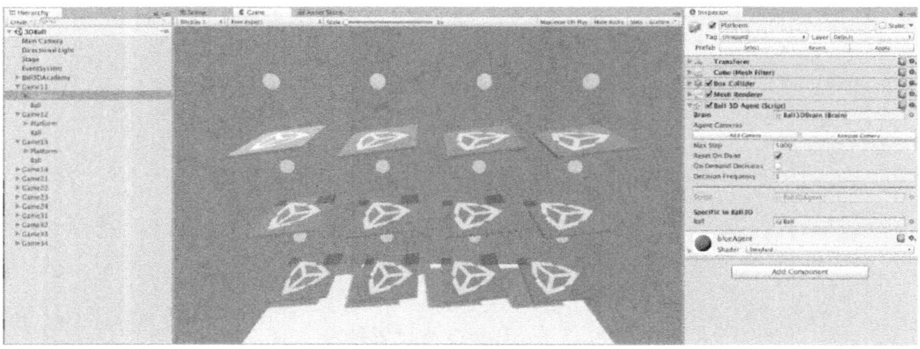

图 7.10 示例完成界面

注意：在 Unity 中，场景内所有元素的基础对象均为游戏对象（GameObject）。游戏对象本质上是其他任何元素（包括行为、图形、物理等）的“容器”。要查看组成游戏对象的组件，请在 Scene 窗口中选择 GameObject，然后打开 Inspector 窗口。Inspector 会显示游戏对象上的每个组件。

在打开 3D Balance Ball 场景后，可能会首先注意到它包含的不是一个平台，而是多个平台。场景中的每个平台都是独立的 Agent，但它们全部共享同一个 Brain。3D Balance Ball 通过这种方式可以加快训练速度，因为所有 12 个 Agent 可以并行参与训练任务。

（1）Academy

在这个示例场景中的 Academy 对象是 Ball 3D Academy 游戏对象。当在 Inspector 中查看该 Academy 组件时，可以看到若干用于控制环境工作方式的属性。例如，Inspector 中可以看到 Training 和 Inference Configuration 属性，在其中我们可以设置之后生成的 Unity 可执行文件的图形和 Time Scale 属性。Academy 在训练期间使用 Training Configuration，而在不训练时使用 Inference Configuration（Inference 等同于不进行训练的任何时候，此时 Agent 可以使用经过训练的模型控制，或用写定的代码控制，或让玩家直接控制）。通常情况下，需要为 Training Configuration 设置低图形质量和高 Time Scale，而为 Inference Configuration 设置高图形质量和 1.0 的 Time Scale。

注意：如果想在训练期间观测环境，则可以调整 Inference Configuration 设置来使用更大的窗口和更接近 1∶1 的时间刻度。当要正式训练时一定要重新设置这些参数，否则训练可能需要很长时间。

对于环境，另一个需要关注的方面是 Academy 的实现。由于 Academy 基类是抽象的，必须始终定义一个子类。可以实现以下三个函数，但这些函数都是可选的。

① Academy. InitializeAcademy()——启动环境时调用一次。

② Academy. AcademyStep()——在 Agent. AgentAction() 之前（以及 Agent 收集其观测结果之后）的每个模拟步骤调用。

③ Academy. AcademyReset()——在 Academy 开始或重新开始模拟（包括第一次）时调用。

3D Balance Ball 环境不使用这些函数（每个 Agent 在需要时会自行重置），但许多环境都会使用这些函数来控制 Agent 周围的环境。

（2）Brain

场景中的 Ball 3D Brain 游戏对象包含 Brain 组件，是 Academy 对象的子级（场景中的所有 Brain 对象都必须是 Academy 的子级）。3D Balance Ball 环境中的所有 Agent 使用同一个 Brain 实例。Brain 不存储关于 Agent 的任何信息，只是将 Agent 收集的观测结果发送到决策过程，然后将所选的动作返回给 Agent。因此，所有 Agent 可共享同一个 Brain，但会独立行动。Brain 设置可以提供很多关于 Agent 工作方式的信息。

Brain Type 决定了 Agent 如何决策。External 和 Internal 类型需要协同使用：训练 Agent 时使用 External，而在采用经过训练的模型时使用 Internal。Heuristic Brain 允许通过扩展 Decision 类来对 Agent 的逻辑进行手动编码。最后，Player Brain 可将键盘命令映射到动作，这样在测试 Agent 和环境时会非常有用。如果这些类型的 Brain 都不能满足需求，你可以实现自己的 Core Brain 来创建自有的类型。

在本教程中，进行训练时，需要将 Brain Type 设置为 External；当将经过训练的模型嵌入到 Unity 应用程序中时，需要将 Brain Type 更改为 Internal。

（3）向量观测空间

在决策之前，Agent 会收集有关自己在环境中所处的状态的观测结果。ML-Agents 将观测分为两类：Continuous 和 Discrete。Continuous 向量观测空间会收集浮点数向量中的观测结果。Discrete 向量观测空间是一个状态表的索引。大多数示例环境都使用连续的向量观测空间。

3D Balance Ball 示例中所用的 Brain 实例使用 State Size 为 8 的 Continuous 向量观测空间。这意味着包含 Agent 观测结果的特征向量包含八个元素：平台旋转的 x 和 z 分量以及球相对位置和速度的 x、y 和 z 分量（观测结果值在 Agent 的 CollectObservations() 函数中进行定义）。

（4）向量运动空间

Brain 以动作的形式向 Agent 提供指令。与状态一样，ML-Agents 将动作分为两种类型。Continuous 向量运动空间是一个可以连续变化的数字向量。向量每个元素的含义都是由 Agent 逻辑定义的（PPO 训练过程是一个了解 Agent 的哪种状态更好的过程，这个过程是通过学习不同 Agent 的不同状态会对应多少奖励来实现的）。例如，一个元素可能表示施加到 Agent 某个 Rigid Body 上的力或扭矩。Discrete 向量运动空间将其动作定义为一个表。提供给 Agent 的具体动作是这个表的索引。

根据设计，3D Balance Ball 示例会使用这两种类型的向量运动空间。可以尝试使用两种设置进行训练，观测是否有差异（使用离散运动空间时将 Vector Action Space Size 设置为

4，而使用连续运动空间时将其设置为 2)。

(5) Agent

Agent 是一种观测并与环境交互的自主参与者（Actor）。在 ML-Agent 的语境下，环境是一个包含一个 Academy，一个或多个 Brain，一个或多个 Agent，Agent 与其他实体交互的场景。

Agent 是在环境中进行观测并采取动作的参与者。在 3D Balance Ball 环境中，Agent 组件被放置在 12 个平台游戏对象上。基础 Agent 对象有一些影响其行为的属性。

① Brain——每个 Agent 必须有一个 Brain。Brain 决定了 Agent 如何决策。3D Balance Ball 场景中的所有 Agent 共享同一个 Brain。

② Visual Observations——定义 Agent 用来观测其环境的任何 Camera 对象。3D Balance Ball 不使用摄像机观测。

③ Max Step——定义在 Agent 决定自己完成之前可以发生多少个模拟步骤。在 3D Balance Ball 中，Agent 在 5000 步之后重新开始。

④ Reset On Done——定义 Agent 是否在完成时重新开始。3D Balance Ball 将此项设置为 True，因此 Agent 在达到 Max Step 计数后或在掉球后重新开始。

也许 Agent 更有趣的方面在于其子类的实现。在创建 Agent 时，必须扩展 Agent 基类。Ball 3D Agent 子类定义了以下方法。

① Agent. Agent Reset()——Agent 重置时（包括会话开始时）调用。Ball 3D Agent 类使用重置函数来重置平台和球。该函数会将重置值随机化，从而使训练不局限于特定的开始位置和平台姿态。

② Agent. Collect Observations()——在每个模拟步骤调用。负责收集 Agent 对环境的观测结果。由于分配给 Agent 的 Brain 实例设置为状态大小是 8 的连续向量观测空间，因此 Collect Observations() 必须调用 8 次 Add Vector Obs。

③ Agent. AgentAction()——在每个模拟步骤调用。接收 Brain 选择的动作。Ball 3D Agent 示例可以处理连续和离散运动空间类型。在此环境中，两种状态类型之间实际上没有太大的差别：这两种向量运动空间在每一步都会导致平台旋转发生小变化。AgentAction () 函数为 Agent 分配奖励；在此示例中，Agent 在每一步将球保持在平台上时收到较小的正奖励，而在掉球时收到更大的负奖励。Agent 在掉球时还会被标记为完成状态，因此会重置一个用于下一模拟步骤的新球。

7.3.2 训练环境设置

打开包含 3D Balance Ball 环境的 Unity 场景。

① 启动 Unity。

② 在 Projects 对话框上，选择窗口顶部的 Open 选项。

③ 使用随后打开的文件对话框，找到 ML-Agents 项目内的 unity-environment 文件夹，然后单击 Open。

④ 在 Project 窗口中，找到文件夹 Assets/ML-Agents/Examples/3DBall/。

⑤ 双击 Scene 文件以加载包含 Balance Ball 环境的场景（图 7.11）。

由于我们要建立此环境来进行训练，因此需要将 Agent 使用的 brain 设置为 External。这样 Agent 在进行决策时能够与外部训练过程进行通信（图 7.12）。

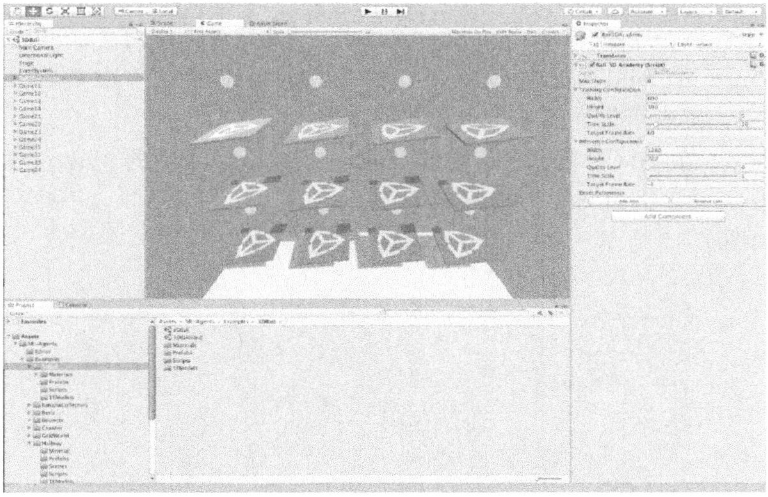

图 7.11　场景加载

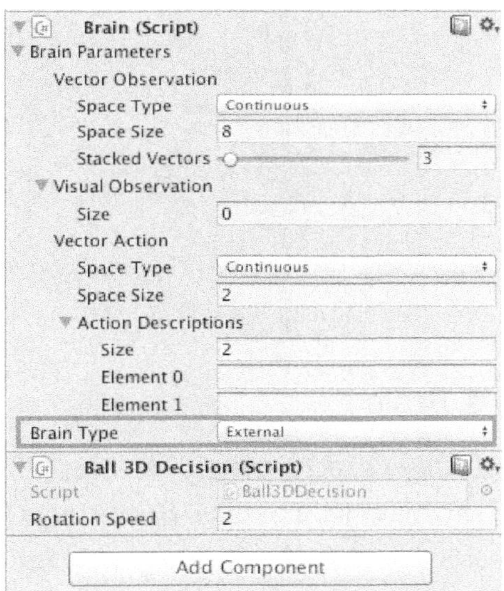

图 7.12　大脑类型选择

① 在 Scene 窗口中，单击 Ball 3D Academy 对象旁边的三角形图标。

② 选择其子对象 Ball 3D Brain。

③ 在 Inspector 窗口中，将 Brain Type 设置为 External。

接下来设置场景运行参数，以便在训练过程中正确地运行场景。这意味着：

□ 环境应用程序在后台运行；

□ 没有对话需要互动；

□ 正确的场景会自动加载。

① 打开 Player Settings（菜单：Edit>Project Settings>Player）。

② 在 Resolution and Presentation 下方：确保选中 Run in Background；确保 Display Resolution Dialog 设置为 Disabled。

③ 打开 Build Settings 窗口（菜单：File＞Build Settings）。

④ 选择目标平台。选择“Development Build”以便记录调试消息（可选）。

⑤ 如果 Scenes in Build 列表中显示了任何场景，请确保唯一选中的是 3D Ball Scene（如果该列表为空，则表示仅当前场景包含在编译中）。

⑥ 单击 Build：在 File 对话框中，导航至 ML-Agents 目录中的 python 文件夹；指定文件名，然后单击 Save。比如文件名是 3DBall. exe。

游戏发布如图 7.13 所示

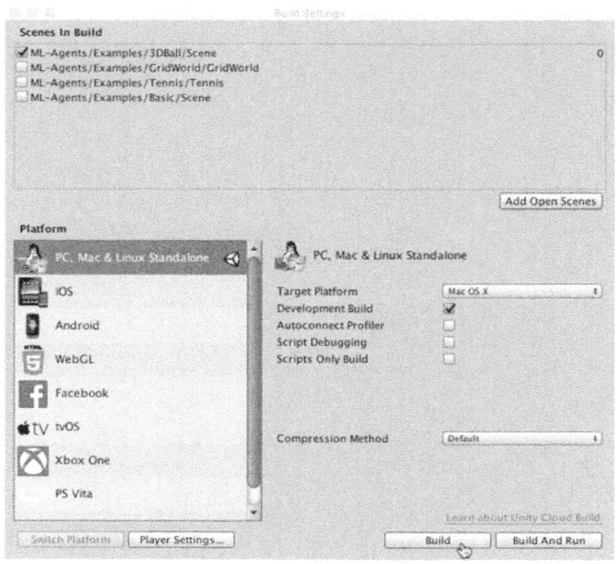

图 7.13　游戏发布

7.3.3　使用强化学习训练 Brain

有了一个包含模拟环境的 Unity 可执行文件后，现在我们可以执行训练。为了首先确保环境和 Python API 能正常工作，可以使用 python/Basics Jupyter 笔记本。此笔记本包含了 API 功能的简单演练。在 Basics 中，务必将 env _ name 设置为先前构建的环境文件的名称。

(1) 使用 PPO 进行训练

为了训练 Agent 对球进行正确平衡，我们将使用一种称为 Proximal Policy Optimization (PPO) 的 Reinforcement Learning（强化学习）算法。与其他许多 RL 算法相比，这种算法经证明是一种安全、有效且更通用的方法，因此我们选择它作为与 ML-Agents 一起使用的示例算法。有关 PPO 的更多信息，请参阅 Open AI 近期发布的博客文章，其中对 PPO 进行了说明。

为了训练 Balance Ball 环境中的 agent，我们将使用 Python 包。我们提供了一个名为 learn. py 的方便的 Python 包装脚本，此脚本会接收用于配置训练和预测阶段的参数。

我们将向这个脚本传递刚才构建的环境可执行文件的路径。可以使用 run _ id 来识别实验并创建用于存储模型和摘要统计信息的文件夹（可选）。当使用 Tensor Board 来观测训练统计信息时，将每次训练的此项设置为顺序值将会很有用。也就是说，第一次训练时为“Balance Ball1”，第二次训练时为“Balance Ball2”，依此类推。如果不这样做，每次训练的摘要信息都会保存在同一个目录中，并且全部将包含在同一个图中。

总之，转到命令行，进入 ML-Agents 目录并输入：

```
python3 python/learn.py<env_file_path>--run-id=<run-identifier>--train
```

--train 标志告诉 ML-Agents 以训练模式运行。env _ file _ path 则是刚才创建的 Unity 可执行文件的路径。

比如，3D Ball 是刚刚导出的用于训练的 PC 包文件名，而 test 是笔者随便写的（训练完成生成的文件名有这个 test 名称在里面）：C：\Users\Administrator\Downloads\ml-agents-master\python>pythonlearn.py3DBall--run-id=test--train。

(2) 观测训练进度

开始使用 learn.py 按照前面部分所述的方式进行训练后，ML-Agents 文件夹将包含一个 summaries 目录。为了更详细地观测训练过程，可以使用 Tensor Board。从命令行中运行：

```
Tensorboard--logdir=summaries
```

然后导航至 localhost：6006。从 TensorBoard 中，将看到摘要统计信息（图 7.14）。

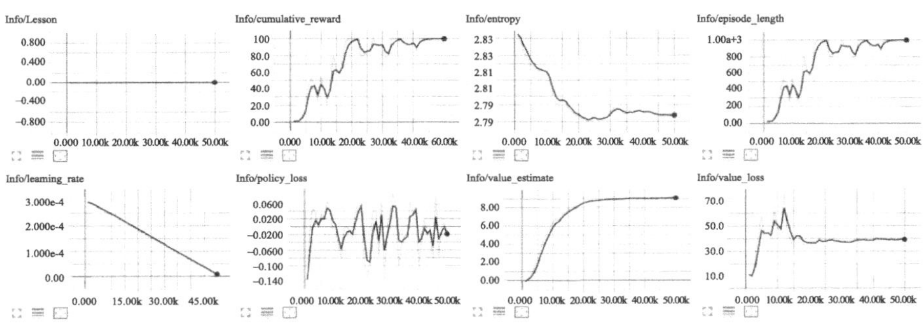

图 7.14　TensorBoard 统计信息

① Lesson——只有在进行课程训练时才有意义。3D Balance Ball 环境中不使用此项。

② Cumulative Reward——所有 Agent 的平均累积场景奖励。在成功训练期间应该增大。

③ Entropy——模型决策的随机程度。在成功训练过程中应该缓慢减小。如果减小得太快，应增大 beta 超参数。

④ Episode Length——所有 Agent 在环境中每个场景的平均长度。

⑤ Learning Rate——训练算法搜索最优 Policy 时需要多大的步骤。随着时间推移应该减小。

⑥ Policy Loss——Policy 功能更新的平均损失，与 Policy（决定动作的过程）的变化程度相关。此项的幅度在成功训练期间应该减小。

⑦ Value Estimate——Agent 访问的所有状态的平均价值估算。在成功训练期间应该增大。

⑧ Value Loss——价值功能更新的平均损失。与模型对每个状态的价值进行预测的能力相关。此项在成功训练期间应该减小。

7.3.4 训练结果功能测试

一旦训练过程完成，并且训练过程保存了模型（通过 Saved Model 消息可看出），便可以将该模型添加到 Unity 项目中，然后将其用于 Brain 类型为 Internal 的 Agent。

(1) 设置 Tensor Flow Sharp 支持

由于 Tensor Flow Sharp 支持仍处于实验阶段，因此默认情况下会将其禁用。为了启用这项支持，必须遵循以下步骤。请注意，只有完成这些步骤后才能使用 Internal Brain 模式。

① 确保 Tensor Flow Sharp 插件位于 Assets 文件夹中。可在此处下载一个包含 TF# 的 Plugins 文件夹。下载后，双击并将其导入。可以在 Project 选项卡中（位于 Assets>ML-Agents>Plugins>Computer 下）检查 Tensor Flow 的相关文件来查看是否安装成功。

② 转到 Edit>Project Settings>Player。

③ 对于每个目标平台（PC，Mac and Linux Standalone、iOS 或 Android）：转到 Other Settings；选择 Scripting Runtime Version 为 Experimental（.NET4.6Equivalent）；在 Scripting Defined Symbols 中，添加标志 ENABLE_TENSORFLOW。输入后，按 Enter 键。

④ 转到 File>Save Project。

⑤ 重新启动 Unity Editor。

(2) 将经过训练的模型嵌入到 Unity 中

① 经过训练的模型存储在 ML-Agents 文件夹中的 models/<run-identifier>内。训练完成后，该位置会有一个<env_name>.bytes 文件，其中的<env_name>是训练期间使用的可执行文件的名称。

② 将<env_name>.bytes 从 python/models/ppo/移入 unity-environment/Assets/ML-Agents/Examples/3DBall/TF Models/。

③ 打开 UnityEditor，然后选择 3D Ball 场景（如上所述）。

④ 从 Scene 层级视图中选择 Ball 3D Brain 对象。

⑤ 将 Type of Brain 更改为 Internal。

⑥ 将<env_name>.bytes 文件从 Editor 的 Project 窗口拖入 3D Ball BrainInspector 窗口中的 Graph Model 占位区域。

⑦ 按 Editor 顶部的 Play 按钮。

如果正确执行了这些步骤，现在应该能够看到 Unity 编辑器中有这个用于控制平衡球行为的训练模型。从这里开始，便可以重新构建 Unity 的可执行文件，并单独运行该可执行文件，在其中内置 Agent 新学到的行为。

7.4 目标追踪训练环境创建示例

在此示例中，我们将训练一个球追踪到一个随机放置的立方体。这个球还要学习避免从平台上掉落。

7.4.1 概述

在 Unity 项目中使用 ML-Agents 涉及以下基本步骤。

① 创建一个容纳 Agent 的环境。从包含少量对象的简单物理模拟环境到整个游戏或生

态系统，环境的形式可以多种多样。

② 实现一个 Academy 子类，并将这个子类添加到包含该环境的 Unity 场景中的游戏对象（Game Object）。此游戏对象将用作场景中任何 Brain 对象的父级。你的 Academy 类可以实现一些可选的方法，从而独立于任何 Agent 来对场景进行更新。例如，你可以在环境中添加、移动或删除 Agent 和其他实体。

③ 将一个或多个 Brain 对象作为 Academy 的子级添加到场景中。

④ 实现 Agent 子类。Agent 子类定义了必要的代码供 Agent 用于观测自身环境、执行指定动作以及计算用于强化训练的奖励。还可以实现可选方法，从而在 Agent 完成任务或任务失败时重置 Agent。

⑤ 将 Agent 子类添加到相应的游戏对象中，通常是在场景内表示模拟中的 Agent 的对象。必须为每个 Agent 对象分配一个 Brain 对象。

⑥ 如果要进行训练，应将 Brain 类型设置为 External 并执行训练过程。

7.4.2 设置 Unity 项目

要完成的第一项任务是创建一个新的 Unity 项目并将 ML-Agents Assets 导入其中（图 7.15）。

① 启动 Unity Editor 并创建一个名为“Roller Ball”的新项目。

② 在文件系统中，找到包含你所克隆的 ML-Agents 代码仓库的文件夹。

③ 将 ML-Agents 文件夹从 unity-environments/Assets 拖到 Unity Editor Project 窗口中。

图 7.15 新建项目

7.4.3 创建环境

接下来，将创建一个非常简单的场景来充当我们的 ML-Agents 环境。该环境的“physical”组件包括一个 Plane（充当 Agent 移动的基础地板）、一个 Cube（充当 Agent 寻找的目标）以及一个 Sphere（表示 Agent 本身）。

（1）创建地板平板平面（图 7.16）

① 在 Hierarchy 窗口中右键单击，选择 3D Object>Plane。

② 将游戏对象命名为“Floor”。

③ 选择 Plane 以便在 Inspector 窗口中查看其属性。

④ 将 Transform 设置为 Position=（0，0，0）、Rotation=（0，0，0）、Scale=（1，1，1）。

⑤ 在 Plane 的 Mesh Renderer 上，展开 Materials 属性并将默认材质更改为 Floor。

要设置新材质，请单击当前材质名称旁边的小圆圈图标。此时将打开 Object Picker 对话框，然后便可从项目中当前所有材质的列表中选择不同的材质。

(2) 添加目标立方体（图 7.17）

① 在 Hierarchy 窗口中右键单击，选择 3D Object>Cube。

② 将游戏对象命名为“Target”。

③ 选择 Target 以便在 Inspector 窗口中查看其属性。

④ 将 Transform 设置为 Position=(3，0.5，3)、Rotation=(0，0，0)、Scale=(1，1，1)。

⑤ 在 Cube 的 Mesh Renderer 上，展开 Materials 属性并将默认材质更改为 block。

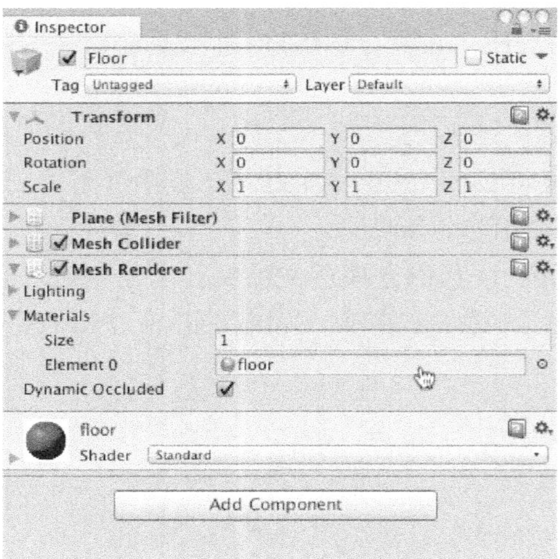

图 7.16　创建地板平板平面

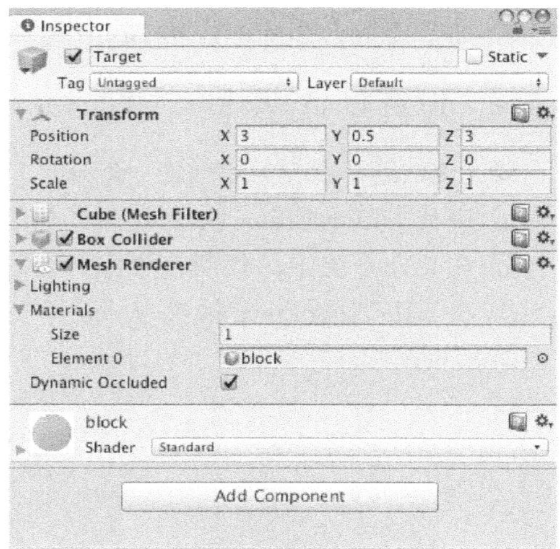

图 7.17　添加目标立方体

(3) 添加 Agent 球体（图 7.18）

① 在 Hierarchy 窗口中右键单击，选择 3D Object>Sphere。

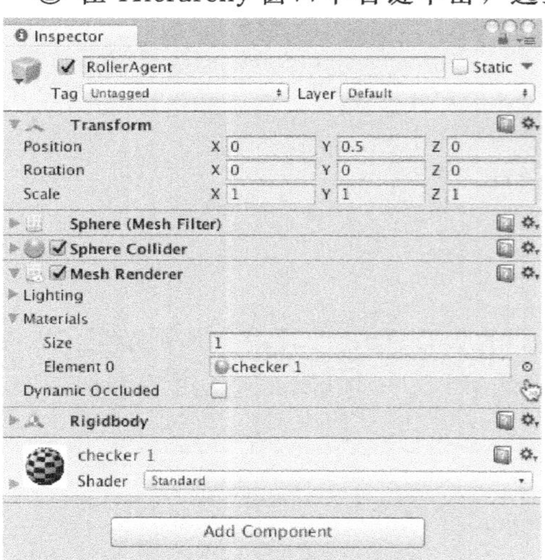

图 7.18　添加 Agent 球体

② 将游戏对象命名为“Roller Agent”。

③ 选择 Target 以便在 Inspector 窗口中查看其属性。

④ 将 Transform 设置为 Position=（0，0.5，0）、Rotation=（0，0，0）、Scale=（1，1，1）。

⑤ 在 Sphere 的 Mesh Renderer 上，展开 Materials 属性并将默认材质更改为 checker1。

⑥ 单击 Add Component。

⑦ 向 Sphere 添加 Physics/Rigidbody 组件（添加 Rigidbody）。

注意，我们将在本教程的稍后部分创建一个 Agent 子类以作为组件添加到此游戏对象。

(4) 添加空游戏对象来容纳 Academy 和 Brain (图 7.19)

① 在 Hierarchy 窗口中右键单击，选择 Create Empty。

② 将游戏对象命名为 “Academy”。

③ 右键单击 Academy 游戏对象，然后选择 Create Empty。

④ 将 Academy 的此子级命名为 “Brain”。

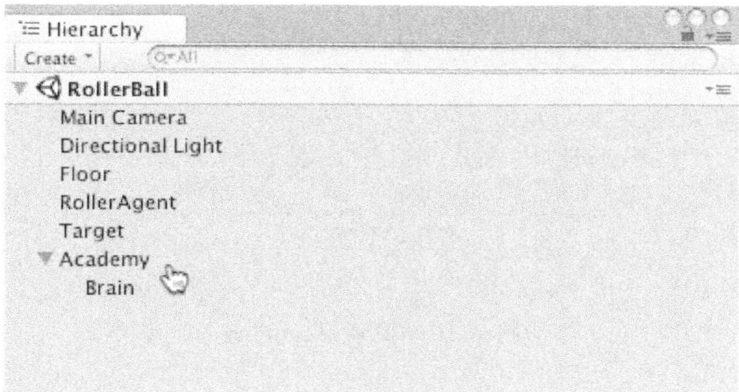

图 7.19　添加空游戏对象容纳 Academy 和 Brain

可以调整摄像机角度以便在运行时更好地查看场景。接下来的步骤是创建并添加 ML-Agent 组件。

(5) 实现 Academy (图 7.20)

Academy 对象可在场景中协调 ML-Agents 并驱动模拟中的决策部分。每个 ML-Agent 场景需要一个 Academy 实例。由于 Academy 基类是抽象的，即使不需要对特定环境使用任何方法，也必须创建自己的子类。

首先，将一个 New Script 组件添加到先前创建的 Academy 游戏对象。

① 选择 Academy 游戏对象以便在 Inspector 窗口中查看该对象。

② 单击 Add Component。

③ 在组件列表中单击 New Script (位于底部)。

④ 将该脚本命名为 “Roller Academy”。

⑤ 单击 Create and Add。

接下来，编辑新的 RollerAcademy 脚本。

① 在 Unity Project 窗口中，双击 Roller Academy 脚本，在代码编辑器中将其打开 (默认情况下，新脚本直接放置于 Assets 文件夹中)。

② 在编辑器中，将基类从 Mono Behaviour 更改为 Academy。

③ 删除默认添加的 Start () 和 Update () 方法。

在这样的基本场景中，我们不需要 Academy 初始化、重置或以其他方式控制环境中的任何对象，因此我们采用最简单的 Academy 实现。

```
public class RollerAcademy:Academy {}
```

Academy 属性的默认设置也适合该环境，因此我们无须在 Inspector 窗口中更改 Roller Academy 组件的任何设置。

(6) 添加 Brain (图 7.21)

Brain 对象内部封装了决策过程。Agent 将观测结果发送给自己的 Brain，并期望收到决

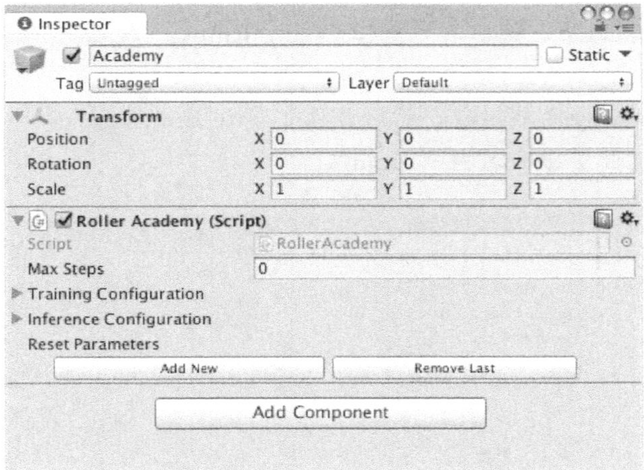

图 7.20　实现 Academy

策。Brain Type 设置决定了 Brain 如何决策。与 Academy 和 Agent 类不同，不需要创建自己的 Brain 子类。

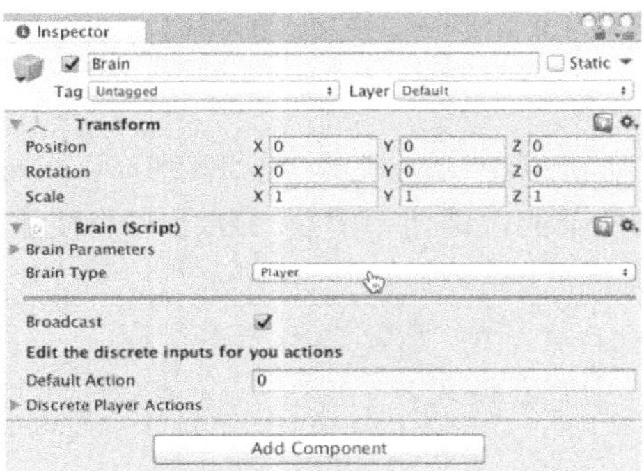

图 7.21　添加 Brain

创建 Brain 的步骤如下。

① 选择先前创建的 Brain 游戏对象以便在 Inspector 窗口中显示该对象的属性。

② 单击 Add Component。

③ 选择 Scripts/Brain 组件以将其添加到该游戏对象。

④ 将 Brain Type 保留为 Player。

(7) 实现 Agent

创建 Agent 的步骤如下。

① 选择 Roller Agent 游戏对象以便在 Inspector 窗口中查看该对象。

② 单击 Add Component。

③ 在组件列表中单击 New Script（位于底部）。

④ 将该脚本命名为“RollerAgent”。

⑤ 单击 Create and Add。

然后，编辑新的 RollerAgent 脚本。

① 在 Unity Project 窗口中，双击 Roller Agent 脚本，在代码编辑器中将其打开。

② 在编辑器中，将基类从 Mono Behaviour 更改为 Agent。

③ 删除 Update() 方法。我们将使用 Start() 函数，所以暂时将其保留。

到目前为止介绍的这些，都是为了将 ML-Agents 添加到任何 Unity 项目而需要执行的基本步骤。接下来，我们将添加逻辑，让我们的 Agent 能够使用 Reinforcement Learning（强化学习）技术学习滚动到立方体。

在这种简单的情况下，我们不使用 Academy 对象来控制环境。以前，如果我们想要改变环境，例如在模拟之前或模拟过程中更改地板的大小，或者添加或删除 Agent 以及其他物体，我们可以在 Academy 中实现相应的方法。但现在，我们会让 Agent 在成功或失败时完成对自己和目标进行重置的所有工作。

（8）初始化和重置 Agent

Agent 到达目标时会将自己标记为完成状态，而 Agent 重置函数会将目标移动到随机位置。另外，如果 Agent 从平台上滚下，重置函数会将其放回到地板上。

为了移动目标游戏对象，我们需要它的 Transform 对象的引用（这个对象中存储了游戏对象在 3D 中的位置、方向和比例）。要取得此引用，请将一个类型为 Transform 的公共字段添加到 Roller Agent 类中。Unity 中的组件的公共字段会显示在 Inspector 窗口中，允许选择在 Unity Editor 中将哪个游戏对象用作目标。要重置 agent 的速度（并在稍后用力移动 Agent），我们需要引用 Rigidbody 组件。Rigidbody 是 Unity 用于物理模拟的主要元素。由于 Rigidbody 组件与我们的 Agent 脚本位于同一个游戏对象上，因此取得此引用的最佳方式是使用 GameObject.GetComponent<T>()，我们可以在脚本的 Start() 方法中调用它。

到目前为止，我们的 Roller Agent 脚本如下所示。

```
using System.Collections.Generic;
using UnityEngine;

public class RollerAgent:Agent
{
    Rigidbody rBody;
    void Start () {
        rBody=GetComponent<Rigidbody>();
    }

    public Transform Target;
    public override void AgentReset()
    {
        if(this.transform.position.y<-1.0)
        {
            //agent 掉落
            this.transform.position=Vector3.zero;
            this.rBody.angularVelocity=Vector3.zero;
            this.rBody.velocity=Vector3.zero;
        }
        else
        {
            //将目标移动到新的位置
            Target.position=new Vector3(Random.value* 8-4,
                                        0.5f,
                                        Random.value* 8-4);
        }
    }
}
```

接下来，让我们实现 Agent. CollectObservations() 函数。

(9) 观测环境

Agent 将我们收集的信息发送给 Brain，由 Brain 使用这些信息来做决策。当训练 Agent（或使用经过训练的模型）时，数据将作为特征向量输入神经网络中。为了让 Agent 成功学习某个任务，我们需要提供正确的信息。为了决定要收集哪些信息，一个好的经验法则是考虑你在计算问题的分析解决方案时需要用到什么。

在我们的示例中，我们的 Agent 收集的信息包括以下内容。

目标的位置，一般来说，为了进行更一般化的训练，较好的做法是使用其他对象的相对位置而不是绝对位置。请注意，Agent 仅收集 x 和 z 坐标，因为地板与 x-z 平面平行，并且目标位置的 y 分量不会改变。

```
//计算相对位置
Vector3 relativePosition=Target.position-this.transform.position;

//相对位置
AddVectorObs(relativePosition.x/5);
AddVectorObs(relativePosition.z/5);
```

Agent 本身在地板范围内的位置。收集此数据时收集的是 Agent 与地板每个边的距离。

```
//与平台边缘的距离
AddVectorObs((this.transform.position.x+5)/5);
AddVectorObs((this.transform.position.x-5)/5);
AddVectorObs((this.transform.position.z+5)/5);
AddVectorObs((this.transform.position.z-5)/5);
```

Agent 的速度，这有助于 Agent 学习去控制自己的速度，使其不会越过目标和从平台上滚下。

```
//Agent 速度
AddVectorObs(rBody.velocity.x/5);
AddVectorObs(rBody.velocity.z/5);
```

所有值都除以 5 可将神经网络的输入归一化到范围 [−1，1]（因为平台的跨度为 10 个单位，所以使用数字 5）。

总体来说，状态观测结果包含 8 个值，当我们开始设置 Brain 属性时，我们需要使用连续状态空间。

```
List<float>observa tion=new List<float>();
public override void CollectObservations()
{
    //计算相对位置
    Vector3 relativePosition=Target.position-this.transform.position;

    //相对位置
    AddVectorObs(relativePosition.x/5);
    AddVectorObs(relativePosition.z/5);

    //与平台边缘的距离
```

```
    AddVectorObs((this.transform.position.x+5)/5);
    AddVectorObs((this.transform.position.x-5)/5);
    AddVectorObs((this.transform.position.z+5)/5);
    AddVectorObs((this.transform.position.z-5)/5);

    //Agent 速度
    AddVectorObs(rBody.velocity.x/5);
    AddVectorObs(rBody.velocity.z/5);
}
```

Agent 代码的最后一部分是 Agent.AgentAction() 函数，此函数接收 Brain 的决策。

(10) 动作

Brain 的决策以动作数组的形式传递给 AgentAction() 函数。此数组中的元素数量由 Agent 的 Brain 的 Vector Action Space Type 和 Vector Action Space Size 设置确定。Roller Agent 使用连续向量运动空间，并需要 Brain 提供的两个连续控制信号。因此，我们要将 Brain Vector Action Size 设置为 2。第一个元素 action [0] 确定沿 x 轴施加的力；action [1] 确定沿 z 轴施加的力（如果我们允许阿 Agent 以三维方式移动，那么我们需要将 Vector Action Size 设置为 3）。注意，Brain 并不知道动作数组中的值是什么意思。训练过程只是根据观测输入来调整动作值，然后看看会得到什么样的奖励。

Roller Agent 使用 Rigidbody.AddForce 函数将 action [] 数组中的值应用到其 Rigidbody 组件 rBody。

```
Vector3 controlSignal=Vector3.zero;
controlSignal.x=Mathf.Clamp(action[0],-1,1);
controlSignal.z=Mathf.Clamp(action[1],-1,1);
rBody.AddForce(controlSignal* speed);
```

Agent 将动作值限制在 [-1, 1] 范围内，原因有两个。首先，学习算法对于尝试非常大的值的动机较小（因为不会对 agent 行为产生任何影响），这样可以避免神经网络计算中出现数值不稳定的问题。其次，我们没有在别的地方采取措施阻止神经网络返回过大的值，所以我们希望在任何情况下都将它们限制在合理的范围内。

(11) 奖励

Reinforcement Learning（强化学习）需要奖励。应在 AgentAction() 函数中分配奖励。学习算法使用在模拟和学习过程的每个步骤中分配给 Agent 的奖励来确定是否为 Agent 提供了最佳动作。你会希望 Agent 完成分配的任务（在此情况下是指到达目标立方体）时奖励 Agent，而在 Agent 彻底失败（掉下平台）时惩罚 Agent。有时，可以通过一些子奖励来鼓励帮助 Agent 完成任务的行为，从而加快训练速度。例如，如果 Agent 在某个步骤中靠近目标，则 Roller Agent 奖励系统会提供小奖励，并会在每个步骤提供很小的负奖励来促使 Agent 快速完成其任务。

Roller Agent 会计算到达目标所需的距离。当到达目标时，代码将 Agent.reward 变量增加 1.0，并通过将 Agent 设置为 Done 来将 Agent 标记为完成。

```
float distanceToTarget=Vector3.Distance(this.transform.position,
                                        Target.position);
```

```
//已到达目标
if(distanceToTarget<1.42f)
{
    Done();
    AddReward(1.0f);
}
```

注意：当将 Agent 标记为完成状态时，它将停止活动，直到重置为止。可以通过设置 Inspector 中的 Agent. ResetOnDone 属性，以便当它被标记为完成状态时，立即重置 Agent。也可以等待 Academy 自己重置环境。本教程中的 Roller Ball 环境的重置依赖于 ResetOnDone 机制，并且我们目前没有为 Academy 设置 Max Steps 限制，在这样的条件下 Academy 绝不会自己重置环境。

为了鼓励 Agent 继续往前，我们还要在它进一步接近目标时提供奖励（保存先前的步距测量值）。

```
//进一步接近
if(distanceToTarget<previousDistance)
{
    AddReward(0.1f);
}
```

此外还可以为了鼓励 Agent 更快完成任务而在每个步骤中分配负奖励。

```
//时间惩罚
AddReward(-0.05f);
```

最后，为了惩罚 Agent 掉下平台，会为它分配一个大的负奖励，不仅如此，当它掉下平台后，我们还要将 Agent 设置为完成状态，以便它在下一步重置自己。

```
//掉下平台
if(this.transform.position.y<-1.0)
{
    Done();
    AddReward(-1.0f);
}
```

利用上面列出的动作和奖励逻辑，AgentAction（）函数的最终版本如下所示。

```
public float speed=10;
private float previousDistance=float.MaxValue;

public override void AgentAction(float[] vectorAction,string textAction)
{
    //奖励
    float distanceToTarget=Vector3.Distance(this.transform.position,
                                            Target.position);

    //已到达目标
```

```
        if(distanceToTarget<1.42f)
        {
            Done();
            AddReward(1.0f);
        }

        //进一步接近
        if(distanceToTarget<previousDistance)
        {
            AddReward(0.1f);
        }

        //时间惩罚
        AddReward(-0.05f);

        //掉下平台
        if(this.transform.position.y<-1.0)
        {
            Done();
            AddReward(-1.0f);
        }
        previousDistance=distanceToTarget;

        //动作,大小=2
        Vector3 controlSignal=Vector3.zero;
        controlSignal.x=Mathf.Clamp(vectorAction[0],-1,1);
        controlSignal.z=Mathf.Clamp(vectorAction[1],-1,1);
        rBody.AddForce(controlSignal* speed);
    }
```

请注意函数之前定义的 speed 和 previousDistance 类变量。由于 speed 是公共变量，可以从 Inspector 窗口中设置该值。

7.4.4 最终 Editor 设置

现在，所有游戏对象和 ML-Agent 组件都已准备就绪，因此可以在 Unity Editor 中将一切串起来了。这包括将 Brain 对象分配给 Agent，并设置 Brain 属性，使这些属性与我们的 Agent 代码兼容（图 7.22）。

① 在 Hierarchy 窗口中展开 Academy 游戏对象，使 Brain 对象可见。

② 选中 Roller Agent 游戏对象，以便在 Inspector 窗口中显示该对象的属性。

③ 将 Brain 对象从 Hierarchy 窗口拖到 Roller Agent 的 Brain 字段。

另外，将 Target 游戏对象从 Hierarchy 窗口拖到 Roller Agent 的 Target 字段。

最后，选择 Brain 游戏对象，以便能够在 Inspector 窗口中查看该对象的属性。设置以下属性。

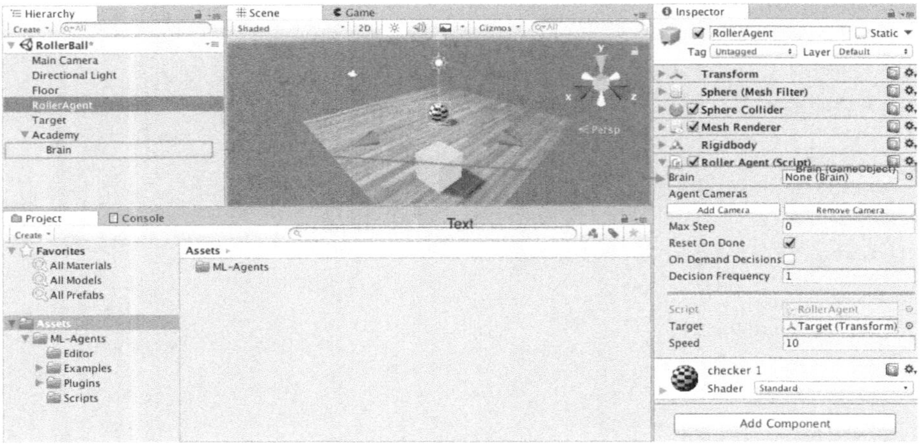

图 7.22　最终 Editor 设置

① Vector Observation Space Type＝Continuous。

② Vector Observation SpaceSize＝8。

③ Vector ActionSpace Type＝Continuous。

④ Vector Action Space Size＝2。

⑤ Brain Type＝Player。

现在您已准备好在训练之前测试环境。

7.4.5 测试环境

在开始长时间进行训练之前，手动测试环境始终是一种明智的做法。我们将 Brain 设置为 Player 类型的原因是，我们可以使用直接的键盘控制方式来控制 Agent。但首先，需要将键盘定义为动作映射。尽管 Roller Agent 的 Action Size 仅为 2，但对于每个动作，我们将用一个键指定正值，再用一个键指定负值，因此总共为四个键。

① 选择 Brain 游戏对象，以便在 Inspector 中查看该对象的属性。

② 将 BrainType 设置为 Player。

③ 展开 Continuous Player Actions（仅在使用 * Player brain 时可见）。

④ 将 Size 设置为 4。

设置以下映射，见表 7.1

表 7.1　键盘动作映射设置

元素	键	索引
元素 0	D	0
元素 1	A	0
元素 2	W	1
元素 3	S	1

Index 值对应于传递给 AgentAction () 函数的动作数组的索引。Value 在 Key 被按下时分配给 action [Index]。

按 Play 键运行场景，并用 WASD 键在平台上移动 Agent。确保在 Unity Editor Console

窗口中没有显示任何错误，并且 Agent 在到达目标或掉下平台时会重置。请注意，对于较复杂的调试，ML-Agents SDK 提供了一个方便的 Monitor 类，可以使用该类轻松地在 Game 窗口中显示 Agent 状态信息。

可以执行一个额外的测试是，首先使用 python/Basics Jupyter Notebook 确保环境和 Python API 能正常工作。在 Basics 中，务必将 env _ name 设置为你生成的此环境对应的可执行文件的名称。

现在可以开始训练 Agent 了。为了准备进行训练，必须首先将 Brain Type 从 Player 更改为 External。

第8章 自动驾驶虚拟仿真案例

8.1 训练与测试框图

利用所搭建的虚拟联合仿真平台进行机器学习的训练（图 8.1），基本思想就是将 Unity 虚拟环境中的信息经过图像处理，然后反馈到训练模型，得到环境信息和车辆执行之间的映射关系。在训练的过程中，神经网络会随机地产生驱动、转向等命令，试图控制车辆运行。但是由于在 Agent 中预设了很多约束条件，即奖惩机制，对车辆运行的结果进行评分，通过不断地迭代训练和误差反馈，使得训练的结果逼近预设的运行状态。由于引入了车辆动力学模型，完成的映射关系是针对特定车辆模型的，在其他的车辆模型上应用可能会导致转向角不合适或者制动不及时等问题。

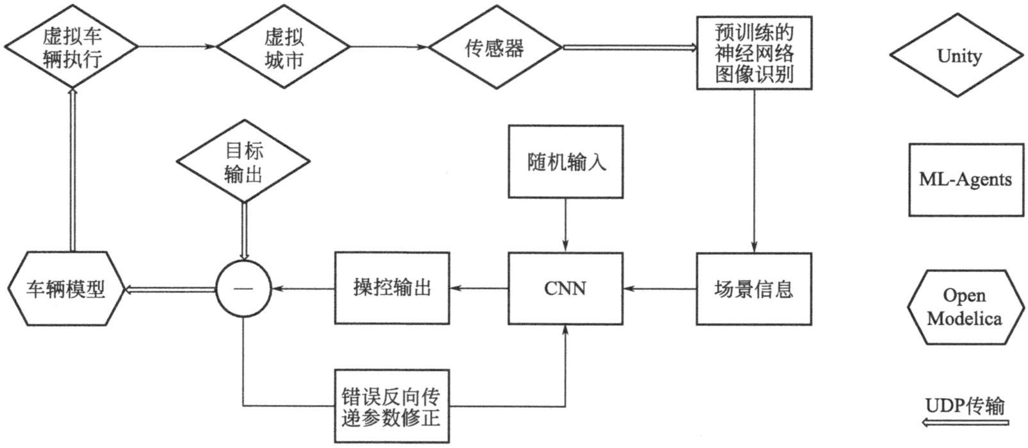

图 8.1 虚拟平台机器学习训练框图

本书的虚拟联合训练只是考虑了比较简单的情况，虚拟环境和车辆模型之间的数据传输也只是驱动和转向，满足基本的运行要求，可以将车辆在虚拟环境中运行起来，数据传输见表 8.1。

表 8.1　自动驾驶机器学习训练过程中的数据传输

数据传输方向	Unity 至 OpenModelica	OpenModelica 至 Unity
传输数据	方向盘转角 驱动力矩	整车速度 车轮转角

模型训练完成之后，进行模型测试，测试框图如图 8.2 所示。虚拟环境中的车辆通过摄像机获取道路图像信息，通过 UDP 传输到图像识别模型，获取道路环境的相关参数输入训练好的神经网络，得到车辆的控制命令。再将控制命令直接输入车辆模型中，获得车辆的速度和车轮转角，进而控制虚拟车辆在虚拟环境中运行，检测模型的正确性。

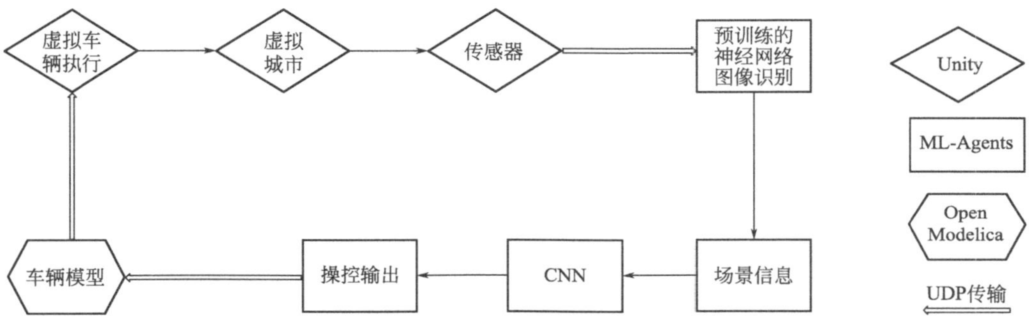

图 8.2　虚拟平台机器学习测试框图

8.2　场景介绍

对于能够自动行驶的车辆来说，车辆的行为决策是系统设计的重点部分，它反映了自动驾驶车辆的智能等级和自主能力。通过机器学习的大量训练，程序会积累在各种情况下较优的处理方式，最终完成测试道路的行驶。最终自动驾驶车辆要完成以下几个工作模式。

(1) 自由行驶

在道路中没有其他的交通参与者对本车的行驶状态造成干扰，利用摄像机获取到的道路信息，结合机器学习训练的模型，使车辆保持在车道内行驶（图 8.3）。

图 8.3　前方无车

(2) 跟车

当前面道路上有车行驶时，如果自车决定不超车，就要保持安全距离，避免撞到前车，这就要控制自己车辆的加速和减速（图 8.4）。

图 8.4　前方有车

(3) 停车

由于城市道路的拥挤，难免会遇到堵车或者是前方车祸，车辆无法继续行驶的路况（图 8.5）。

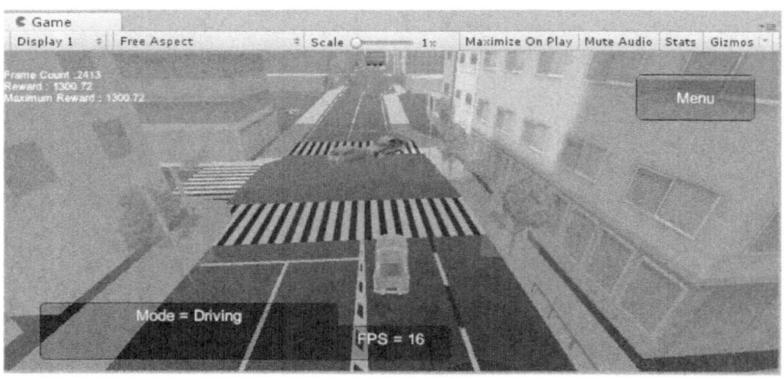

图 8.5　前方障碍

(4) 行人避让

过人行道时，如果检测到前方行人，车辆应该有自动停车避让的功能（图 8.6）。

图 8.6　路口行人

(5) 交通信号识别

由于现在道路上有行人和非自动驾驶车辆的存在，所以会有很多的交通信号标志存在，而且现在智能网联汽车的技术还没有大规模推广，还是有很多车辆无法获得实时的道路信号的信息（图 8.7）。而且还有一点，网联汽车必然涉及信息的交互和保密，完全不如自主驾驶车辆的安全系数高，人们的接受程度仍然存在疑问。所以现阶段的自动驾驶汽车仍然要有自主判断决策行驶的能力，即要有获取道路信息并处理信息的能力。

图 8.7　路口信号灯

8.3　训练模型的建立

(1) Academy

在游戏场景中，新建空物体，并将 ML-Agents 中的 TemplateAcademy. cs 附到新建的空物体上，就能得到图 8.8 中最左侧的 Inspector 内容。其中可以调节各个参数，控制训练过程的时长、分辨率等。如 Max Step 的数据值就是训练过程中场景执行的最大步数，也就是说达到最大步数，会强制退出训练，避免因为约束不足导致训练进入死循环。所以熟知的选取要大于完成训练所需要的步数，而且不能太大。Training Configuration 控制的是训练过程中的速度和画面的质量，应当选择最大的时间比例和最低的质量等级，这可以缩短训练时间和降低电脑对于训练的负荷。Inference Configuration 控制模型不再等于在训练时的图像质量和时间，如果想观察训练的结果，可以选择较小的时间比例和较高的质量等级。

(2) Brain

新建一个 Academy 的子物体，把 Brain. cs 附到子物体上，就能得到图 8.8 中间的 Inspector，其中的每一个参数都需要根据自己的训练场景自定义，任何一个参数的错误都会导致训练模型的失败。例如 State Size，因为本书的场景只是控制了车辆的速度，所以状态大小是 1，状态定义代码如下。

```
public override List<float> CollectState()
{
List<float>state=new List<float>();
state.Add(Vector3.Dot(forward,car.GetComponent<Rigidbody>().velocity));
return state;
}
```

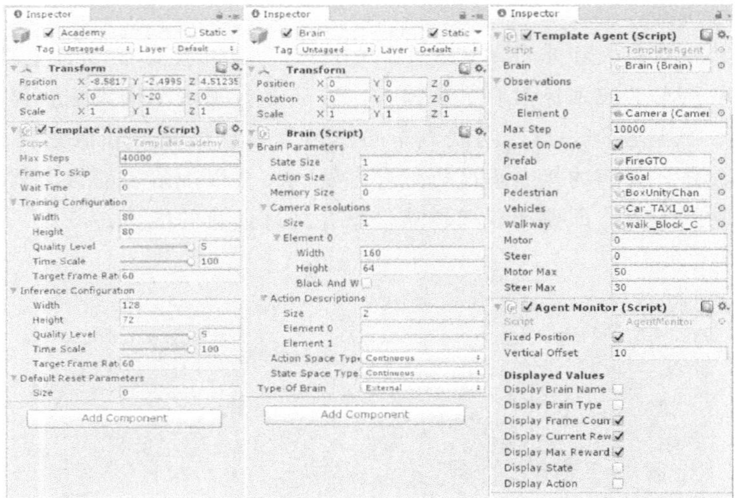

图 8.8 ML-Agents 组件

另一个比较重要的参数就是 Camera Resolution，即摄像机的分辨率，这关系到图像识别时获得的图像质量，而且这里定义的分辨率要和训练代码中图像识别部分的信息获取维度一致，不然训练无法进行。

```
def_construct_nets(self):
        self.sess=tf.Session()
        self.tfs=tf.placeholder(tf.float32,[None,self.state_size],'state')
        self.obs=tf.placeholder(tf.float32,[None,64,160,1],'observation')
```

然后，图 8.9 就是调整好参数的图像提取后的结果：二维平面图，分辨率 64×160，RGB 3 通道，一个状态空间 State [0]。

图 8.9 图像处理

将获取到的场景信息，输入图像识别模块中，提取场景参数，例如前方障碍物的分类和距离，甚至是判断运动方向，结果示例如图 8.10 所示。

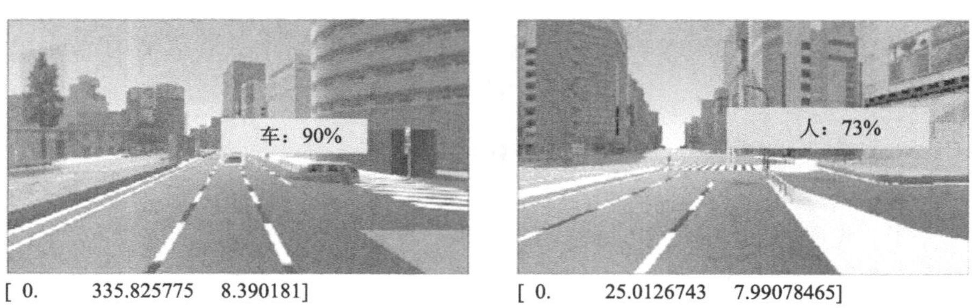

图 8.10 图像识别

(3) Agent

```
/////finish the track+100 done//////////
        if(goal.GetComponent<reachGoal>().goal==1)
        {
            goal.GetComponent<reachGoal>().goal=0;
            reward=100;
            done=true;
            return;
        }
/////Hit the pedestrian-50 done/////
        if(pedestrian.GetComponent<collision>())
            {
            reward=-50;
            done=true;
            return;
          }
/////CarCrash-50 done//////
        if(vehicles.GetComponent<collision>())
            {
            reward=-50;
            done=true;
            return;
          }
///////off the road-50 done///
        if(walkway.GetComponent<collision>())
        {
            reward=-10;
            done=true;
            return;
            }
/////off the city-50 done////////
        if(car.transform.position.y<-0.4f)
        {
            reward=-50;
```

Agent 是场景中观察并采取行动的执行者，在这个场景中，它控制自动驾驶车辆在虚拟环境中运行，并且对车辆的行为进行评分，激励车辆在路上合理地前行。所以 TemplateAgent.cs 就是我们控制车辆训练结果的地方。虽然 ML-Agents 为我们提供了一个脚本的模板，但是不像前两个脚本基本可以直接使用，TemplateAgent 需要完全的自定义。为了使训练结果满足上文提到的自动驾驶车辆的行为决策，奖惩机制如上。

大量使用结束训练的命令，是为了加快训练的速度，避免因为撞车或者脱离道路导致训练进入无意义的状态，减少时间浪费，加快训练的进程。

与 TemplateAgent.cs 放在一起的还有 AgentMonitor.cs，正如文件名字所表现的，其作用就是监控 Agent 训练的情况并且通过 GUI 界面实时地展示给用户，主要展示当前执行步数、奖励和历史最大奖励，界面如图 8.11 所示。

图 8.11　AgentMonitor 界面

8.4　训练过程

8.4.1　Observation 测试

Unity 中车辆的前端安装有一个摄像头，负责获取车辆前方道路的信息。训练程序将获得的图像信息进行模糊化处理和边界提取，结果如图 8.12 所示。

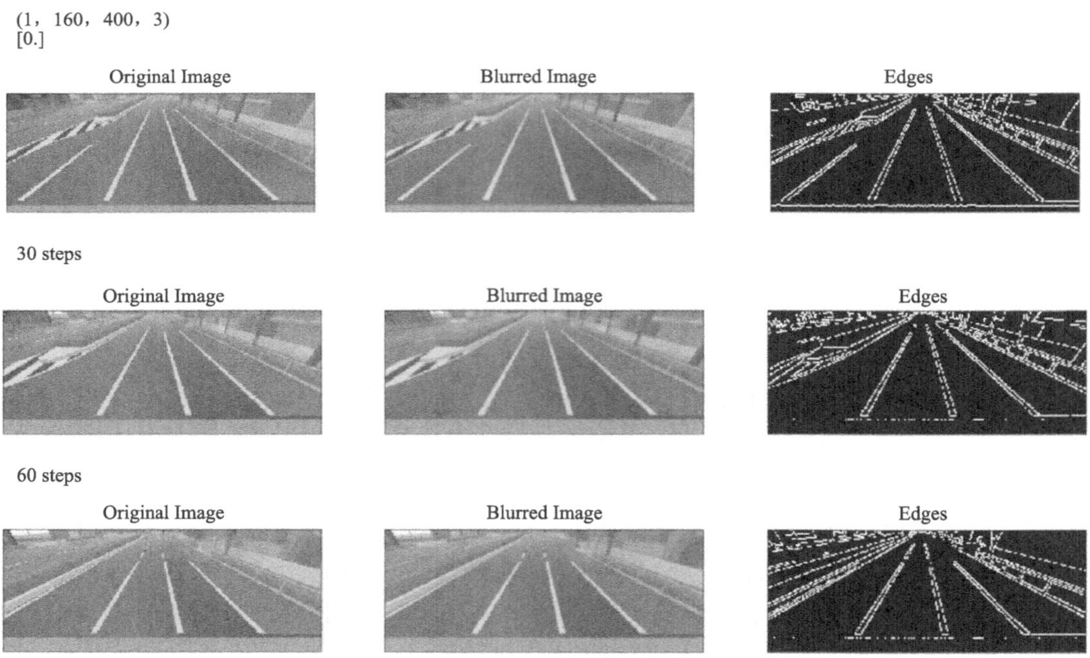

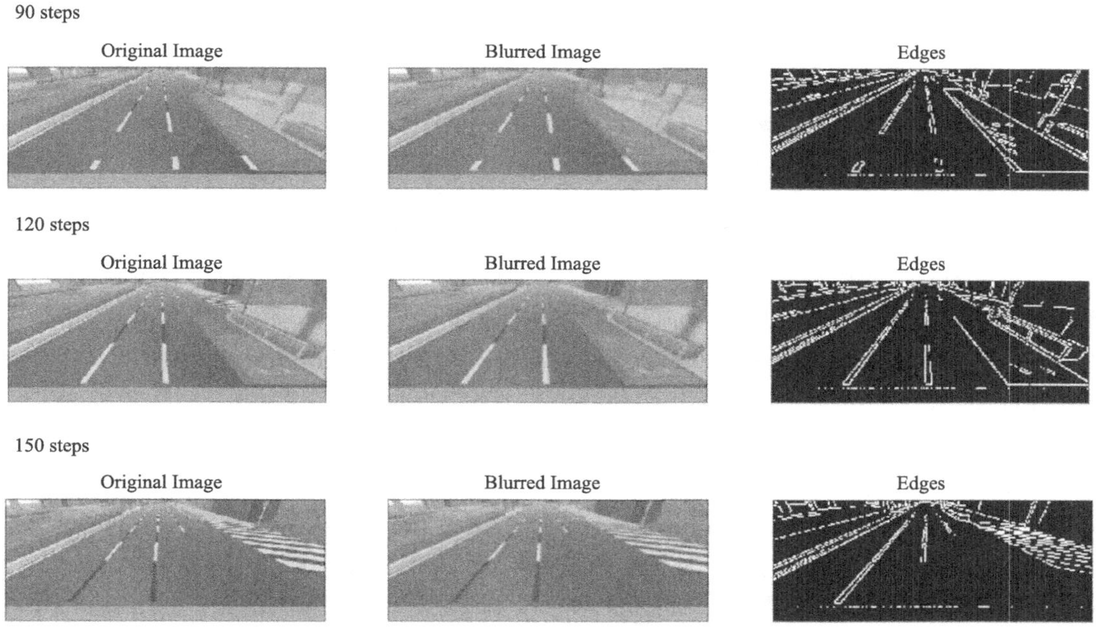

图 8.12 训练过程摄像机视角及图像处理

8.4.2 训练统计数据

为了提取训练的状态参数，实时监控训练的状态，方便训练超参数的调节，本书使用了 Tensor Board。Tensor Board 是 Tensor Flow 提供的一组可视化工具，可以帮助开发者方便地理解、调试、优化 Tensor Flow 程序。训练过程状态参数如图 8.13。

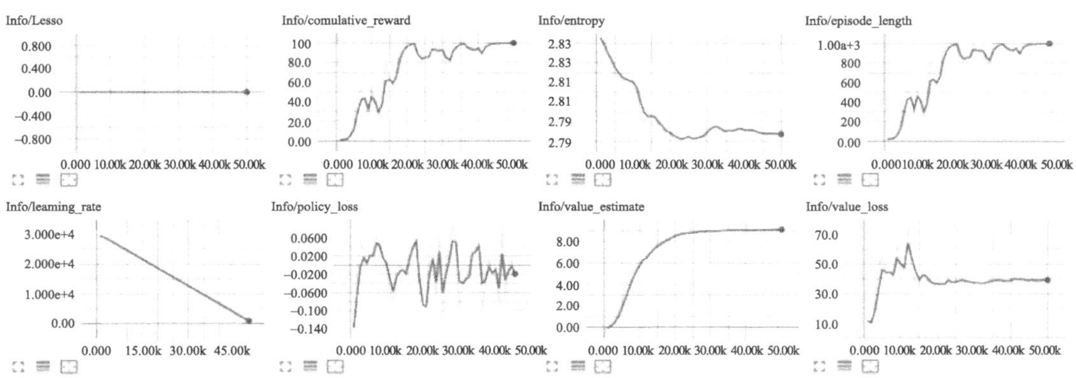

图 8.13 Tensor Board 训练过程状态参数

ML-Agents PPO 会把训练的模型自动存到文件夹中，我们可以用 Tensor Board 实时观察训练的统计数据，合适地调节上文提到的超参数。

① Cumulative Reward：奖励的总体趋势应该随着时间的推移而不断增加。预计会有小幅涨跌。根据任务的复杂程度，直到培训过程需要数百万步才可能显著提高奖励。

② Entropy：这对应于大脑决定的随机程度。训练期间这应该持续下降。如果它下降得太快或根本没有下降，则应调整 beta。

③ Learning Rate：一般会线性减少。

④ Policy Loss：这些值会随着训练而振荡。

⑤ Value Estimate：这些数值应该随着奖励而增加。它们对应于 Agent 在任何给定点预测自己接收多少未来奖励。

⑥ Value Loss：这些价值会随着奖励的增加而增加，并且在奖励变得稳定时应该降低。

8.4.3 训练过程参数调试

训练过程参数的调节是十分耗费时间和精力的，因为训练结果和参数之间的关系并不是线性相关的，而且各个参数的影响也是错综复杂的，只能根据一些别人的经验选取一个经验值范围，然后根据前文提到的参数对训练结果的影响和自己训练出来的结果对照，一个个对参数进行调整，最终得到一个较为满意的结果。

下面的图是三次比较有代表性的结果。如图 8.14 所示是直接使用 ML-Agents 内部的默认参数得到的结果，毫无疑问，训练结果完全失败，车辆甚至无法在道路上行驶，只是在原地静止。接下来就是进行场景参数的优化，调整参数的大小。慢慢地车辆从静止到开始行驶，从卡在弯道不知所措到顺利通过弯道，从撞车到躲避车辆，最终完成整条路线。如图 8.15 所示就是第一次完成赛道的观测数据图，各项参数和标准数据相近，只是 value _ loss 的数值偏大。之后为了降低 value _ loss 进行了一些参数的调节，最终把它从 200 降到了 120（图 8.16）。

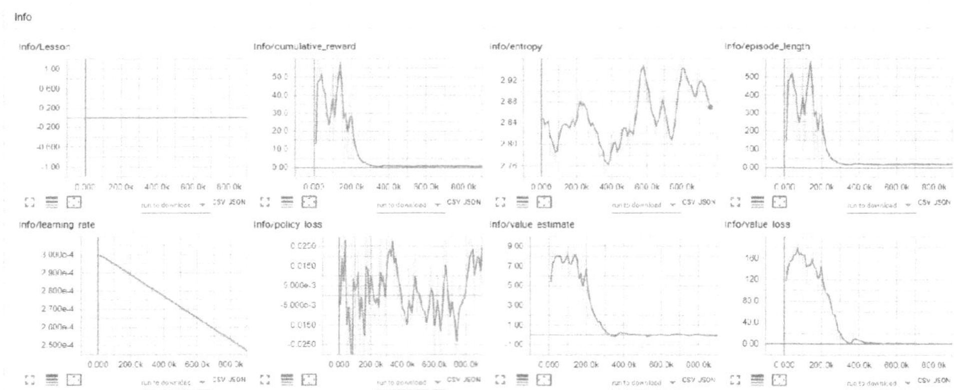

图 8.14　使用原始参数的结果

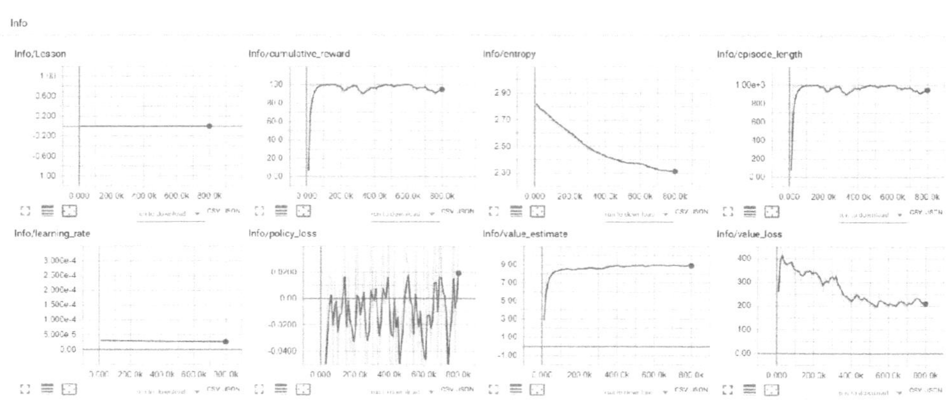

图 8.15　第一次成功的结果

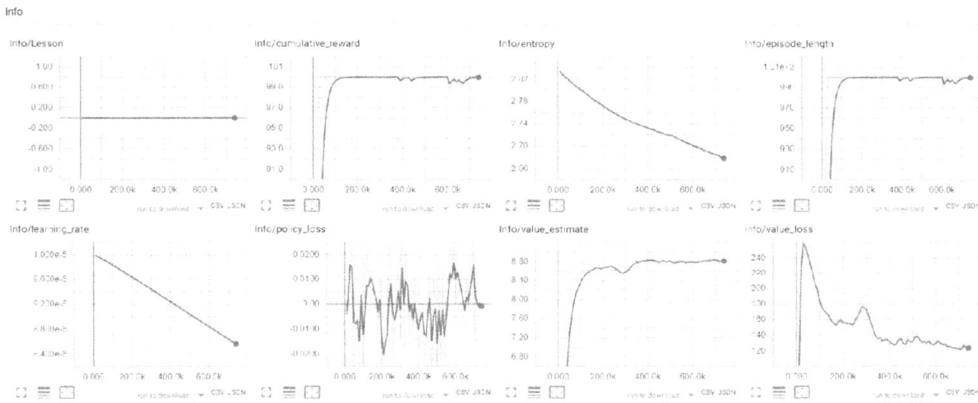

图 8.16　优化 value _ loss 后的结果

8.5　仿真测试结果验证

为了验证训练模型的有效性和适用性，本书选择了一条与训练道路不同的道路作为模型的测试道路，如图 8.17 所示，下方的线路是训练使用的路线，上方的路线是测试使用的路线。

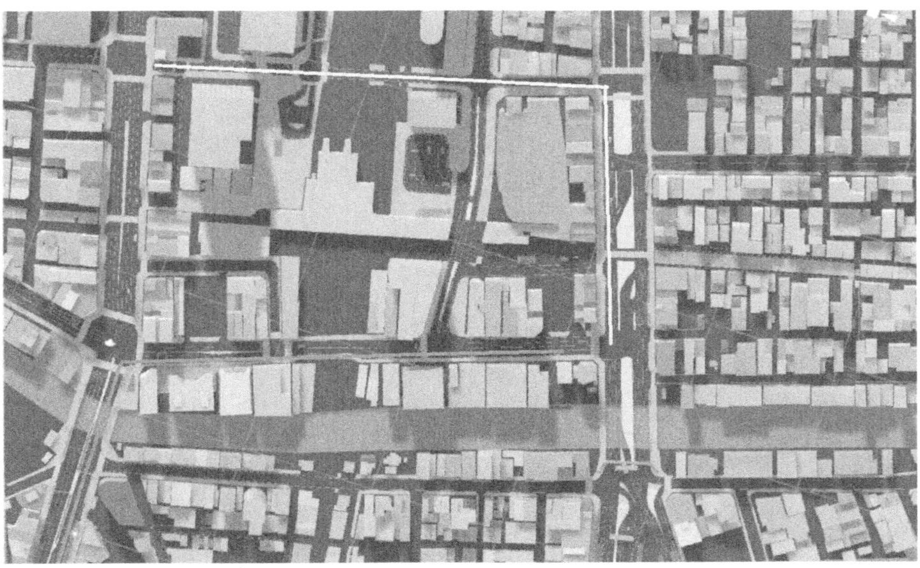

图 8.17　训练与测试路线

场景中 Brain 有两种类型：External 和 Internal，它们分别在训练的不同阶段工作，当训练模型时选择 External 将 python 的命令引入 Unity 作为车辆的控制输入，当使用训练好的模型的时候，选用 Internal，直接从训练好的模型中获取命令。训练好的模型可将摄像头获取到的信息映射成车辆的转角和加速操作，从而控制车辆在场景中运行。

在本章之前训练结束的时候会有一个训练好的模型保存在 models 文件夹下，将此模型导入 Unity 可以作为场景内车辆的控制器，控制车辆行驶，这样就可以在不同的场景中检测前文训练的程序的适用性。但是这不是 Unity 本身的功能，需要添加插件和自定义环境才能使用。插件可以去 Git Hub 上搜索下载 TF Sharp Plugin，这个插件可以为训练好的模型提供运行环境，使得训练好的模型可以控制车辆行驶。环境的设置过程如下。

① 将 TF Sharp Plugin 放到 Assets 文件夹下并导入场景，然后就可以在 Assets/ML-Agents/Plugins/Computer 中找到相关的文件。

② 找到 player Setting，将 Scripting Runtime Version 改成 Experimental（. NET 4. 6）

③ 在 Scripting Defined Symbols 中添加 ENABLE _ TENSORFLOW 命令，然后确认。

④ 保存文件并重新启动。

之后就可以在 Brain 的类型中找到 Internal，选择 Internal 之后，将训练好的模型拖入 Graph Model，参数界面如图 8. 18 所示。

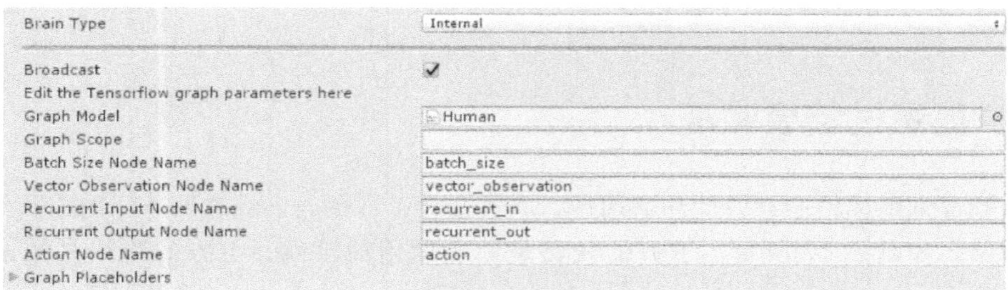

图 8. 18　Internal Brain 面板

之后直接点击运行，场景中的车辆就会在训练好的模型控制下进行自动驾驶，并能较好地完成指定测试道路。测试场景如图 8. 19 所示。

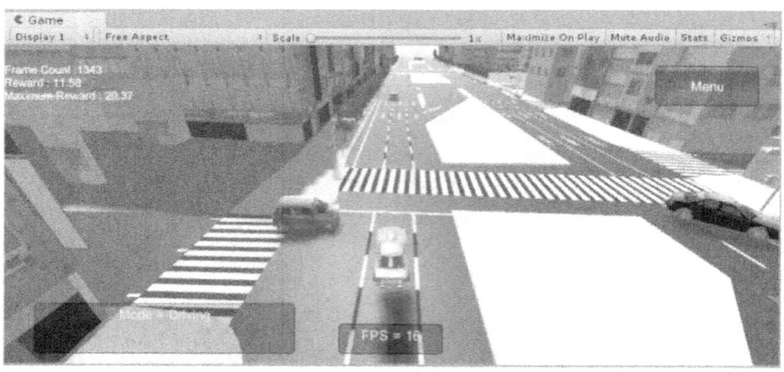

图 8. 19　测试场景

在 OpenModelica 中绘制车辆模型和训练模型之间传输的数据，直观展示控制模型的命令输出和车辆的速度状态。

从图 8. 20 中可以明显看出，即使在保持直行的时候，依然会有小的方向盘转角输出，而且会随后转回，应该是在尝试转向，较符合训练网络的随机输入控制命令的状态，但是没有高频的转向命令输出，说明车道信息输入和控制命令输出有较好的映射关系。转角单峰是路口转向工况，峰左侧锯齿状较明显，说明车辆在不断判断路况选择合适的转角，峰右侧转向角变化较为平滑，最终进入车道，但是进入车道的角度有偏差，是车辆模型引起的命令输出和执行之间存在延迟，导致转角的误差，但是随后将车调正，并保持在车道内。图 8.21 直观地展示了车辆行驶过程中的速度和加速度的变化，可以用来作为后续车辆行为和性能的分析。

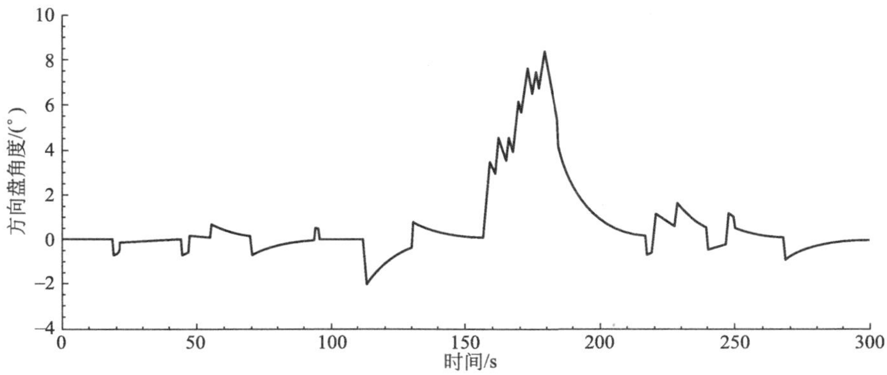

图 8.20　车辆方向盘转角

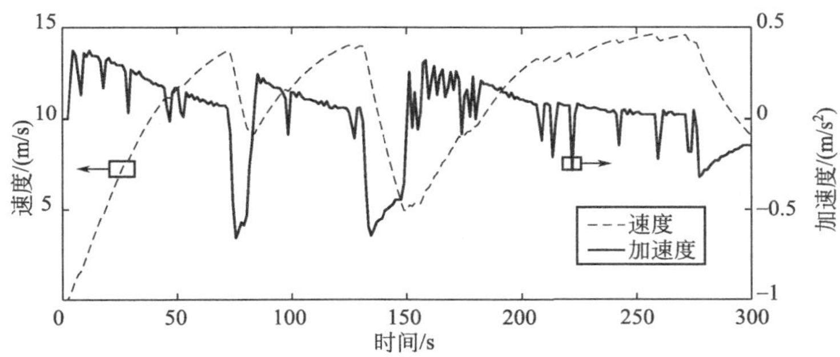

图 8.21　车辆运行过程中的速度和加速度的变化

因为本书简化了转矩的输入，使得车辆获得的转矩只有三种状态：驱动，无输入，制动。虽然简化较大，但是基本满足车辆运行的要求，而且车辆模型是电动车模型，可以维持定转矩运行。转矩的输出不是始终保持定值，而是间断的阶跃输入，甚至有制动转矩的输入，应该是车辆在直行道上检测到了错误的信息，导致命令错误，但是持续时间较短，仍能使车辆持续地前进。对比车辆速度和力矩，速度的变化对力矩的跟随效果较好，说明信息传递的实时性较好，满足仿真车辆信息传递的要求。

参考文献

[1] Yamaura M, Arechiga N, Shiraishi S, et al. ADAS Virtual Prototyping using Modelica and Unity Co-simulation via OpenMETA [C]. Deployment of High-fidelity Vehicle Models for Accurate Real-time Simulation, 2016.

[2] Michael Nielsen A. Neural Networks and Deep Learning [M]. U. S. : Determination Press, 2015: 312-327.

[3] Zięmbiński A, Cupek R, Grzechca D, Chruszczyk L. Review of advanced driver assistance systems (ADAS). AIP Conference Proceedings, 2017.

[4] 魏斌. 基于虚拟仿真平台的自动驾驶车辆机器学习训练 [D]. 上海: 同济大学, 2018.

[5] Unity User Manual [EB/OL]. https: //docs. unity3d. com/Manual/index. html.

[6] Chenyi Chen. Extracting Cognition out of Images for the Purpose of Autonomous Driving [D]. New Jersey: Princeton University, 2016.

[7] 侯德藻. 汽车纵向主动避撞系统的研究 [D]. 北京: 清华大学, 2004.

[8] 侯德藻, 刘刚, 高锋, 李克强, 连小珉. 新型汽车主动避撞安全距离模型 [J]. 汽车工程, 2005, 02: 186-190, 199.

[9] Konstantinidis E I, Patoulidis G I, Vandikas I N, et al. Development of acollaborative vehicle collision avoidance system [J]. Intelligent Vehicles Symposium (Ⅳ), 2010 IEEE, 2010: 1066-1071.

[10] 李朋, 魏民祥. 自适应巡航控制系统的建模与联合仿真 [J]. 汽车工程, 2012, 34 (7): 622-626.

[11] 迈克尔·蒂勒 M. Modelica 多领域物理系统建模入门与提高 [M]. 刘俊堂, 郑党党译. 北京: 航空工业出版社, 2017: 1-19.

[12] Open Source Modelica Consortium, OpenModelica Users Guide [EB/OL]. (2018-06-08) [2018-06-01]. https: //www. openmodelica. org/doc/OpenModelicaUsersGuide/latest/.

[13] Adeel, Asghar, Syed. Design and Implementation of a User Friendly OpenModelica Graphical Connection Editor [D/OL]. Sweden: Linköping University, 2010: 4 [2018-06-22]. http: //liu. diva-portal. org/smash/get/diva2: 399755/FULLTEXT01. pdf.

[14] 赵建军, 丁建完, 周凡利. Modelica 语言及其多领域统一建模与仿真机理 [J]. 系统仿真学报, 2006, 18 (2): 570-573.

[15] 何洪文. 电动汽车原理与构造 [M]. 北京: 机械工业出版社, 2012.

[16] Heller S, Bunte T. Modelica vehicle dynamics library Implementation of driving maneuvers and a controller for active car steering [C]. in: FritzsonP, ed. Proceedings of the 3rd International Modelica Conference, Linköping: Linköping University, 2003: 19-28.

[17] 高锋, 李希鹏, 张强, 等. 基于实时虚拟现实的 ADAS 测试技术研究 [C]. 2013 中国汽车工程学会年会, 2013.